生 态 桦 川 绿 色 桦 川

生态桦川绿色桦川（高珏 摄）

桦川县南大门（高珏 摄）

抗日英雄冷云塑像（高珏 摄）

"八女英烈冷云"红军小学（李庆范 摄）

桦川县悦来灌区渠首新建工程鸟瞰图（高珏 摄）

百里绿色稻米长廊喜获丰收（高珏 摄）

抗日英雄赵敬夫塑像（高珏 摄）

桦川县地理标识"金钥匙"（高珏 摄）

桦川县付士米业（高珏 摄）

桦川县地理标识"幸福宝鼎"（高珏 摄）

桦川县地理标识"稻花香"（高珏 摄）

桦川县悦来镇公园（高珏 摄）

桦川县百里绿色稻米长廊喜丰收（高珏 摄）

生态桦川（高珏 摄）

桦川县第一中学校区（高珏 摄）

桦川县革命老区发展史

桦川县老区建设促进会　编

黑龙江教育出版社

图书在版编目（CIP）数据

桦川县革命老区发展史 / 桦川县老区建设促进会编
. -- 哈尔滨 : 黑龙江教育出版社，2021.5
ISBN 978-7-5709-2211-6

Ⅰ. ①桦… Ⅱ. ①桦… Ⅲ. ①桦川县－地方史 Ⅳ.
①K293.54

中国版本图书馆CIP数据核字(2021)第078447号

顾　　问	于万岭			
丛书主编	杜吉明			
副 主 编	白亚光	张利国	李树明	李　勃

桦川县革命老区发展史
Huachuanxian Geming Laoqu Fazhanshi

桦川县老区建设促进会 编

责任编辑	高　璐
封面设计	朱建明
责任校对	杨　彬
出版发行	黑龙江教育出版社
地　　址	哈尔滨市道里区群力第六大道1305号
印　　刷	哈尔滨博奇印刷有限公司
开　　本	787毫米×1092毫米　1/16
印　　张	25
字　　数	290千
版　　次	2021年5月第1版
印　　次	2021年5月第1次印刷
书　　号	ISBN 978-7-5709-2211-6　　　定　价　58.00元

黑龙江教育出版社网址：www.hljep.com.cn
如需订购图书，请与我社发行中心联系。联系电话：0451-82533097　82534665
如有印装质量问题，影响阅读，请与我公司联系调换。联系电话：0451-51789011
如发现盗版图书，请向我社举报。举报电话：0451-82533087

—— 《桦川县革命老区发展史》 ——
编辑组

主　编　高　珏
副主编　贾立军　李庆范　李永山
编　委　陈广仁　刘海龙

总　序

　　在举国欢庆新中国成立70周年前夕，中国老区建设促进会王健会长请我为《全国革命老区县发展史》丛书作序，作为一名在老区战斗过并得到老区人民生死相助的老兵，回首往事，心潮澎湃，感慨万千，深感义不容辞，欣然应允。

　　中国革命老区，是以毛泽东为代表的中国共产党人在领导人民推翻帝国主义、封建主义和官僚资本主义三座大山，争取民族独立和人民解放伟大斗争中建立的革命根据地，在这片红色的土地上，诞生了无数可歌可泣的革命英雄儿女，为后人树起了一座不朽的丰碑。她是新中国的摇篮，是党和军队的根。

　　在艰苦卓绝的战争年代，老区人民把自己的命运与中华民族的命运紧紧地联系在一起，与中国共产党和人民军队的命运紧紧地联系在一起，他们生死相依，患难与共。我曾亲历过战争年代，并得到过老区红哥红嫂的救助，切身感受到发生在身边的一幕幕撼天动地的革命故事，在那极其艰难的条件下，老区人民倾其所有、破家支前，不怕艰难困苦，不怕流血牺牲。"最后一碗米送去做军粮，最后一尺布送去做军装，最后一件老棉袄盖在担架上，最后一个亲骨肉送去上战场"，这是当时伟大的老区人民为建立新中国做出巨大牺牲的真实写照，它将永远镌刻在中国共产党、中国人民解放军、中华人民共和国的历史丰碑上。他们的光辉业绩永载史册，他们的革命精神必将影响一代又一代的革命新人，造就一代又一代的民族脊梁。

在社会主义革命和建设时期，革命老区和老区人民响应党的号召，面对落后的面貌、脆弱的经济、恶劣的生态环境，他们本色不变，精神不丢，自力更生，艰苦奋斗，干一行爱一行。始终坚持"革命理想高于天"，自觉做共产主义远大理想的坚定信仰者和忠实实践者，勇于向恶劣的自然环境和贫穷落后宣战，他们在各条战线上为国建功立业，用平凡的双手创造了一个又一个不平凡的奇迹，彰显了老区人的崇高精神和人格力量。

在改革开放的伟大进程中，老区人民解放思想，勇于创新，发奋图强，攻坚克难，老区的经济社会建设取得了辉煌成就。特别是在改变中国的面貌、中华民族的面貌、中国人民的面貌、中国共产党的面貌的伟大实践中发挥了至关重要的作用。老区人民既是改革开放的参与者，也是改革开放的推动者。

艰苦练意志，危难见精神。老区人民在近百年的革命战争、社会主义建设和改革开放的伟大实践中，孕育形成了伟大的老区精神：爱党信党、坚定不移的理想信念；舍生忘死、无私奉献的博大胸怀；不屈不挠、敢于胜利的英雄气概；自强不息、艰苦奋斗的顽强斗志；求真务实、开拓创新的科学态度；鱼水情深、生死相依的光荣传统。这是党和人民宝贵的精神财富、丰厚的政治资源，是凝心聚力、振奋民族精神的重要法宝，也是社会主义核心价值观的重要内容。

中国老区建设促进会怀着强烈的政治责任感和历史使命感，组织全国各地老促会人员克服困难，尽心竭力编纂《全国革命老区县发展史》丛书，记录老区的光辉历史和辉煌成就，传承红色基因，弘扬老区精神，是功在当代，利及千秋的一件大事。手捧这部丛书的部分书稿，读着书中的故事，倍感亲切，深感这部丛书具有资政、育人、存史的社会功能，有着重要的时代和历史价值。它是不忘初心、牢记使命的源头活水，是赞颂共产党、讴歌老区人民的一部精品力作，是弘扬老区精神、传承红色记忆的丰厚载体，是一项继承优秀传统文化、弘扬革命文化、发展社会主义先进文化，坚定"四个自信"的宏大文化工程。它必将成为一种文化品牌，为各界人士了解老区宣传老区支持老区提供一部有价值的研究史料。希望读者朋友们能从中了解并牢记这些为党和民族的利益不断奉献的老区人民，从中得到教益，汲取人生奋斗的精神动力。

新时代赋予新使命，新起点开启新征程。让我们更加紧密地团结在以习近平同志为核心的党中央周围，坚持以习近平新时代中国特色社会主义思想为指导，增强"四个意识"，坚定"四个自信"，做到"两个维护"，弘扬老区精神，铭记苦难辉煌。为实现"两个一百年"奋斗目标，实现中华民族伟大复兴的中国梦做出新的更大的贡献！

迟浩田

2019 年 4 月 11 日

编写说明

2017年6月，中国老区建设促进会组织全国各地老促会启动编纂《全国革命老区县发展史》丛书，按照"建立中国共产党、成立中华人民共和国、推进改革开放和中国特色社会主义事业"三大里程碑的历史脉络，系统书写革命老区百年历史，深入挖掘革命老区红色文化资源，这对于充实丰富中国革命史籍宝库、在新时代传承红色基因、弘扬革命精神、强固根本，对于激励人们在新的历史条件下夺取中国特色社会主义伟大胜利，实现中华民族伟大复兴的中国梦具有重要意义。

丛书编纂以习近平新时代中国特色社会主义思想为指导，以《中国共产党历史》《中国共产党的九十年》等重要文献为基本依据，以党的领导为核心，以老区人民为主体，以老区发展为主线，体现历史进程特征，突出时代发展特色，坚持辩证唯物主义和历史唯物主义相统一、历史真实性与内容可读性相统一的原则，书写革命老区从站起来、富起来到强起来的光辉革命史、不懈奋斗史、辉煌成就史，把老区人民的伟大贡献、伟大创造、伟大成就、伟大精神充分展示出来，形成一部具有厚重历史特征和鲜明时代特色的精品力作。这是一部培根铸魂、守正创新，既为历史立言，又为时代服务，字里行间流淌着红色血脉、催生着革命激情的传世之作。丛书的编纂出版将成为讴歌党讴歌人民讴歌时代、传播红色文化、为革命老区和老区人民树碑立传的重要载体。丛书按照编年体与纪事本末体相结合、以编年体为主的编写体例确定框架结构；运用时经事纬、点面结合的方式记述史实；坚持人事结合、以事带人的原则处理人与事的关系；采取夹叙夹议、叙论结合以叙为主的方法展开内容。做到史料与史论、历史与现实、政治与学术统一，文献性、学术性、知识性相兼容。

为编纂好《全国革命老区县发展史》丛书，打造红色文化品牌，中国老区建设促进会认真组织积极协调，提出政治立场鲜明、史料真实准确、思想论述深刻、历史维度厚重、时代特色突出、编写体例规范、篇目布局合理、审读把关严格、出版制作精良的编纂出版总要求，力求达到革命史籍精品的精神高度、思想深度、知识广度、语言力度，增强丛书的权威性和社会影响力。各省（区、市）、市（州、盟）、县（市、区、旗）老促会的同志，以强烈的使命感、责任感和紧迫感，勇于担当，积极作为，认真实施，组织由老促会成员、专家学者等参加的十余万人编纂队伍。编纂工作主体责任在县，省、市组织协调、有力指导、审读把关。各方面人员以高度负责的精神和科学严谨的态度，满腔热情地投入工作，为丛书编纂出版做出了重要贡献。丛书编纂工作还得到了党和国家有关部委、地方各级党委政府及有关部门的大力支持和积极参与，社会各界也给予了热情帮助。中共中央政治局原委员、中央军委原副主席、原国务委员兼国防部长迟浩田上将，对老区人民怀有深厚感情，对革命老区建设发展十分关注，欣然为《全国革命老区县发展史》丛书作总序。

　　丛书由总册和1 599 部分册（每个革命老区县编纂1部分册）组成，共1 600 册。鉴于丛书所记述的史实内容多、时间跨度长和编纂时间紧，不妥之处，敬请批评指正。

　　　　　　　　　　　　　　　　　中国老区建设促进会

目　录

序言一 ·· 001

序言二 ·· 001

第一编　桦川概况 ···································· 001

　第一章　历史沿革 ·································· 002

　　第一节　桦川概述 ······························ 002

　　第二节　区划设置 ······························ 007

　　第三节　历史沿革 ······························ 008

　　第四节　行政区划 ······························ 015

　第二章　资源优势 ·································· 022

　　第一节　自然资源 ······························ 022

　　第二节　旅游资源 ······························ 024

　　第三节　主要旅游线路 ·························· 025

　第三章　大事略记 ·································· 026

第二编　创建地方党组织反抗日本侵略者 ········ 055

　第一章　桦川县地方党组织的基础及早期活动 ····· 056

　　第一节　桦川县工人阶级形成及对中国共产党组织在

　　　　　　桦川县创建的作用 ····················· 056

第二节　马列主义在桦川县的传播和新型知识分子的
　　　　出现 ·· 058

第三节　中国共产党在桦川县的早期活动 ·············· 060

第二章　桦川县地方党组织的创建及抗日救国活动 ······ 064

第一节　中共桦川中学支部建立 ························· 064

第二节　中共悦来小学支部的建立与抗日活动 ······· 080

第三节　中共河北省委领导下的西门外党支部 ········ 092

第三章　抗日战争时期，桦川县的中共党组织 ·········· 100

第一节　下江特委在桦川县的活动 ···················· 100

第二节　中共佳木斯市委成立 ·························· 105

第三节　中共桦川县委在达木库成立 ·················· 106

第四节　中共达木库支部 ······························· 108

第五节　中共桦川县委领导下的五区区委 ············ 110

第四章　桦川县人民的抗日救亡斗争 ···················· 113

第一节　张锡侯率部保卫佳木斯 ························ 113

第二节　马忠显大桥战斗 ······························· 123

第三节　武氏兄弟组建抗日义勇军 ···················· 132

第四节　驼腰子金矿暴动与东北山林义勇军的抗日斗争 ·· 133

第五节　掩护抗联的顾老太太 ·························· 137

第五章　桦川地方组织领导下的抗日救亡活动 ·········· 140

第一节　桦川县成立抗日救国会 ························ 140

第二节　党领导下的抗日宣传活动 ···················· 148

第三节　马克正、陈芳钧发动矿警起义 ··············· 151

第四节　卢英春与抗联小分队 ·························· 153

第五节　佳南地下联络站 ······························· 156

第六节　桦川人民的抗日斗争活动 ···················· 164

第六章　东北抗日联军在桦川 ··························· 170

第一节　东北抗联十一军在桦川活动 ·············· 170

第二节　东北抗联十一军政治部主任金正国 ·········· 171

第三节　抗联独立师袭击悦来镇伪军 ·············· 173

第四节　东北抗联第六军保安团激战葡萄沟 ·········· 173

第五节　乌龙岗战斗 ······················ 177

第六节　桦川县七星砬子兵工厂 ················ 179

第七节　五道岗伏击战 ····················· 184

第八节　抗联二支队孟家岗炸日军 ·············· 184

第九节　东北抗联在桦川县的历次战斗 ············ 186

第三编　支援解放战争建设巩固后方根据地·········· 188

第一章　中共桦川县委的恢复与建设 ·············· 189

第一节　桦川县抗日战争胜利后初期的政治局势 ······ 189

第二节　抗战胜利后初期，中共地下党员在桦川县的

　　　　活动 ························· 192

第三节　东北人民民主大同盟的兴起与作用 ········· 193

第四节　抗战胜利后，中共桦川县委的恢复与发展 ····· 197

第二章　桦川县剿匪斗争 ···················· 200

第一节　桦川县组建保安大队，开展剿匪斗争 ········ 200

第二节　剿灭桦川县境内土匪 ················· 201

第三节　清剿残匪，桦川县剿匪斗争胜利结束 ······· 204

第三章　桦川县土地改革运动 ·················· 207

第一节　桦川县土地改革初期的形势和任务 ········· 207

第二节　开展土地改革运动 ··················· 209

第三节　反奸清算、"砍挖"斗争与平分土地 ········· 211

第四章　张闻天在桦川的土地改革试点工作 ·········· 218

第一节　张闻天一下会龙山，发动群众土地改革 ······ 218

第二节　张闻天二下会龙山，镇压"暗胡子"李焕章 ·· 219

第三节　张闻天三下会龙山，煮熟"夹生饭" ……… 220

第四节　张闻天在桦川县的工作实践和榜样作用 …… 221

第五章　发展壮大党组织巩固后方根据地 ……………… 227

第一节　建立、发展中共桦川县基层组织 …………… 227

第二节　解放战争时期，桦川县政权建设 …………… 229

第三节　巩固后方根据地，支援全国解放战争 ……… 234

第四编　新中国成立初期各项事业的恢复和发展 ……… 238

第一章　新中国成立前的桦川人民的生活 …………… 239

第一节　清末至民国时期桦川县农民的生活状况 …… 239

第二节　桦川地主阶级垄断土地，形成封建统治格局 ‥ 240

第三节　新中国成立前桦川人民的苦难生活 ………… 241

第二章　新中国成立后的老区人民的生活 …………… 254

第一节　开展"土改"运动，桦川县革命老区农民分田分地，

　　　　开始新生活 ……………………………………… 254

第二节　新中国成立后党领导桦川县人民发展、生产、

　　　　建设新生活 ……………………………………… 257

第三节　党的十一届三中全会后，桦川县开创了经济建设的

　　　　新局面，人民生活有了巨大新变化 ………… 263

第四节　中共桦川县委带领人民群众建设有中国特色

　　　　社会主义、实现小康生活的目标 …………… 265

第三章　改革开放后，桦川县扶贫解困的几次重大实践 ‥ 267

第一节　桦川县集贤村"拔病根、挖穷根、 ………… 267

扎富根"的脱贫致富实践 ……………………………… 267

第二节　桦川县扶困脱贫热潮 …………………………… 272

第三节　开展"3+1"活动，推动全县扶贫致富 ……… 273

第四节　"走近百姓"活动，推动扶贫解困 ………… 273

第四章　新世纪以来，桦川县革命老区的扶贫开发 …… 275

第一节　开发式扶贫阶段的成就 ……………………… 275

第二节　"十二五"期间扶贫开发的主要成就 ………… 278

第三节　桦川县农业和农村经济的发展 ………………… 279

第五章　精准扶贫，打赢实现小康社会的脱贫攻坚战 282

第一节　精准扶贫阶段 …………………………………… 282

第二节　桦川县精准扶贫的主要做法与成效 …………… 283

第三节　桦川县脱贫攻坚工作 …………………………… 288

第四节　革命老区的精准扶贫攻坚战 …………………… 291

第五编　桦川县社会主义现代化建设 ………………… 293

第一章　新中国成立后，桦川县革命老区的建设与发展 294

第一节　新中国成立初期的经济恢复和发展 …………… 294

第二节　第一个五年计划的制定与完成 ………………… 297

第三节　桦川县在全面建设社会主义时期曲折前进的

　　　　十年 ……………………………………………… 300

第四节　改革开放后，桦川县经济和社会发展 ………… 301

第五节　桦川县"十二五"期间跨越式发展 …………… 302

第二章　全面建设小康社会决胜期的桦川县经济社会发展 305

第一节　实施"十三五"规划，迈出全面振兴的新步伐 305

第二节　桦川县的绿色惠民与和谐共建 ………………… 313

第三节　新型城镇化建设使老区城乡展新颜 …………… 322

第四节　实施乡村振兴战略，建设宜居美丽乡村 ……… 334

第三章　"十三五"期间的国民经济和社会发展 ……… 345

第一节　桦川县"十三五"规划 ………………………… 345

第二节　桦川县"十三五"规划的实施 ………………… 346

第三节　桦川县未来建设的总体目标 …………………… 346

第四章　桦川县革命老区建设与发展的整体规划 ……… 348

第一节　发展优质高效的农业，建设国家现代农业

示范区 ······················ 348

第二节　调整工业结构，建设新型工业园区 ·········· 350

第三节　打造高端服务中心，建设现代服务业 ······· 352

第四节　统筹城乡一体化发展，打造现代宜居环境 ····· 353

第五节　共享发展，推进基本公共服务均等化 ······· 356

第六节　桦川县未来五年发展规划的补充和完善 ····· 358

后记················ 363

参考文献················ 365

序言一

革命老区　英雄故里

桦川县是国家一类革命老区，是英雄故里。著名的"八女投江"事迹的主人公之一的冷云烈士、抗日英烈赵敬夫和抗日将领陈雷等人出生在这里；张耕野、张宗兰、祁致中等革命先烈也曾经工作、战斗在这里。

1931年"九一八"事变后，日本军国主义者全面武装占领了东北，持续时间长达14年。在这14年艰苦卓绝的斗争中，东北人民同仇敌忾，奋勇杀敌，为民族解放做出了巨大牺牲和重要贡献。

桦川县是东北抗日联军在三江平原对敌作战的主战场，著名抗日将领周保中、赵尚志、张寿篯（李兆麟）、夏云杰、戴鸿宾、祁致中、王钧、王明贵、陈雷等曾带领东北抗日联军第三军、第五军、第六军、第八军、第十一军在桦川地区与敌人进行过数百次战斗。在中国共产党的领导下，桦川人民前仆后继，英勇奋战，创造了许多可歌可泣的英雄事迹。不屈不挠的桦川儿女，以血肉之躯，筑起一道道抗击日军的钢铁长城，创造出无数可歌可泣、永垂青史的英雄壮举和不可磨灭的抗联精神。无数先烈为祖国的独立和民族解放献出了宝贵的生命。他们的革命业绩、崇高的爱国主义和国际主义精神是永远值得我们弘扬和传颂的。

《桦川县革命老区发展史》的编写具有重大的现实意义和历史意义。作为一名健在的抗联老兵，对此我感到十分欣慰，我们要把这一段历史交给下一代。

本书邀我做序言，可能因为桦川地区是黑龙江省原省长、我的丈夫陈雷的故乡吧。他出生在这里，曾经在这里生活和战斗过，对于桦川这片诞生了许多英雄的土地，有着极深的感情。

其实，我对桦川的感情也很深。1932年松花江流域发洪水，我和其他难民们从梧桐河坐船路过桦川，当时我们饥寒交迫，是桦川人民给予了我们无私的帮助，将地里的苞米掰给我们充饥。

1936年，我从桦川县的敖其出发，在抗联战士李升爷爷的带领下，来到东北抗联第六军的后方密营，从此成为一名抗联女兵。

1939年部队西征前，我们曾经去桦川背过粮食，桦川人民节衣缩食也要支援我们。部队西征时，我们从老等山出发，冒雨过了松花江来到桦川地界，桦川的老百姓把自己的口粮让给了部队官兵。

英雄的桦川人民支援抗战的事迹深深地刻在我的记忆里，使我难以忘记。

让我们铭记历史、缅怀先烈、守护和平，更加奋发有为地团结在以习近平总书记为核心的党中央周围，为实现中华民族的伟大复兴而奋斗！

李敏

2018年7月1日

序言二

《桦川县革命老区发展史》是桦川县第一部党的编年史著作，它以实事求是的科学态度、翔实可靠的档案资料、生动感人的史实内容，系统完整又简明扼要地记述了桦川县从1930年有党的活动开始，到建设新时代中国特色社会主义的今天，这一段跌宕起伏又恢宏壮丽的发展历程。

《桦川县革命老区发展史》更是一部具有信史性的党史著作，是桦川党史工作者多年来辛勤研究的成果，凝聚着县老促会及编委会的智慧和心血，尤其在编纂过程中得到了抗联老战士、黑龙江省政协原副主席李敏同志的亲切关怀和大力支持，她在患病住院期间完成了序言、题词。县委、县政府对这些老同志忘我工作的精神表示敬佩，对他们取得的丰硕成果表示赞许，对他们为桦川人民提供的具有红色基因的精神食粮表示衷心感谢！

我们党一贯重视历史经验的借鉴和运用，习近平总书记强调："重视历史、研究历史、借鉴历史是中华民族5 000多年文明史的一个优良传统。当代中国是历史中国的延续和发展。新时代坚持和发展中国特色社会主义，更加需要系统研究中国历史和文化，更加需要深刻把握人类社会发展规律，在对历史的深入思考中汲取智慧、走向未来。"总书记的重要论述引人深思、发人深省、催人奋进。

鉴古知今，学发展之历史明智，学革命之历史立志。桦川是革命老区，是一块有着悠久历史和光荣革命传统的土地。近百年来，在这片热土上生活的桦川人民，在中国共产党的领导下，为挽救民族的危亡、争取国家的独立和人民的解放，为桦川的社会发展和经济建设，前赴后继、英勇奋斗，表现出崇高的爱国主义和革命英雄主义精神，用血与火书写了可歌可泣的光辉篇章。抗战时期，桦川革命老区的人民把"最后一碗米拿去做军粮，最后的亲骨肉送他上战场"。在三江地区，党的星星之火就闪亮在桦川，三江地区的第一名共产党员、第一个党支部就诞生在桦川。"八女投江"之一的冷云、血战朝阳山的赵敬夫、老抗联战士黑龙江省原省长陈雷就出生在桦川，全国第一个集体农庄就起航在桦川……读《桦川县革命老区发展史》，让我们更加深刻地认识到：中国革命的胜利是用无数革命先烈的生命和鲜血换来的，对革命成果应当永远珍惜；只有共产党才能救中国，只有中国共产党才能发展中国，只有共产党才能强盛中国。

不忘本来才能开辟未来，善于继承才能更好地创新。今天的桦川是历史的桦川的继续和发展，我们置身于建设新时代中国特色社会主义的伟大实践中，责任艰巨，使命光荣。建设理念新、动能新、文化新、风气新、环境新，桦川的这个"五新"目标，是桦川历史上前所未有的大变革，是桦川革命老区又一辉煌的大变迁。我们要发扬革命老区的光荣传统，坚定理想信念，深入学习并贯彻落实习近平新时代中国特色社会主义思想，围绕建设"五新"桦川战略目标，"不忘初心、牢记使命"，勇于担当、积极作为，为实现桦川全面振兴、全方位振兴不懈奋斗！

中共桦川县委书记

桦川县人民政府县长

2019年7月1日

第一编 ★ 桦川概况

第一章 历史沿革

第一节 桦川概述

（一）

桦川县位于黑龙江省东北部，松花江下游南岸，三江平原西端；南枕完达山，北靠松花江，地理位置较为优越。桦川县地理坐标：东经130°34′至131°31′，北纬46°31′至47°31′。桦川县四邻：东邻富锦县，西连佳木斯市，南与桦南、集贤两县接壤，北与汤原、萝北、绥滨三县隔江相望。县城悦来镇距佳木斯市41千米，距省会哈尔滨市425千米，距首都北京1 813千米。全县区域面积2 268平方千米。全县行政区划为5镇4乡105村。

县境东西长96千米，南北宽25千来，总面积为2 268平方千米。其中县属面积为1 779平方千米，省、市属农牧场面积为489平方千米。

县域狭长，如握紧拳头的臂膀横亘在三江平原的西端。地势为西南高、东北低，依次为低山、丘陵漫岗、平原、低平原4种主要类型。桦川南部重峦叠嶂，林产丰富；北部平畴沃野，盛产稻粱。

桦川属温带大陆性季风气候，四季分明，温差悬殊。夏季山清水秀，气温最高达37℃，全年日照可达2 541小时，无霜期约

145天。年平均降水量为460毫米，多集中在夏末，常发生春旱秋涝。

桦川自然资源丰富，动物种类较多，植物品种较全；南部山区泥炭储量丰富，成为桦川对外贸易的主要产品。

据2018年统计，全县总人口为218 132人，其中农业人口161 915人，非农业人口56 217人。汉族人口居多，少数民族有蒙古族、朝鲜族、满族、回族、赫哲族、锡伯族、高山族、土家族等，共计12 170人。

桦川历史悠久，建制时间较早。1909年4月14日（准奏时间），清政府拟于依兰南境"桦皮川"地方设治，定名"桦川县"。1910年2月24日，移至依兰东北之东兴镇（今佳木斯）设治，称"桦川设治局"。1912年11月设治局移至悦来镇，改称"桦川县公署"。1932年5月，日军占领桦川后，成立伪县公署，迁至佳木斯。1956年3月，桦川、桦南合并为桦川县，县治移至桦南湖南营镇。1964年8月，桦川县治迁至悦来镇。桦川设治以来的110年间，县治屡迁，区域屡变。至1964年县治重回悦来镇后，除部分乡镇划归佳木斯郊区外，建制渐趋稳定。至2018年，全县行政区划为5镇4乡105村。

（二）

桦川县是革命老根据地，全县老区人民为抗日战争和解放战争做出了卓越贡献。

早在1930年秋，共产党员唐瑶圃从北京弘达学院肄业后即到桦川县佳木斯镇活动。唐瑶圃以桦川中学为阵地，秘密地向师生们传播革命思想，并很快发展了教员张耕野为党员。

桦川党组织发展很快，并为抗日斗争做了很多工作，先后向抗联输送了白长岭（赵敬夫）、郑志民（冷云，女）、张耕野、姜士元（陈雷）等数十名抗日骨干，为抗联运送了大批的必需物资，给抗联搜集了许多重要情报，有力地支援了抗联。

在城镇建立党组织的同时，桦川农村也开始建立党组织。1934年秋，桦川西部达木库地方建立了党支部，很快发展为区委，并于1936年11月建立了中共桦川县委。县委成立后，最多时建立了5个区委、13个支部，党员达100多人。广大党员深入到各村，组织群众成立抗日救国会，给抗联以人力和物资上的支援，桦川成为抗日斗争的坚实根据地。

1945年9月抗日战争胜利后，部分伪官吏成立了桦川县临时县政府，国民党吉林省党部也派人成立了桦川县党部，他们沆瀣一气，等待"中央军"接收。在此紧要关头，党中央从关内派出干部和军队来到合江省（解放战争时设置的省区之一，今已撤销）。1945年12月末，合江省政府派干部接管了桦川县临时县政府，改称桦川县政府。1946年6月，全县从反奸清算入手，开始了如火如荼的土地改革（简称"土改"）运动。在"土改"运动中，中共合江省委以桦川二区为试点，总结经验，指导全省。时任省委书记张闻天曾多次来桦川视察，指导桦川"土改"，历经两年时间消灭了地主土匪武装，实现了农民土地还家，人民当家做了主人。

历历征途，英雄辈出。在艰苦的革命历程中，桦川无数优秀儿女前赴后继，甘洒热血。冷云（女）、赵敬夫、张耕野、张宗兰（女）等革命先烈，用生命护卫了祖国的山河，谱写了"八女投江"等英雄诗篇。新中国成立后，在社会主义建设中，桦川革命老区人民以先烈为榜样，继续发扬革命优良传统，在各条战线上取得了优异成绩，为振兴桦川做出了突出的贡献。

（三）

新中国成立前，桦川历经民国、沦陷两个时期。在封建的、殖民地的生产关系束缚下，穷苦农民受剥削受压迫，挣扎于水深火热之中。自然资源遭到破坏，社会生产力低下，工业不兴，农业不旺，商业不振，各业不得发展，经济非常落后。

新中国成立后，在党和政府的领导下，生产关系不断变革，人们的生产积极性空前高涨，优越的自然条件被充分利用，工、农业产值成倍增长，国民经济迅速发展。

党的十一届三中全会以后，县委遵照"全党把工作重点转移到'四化'建设上来"的精神，领导全县人民积极投入到经济建设中。改革开放40多年来，在党的政策指引下，桦川的各行各业取得了丰硕成果。

第一，县域经济实现快速发展。至2018年全县地区生产总值实现63亿元；规模以上工业企业增加值实现3.5亿元；招商引资到位资金实现89.8亿元；城镇居民人均可支配收入实现22 172元，同比增长6.5%；农村居民人均可支配收入实现7 008元，同比增长11%；一般公共预算收入实现2.1亿元，同比增长3.2%；固定资产投资实现20.5亿元，同比增长21.3%；社会消费品零售总额实现20.5亿元，同比增长9.7%。

第二，农村经济焕发出勃勃生机。桦川县坚持走"精准农业、绿色农业、特色农业"的发展道路，现代农业试验区、"水稻大县"和绿色食品基地的建设，都取得了积极的进展。桦川是国家重要的商品粮基地，是全国粮食生产先进县，是黑龙江省"两大平原"现代农业综合配套改革先行先试重点区、农田水利重点县、黑土地保护试点县，是三江寒地水稻种植发源地。全县拥有耕地210万亩（1亩=666.67平方米）、人均耕地10.8亩，其中种植水稻130万亩、玉米50万亩、大豆19万亩、果蔬及烟叶等作物11万亩。全县高标准农田面积60万亩，农业科技贡献率达到65%，农业机械化率达到92%，全县粮食总产实现"十五连丰"。

第三，社会事业发展迅速。全面落实了《公民道德建设实施纲要》，深入开展了精神文明建设，城乡居民素质明显提高。教育事业迅速发展，中、小学入学率达到100%。广播电视光纤升级改造工程完成，全县实现了"村村通"。医疗卫生服务体系不断健全和发展，因人口和计划生育工作被评为全国"婚育新风进万家"活动先进县。再就业工作扎实有效，社保使弱势群体的基本生活得到保证。人大、政协监督作用不断加强，统战、武装、群团等工作开展活跃。信访工作稳定有效，桦川县连续获得"省级平安县"称号，连续三届蝉联"全国平安建设先进县"，获得平安建设最高奖项"长安杯"。

第四，党的建设全面加强。深入开展了党建创新活动，积极推行了农村党员群众"捆绑式脱贫致富模式"，在全县开展了转观念、转思路、转作风、争一流的"三转一争"主题活动。贯彻执行《干部选拔任用工作条例》，不断深化干部人事制度改革，增强了基层组织的创造力、凝聚力和战斗力。进一步落实了党风廉政建设责任制，严肃查处违法违纪案件，党风政风明显好转，群众对党风廉政建设满意率逐年提高。

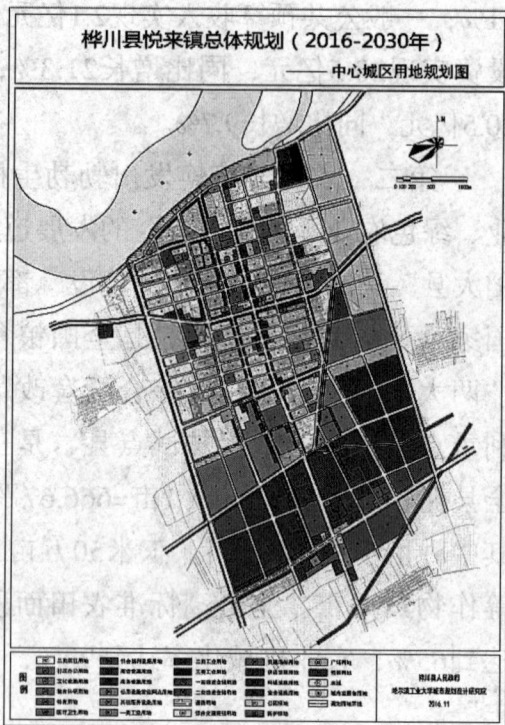

桦川县悦来镇总体规划（2016-2030年）
——中心城区用地规划图

（四）

党的十九大以来，按照"两步走"的战略目标，桦川县深入贯彻习近平总书记系列重要讲话精神和党的十九大精神，统筹推进"五位一体"总体布局，协调推进"四个全面"战略布局，全面践行"五大发展理念"，紧紧围绕"一区三中心"的战略定位，加快实施"创新驱动、产业提升、城乡协同、绿色生态、民生共享、扶贫攻坚"六大战略，强力推进八项重点任务，以建设理念新、动能新、文化新、风气新、环境新的"五新"桦川为奋斗目标，大力弘扬创新、进取、实干、担当、奉献的桦川精神，确保实现全省晋位、全市争先，确保与全国同步建成小康社会，努力谱写"五新"桦川建设的精彩篇章，努力建设充满活力、彰显魅力、富有实力的新桦川。桦川百业竞兴，商机无限，正成为我国东北部经济新增长点和投资新热土。

第二节　区划设置

桦川于1909年设治。设治前，为肃慎族及其后裔的故乡。设治后，县治屡迁，区域屡变。1909至2019年的110年间，较大建制（区域）变动有七次。

第一次县城设于佳木斯。1909年4月，决定于依兰南境的"桦皮川"设治。经勘察，认为该地山深林密，治安难防，遂改到佳木斯设治。初期县界未定，临时划分5个区管辖。

第二次县城设于悦来镇。在划县界时，发现悦来镇地处平原，地理位置较佳木斯镇优越，遂于1912年11月将设治局迁至悦来镇，改为桦川县公署。不久，全县划分为12个区管辖。

第三次县城设于佳木斯镇。1932年日本侵略者占领桦川县后，选择佳木斯为统治中心，将伪桦川县公署迁至佳木斯。前期推行保甲制，以伪警察署管界为行政区划；后期实行街村制，全县划分2街14村66区212屯。

第四次县城设于湖南营镇。1946年6月，桦川县南部千振、永丰两个区划出成立桦南县。1956年3月，桦南县又合并回桦川县，县政府从佳木斯迁至原桦南湖南营镇。全县划分1镇37乡，版图变动较大。

第五次县城重回悦来镇。1964年8月，桦南县恢复，桦川县政府迁回悦来镇。全县为5镇10乡184行政村。

第六次1972年3月，大来、永安、西格木3个人民公社划归佳木斯市郊区，桦川县区城缩小。总面积为2 645平方公里。

第七次1994年5月6日，长发镇、建国乡、松木河乡，1镇2乡划归佳木斯市郊区管辖，桦川县区划为4镇8乡151村。全县总面积缩减至2 268平方千米。2001年，乡镇撤并，行政区划调整后，全县调整合并为5镇4乡105行政村。

桦川建县时间虽长，但由于区域变化频繁，经济基础薄弱，实际是一个新兴的老县。

第三节　历史沿革

（一）历史沿革

桦川县的历史可追溯到新石器时代。新石器时代是以磨制石器为标志的人类物质文化发展阶段。据万里河遗址和出土文物考古证明，早在新石器时代，桦川已有远古人类活

动。这里的原始民族以渔猎为主，并逐渐开始原始农业生产，形成了以动物艺术品为主要特征的新开流文化，文献记载始于商、周时期。

商、周时期（公元前17世纪—前721年），桦川属肃慎族活动区域，沿松花江岸边有零星原始村落。肃慎族是以在这里生活最早的人群，逐步形成的黑龙江省东部地区土著原始民族，是满族的远祖，为中国东北方的古老民族，周朝时便臣服于中原王朝，与中原王朝有朝贡关系，保持密切联系，在漫长岁月中不断交流与融合，成为华夏民族的重要组成部分。肃慎人以兽皮御寒，穴地而居。在氏族酋长的管理下，过着原始社会生活。

秦、汉时，桦川属挹娄区域。挹娄即肃慎之易名。桦川位其北部，沿松花江沿岸有零星"邑落"，由选举产生的"大人"管理，开始向私有制过渡。

魏、晋、南北朝前期，桦川仍属挹娄。北朝时挹娄易名勿吉，桦川属勿吉区域。区域内有周长数百米的城邑，以城邑为中心形成较大部落，有兵数千人，在部落长管理下，开始跨入文明时代。北朝末期，勿吉形成"粟末、伯咄、安车骨、拂捏、号室、白山、黑水"七部，桦川一带属黑水部区域。从桦川县横头山镇的魏晋、古山寨遗址考证，2 000多年前挹娄人就在这里生活、繁衍。

隋、唐时桦川属黑水靺鞨区域。隋代，勿吉转为靺鞨，七部皆统有若干邑落，分别发展为部落联盟。唐代，靺鞨由原来的七部发展"为数十部，各有酋帅"，人数增多。黑水靺鞨在各部中最强大。部落内建黑水都督府，隶属于幽州都督（治所在今河北省境内）管辖。桦川位其西南部。

辽时桦川属女真五国部。五国部分布于今黑龙江省依兰县至黑龙江口一带，是黑水靺鞨直系后裔留居故地。五国即剖阿里国、盆奴里国、奥里米国、越里笃国、越里吉国。桦川一带为越里笃国区域，位于今依兰县东北350余里（1里=500米）松花江沿岸（今桦川县境内万里河村）。圣宗时，五国部归服辽朝，由黄龙府都部署司统辖。五国部内各设"酋帅"，管理本部事务。后又罢免五国部诸酋帅，设五国部节度使管辖。

金时桦川属胡里改路区域。胡里改路路治设于五国头城（今依兰县），桦川位其东北部350余里处，仍为五国部的越里笃国。当时越里笃国部西南七里半山中，设有屯军城堡，旧《桦川县志》称之"金代一成戍侯也"。屯居猛安谋克户，为军政合一组织，首领平时千夫长，行兵则称谋克。

猛安谋克为女真族的联盟组织，是一个军政合一性的组织。猛安指部落单位，十谋克为一猛安；谋克为民族单位，谋克即为千夫长。酋长称勃极烈。猛安谋克在灭辽攻宋的战争中逐渐形成了强大的亲兵集团，据《金史》记载，金朝共有猛安220个，谋克1 878个。在三江平原出土一

恼温必罕合扎谋克印

些猛安谋克的官印，证明了金朝在东北边疆地区也施行了猛安谋克制度和军事上的部署。1983年，桦川县悦兴乡马库力村出土一枚"恼温必罕合扎谋克印"铜印，"合扎"为女真语"亲军"之意，持掌合扎谋克印各为金王子孙或宗室。恼温必罕合扎谋克印"左侧镌楷书汉字阴文""上京行部造""贞祐三年四月"（即1215年4月），据《金史·室宗本纪》载，这一年正月到八月，蒙古军攻陷金朝"城邑八百六十有二"，推断这一年的四月至八月期间，越里笃国的恼温必罕合扎谋克被蒙军所败，战乱之际遗

失了铜印。

1215年，蒙古孛儿只斤铁木真发兵征伐辽朝在三江平原的五大部落（五国城），桦川县境内的越里笃亦被攻陷，全城女真人惨遭杀戮，此城因之称为瓦里霍吞。旧《桦川县志》载：辽兴宗（1031—1054年）时期，黑水靺鞨的直系后裔属于绥缤县蜿蜒河畔的女真完颜部（以蜿蜒河为姓，落音转完颜），逐渐强盛，开始形成部落联盟的组织。在以完颜部为核心的女真各部落逐步走向统一时，辽朝统治者加剧了对女真的压迫与掠夺，二者的矛盾趋向尖锐化。1113年，完颜女真族的杰出首领阿骨打，担任了部落酋长。1114年，阿骨打聚合女真各部勇士2 500人在流水（拉林河）畔誓师伐辽，向辽朝宁江州（吉林扶余县东南），出河店（今嫩江和第二松花江交汇处北岸）进攻，打败了辽军，荡平了辽朝在三江平原五大部落（即五国城）。位于今桦川县城东北20公里的松花江南岸万里河村境内的辽朝五国城之一的越里笃也被攻陷，全城惨遭屠戮，膏血遍地，人称这里为瓦里霍吞，赫哲语称"瓦里"是"屠"的意思，"霍吞"是"城"的意思。称之屠城，可见当时情形是十分惨烈的。旧《桦川县志》还记载："瓦里霍吞山孤露无属系冲积泥沙沉积所成。以岗为城，呈不规则形，点将台海拔高度108.4米。""瓦里霍吞北临江，东西南三面旷野，山上有一古城，东西一百三十六丈尺，南北一百三十一丈尺，面积一万七千九百七十五丈二寸。圮垒高五尺余，雉堞隐然。东西二门相对，正南门瓮圈犹存，西北门俯瞰长江，逢与西南台相遇，固若金汤。城内北半偏西有土台（俗称点将台）高可显丈，中有穴，下通隧道，可由山北直达江畔为登舟计也。出隧道有石门一……考诸前史编为金（辽）五国城之一。""尽金源不腊，蒙古崛兴，满城女真惨遭屠戮，膏血涂地……"

元初桦川属辽阳行省开元路区域。皇庆元年（1312年），元朝将黑龙江下游及乌苏里江流域由开元路划出，改设水达达路，桦川亦归属水达达路。桦川为脱斡怜万户府辖区，府治设于弗思木城（今万里河村）。弗思木城，即越里笃城，位居五国部中心位置，是一个具有战略要地的古城地。元朝为"通达边情，布宣号令"，在全国各地广设驿站。东北有驿站120处，弗思木城（今万里河村）为驿站之一。

明初桦川属辽东三万卫辖区，后属辽东三万卫指挥使司。永乐十年（1412年）八月，弗思木城置弗思木卫，卫所设指挥使，下辖有百户、总旗、小旗。为加强中央与奴儿干各地的联系，明朝在东北各地设置许多驿站，构成交通网。在人口密集而便于垦殖之地，还设立了集镇和小城市，以利信使的往返和商品的交换。当时，奴儿干都司辖境有两条大交通干线，向东的海西东水路城站有10城45站。桦川县境内有一城一站，一城即第六城，名弗思木城（今县内万里河村）；一站即第17站，名柱邦站（今佳木斯市沿江公园江南村一带）。

清初桦川属宁古塔将军辖区。当时，桦川为赫哲喀喇，区域内的瓦里霍吞（万里河）、苏苏、敖其等皆为赫哲渔村。瓦里霍吞、希尔哈等古城仍是清王朝重要的战略要地。希尔哈古城也称新城古城，位于桦川县新城镇区域内，始建于金朝年间。《五国城考》云："瓦里霍吞城下40里有大古城曰希尔哈古城。"其形制与上京会宁府遗址及依兰土城子相似，具有明显的金代特征。希尔哈城西南1 500米处有一周长1 000米的小城，当为希尔哈卫城。希尔哈城因地势掘壕起墙，夯土筑城，为不规则形，呈靴状，周长3 200米，城内地势北邻略高，海拔高度为70.5米，南部为68米。东、南城墙各有"马面"10个，"马面"间相距50米。南墙偏东段有一瓮城，西城近西南转角楼外有一瓮城。城四周建宽4米、深1米、墙高3米的防城壕。近西城瓮门处有两座山冈，分别与南墙、西墙平行。北城墙靠近古城，依赖天然屏障，未设"马面"。护城设施相当完备，战略作用亦显突出。1716年在松花江、牡丹江汇合处建三姓城。桦川区城西部为三姓四甲。雍正十年（1732年），在三姓设副都统，管辖松花江、黑龙江下游及库页岛地区，桦川属三姓副都统辖区。光绪三十一年（1905年），裁三姓副都统，改称依兰府，桦川为依兰府辖区。光绪三十二年（1906年），设临江州，桦川区域以铃铛麦河为界，河西佳木斯镇、永凝社属依兰府辖区，河东悦来镇、永平社属临江州辖区。

（二）设治后隶属变化

1909年4月9日，东三省总督锡良等向清政府奏文说："依兰府原治三姓，辖地之广，几两倍于吉林府。虽人烟稀少，求治尚难，然不预为措置，终难逐渐振兴。拟于其南境之桦皮川增设一县，名曰'桦川县'。"

1909年4月14日，清政府准奏，命会议政务处核议施行。同年7月，东北路道设于依兰的观察使王铁珊派依兰府经历孟广均到桦皮川一带勘察，认为该地山深林密，胡匪出没，治安难防，不宜设治。奏请吉林省民政使司核准，决定到依兰府东境的佳木斯设治。

清宣统二年（1910年）2月24日，观察使王铁珊派依兰府经历孟广均到佳木斯设治。桦川当时为"荒僻之区，田庐城郭，胥待绸缪，度地居民，尚需时日"，故暂设桦川设治局，孟广均为桦川设治委员；俟一、二年后，地方繁盛，再补署称县。孟广均到佳木斯后，经过筹备，于1910年3月1日，借用依兰府经历铃记，开办设治事宜。

1910年7月，时逢佳木斯镇水灾，设治员孟广均，电请吉林省民政使司，要求移治悦来镇。省民政司经核议，于7月批准此案。

清宣统三年（1911年）4月，设治员孟广均到悦来镇丈放街基，筹款备料，开始修建衙署。

1912年9月，衙署落成。11月，移治悦来镇，设治局升为县公署，孟广均署理县知事，隶属于吉林省东北路道。

1914年，东北路道改称依兰道，桦川县亦隶属于吉林省依兰道。

1929年，实行省、县二级制，桦川县直属吉林省管辖。

1932年5月，日本侵略者占领桦川县后，解散了县政府，在佳木斯成立了伪桦川县政府（后改为伪桦川县公署），隶属于伪吉林省管辖。

1934年10月1日，伪满设置三江省，伪桦川县公署隶属于伪三江省管辖。

1945年8月15日，日本侵略者投降，伪桦川县公署垮台。8月20日，由部分伪官吏成立桦川县临时县政府，维持局面。

1945年11月17日，合江省政府成立。12月25日，合江省政府派干部接管了桦川县临时县政府，改称县政府，隶属于合江省管辖。

1949年4月21日，合江省与松江省合并为松江省，桦川县隶属松江省管辖。

1954年6月19日，松江省与黑龙江省合并为黑龙江省，桦川县隶属于黑龙江省管辖。

1954年10月1日，成立合江地区专员公署，桦川县隶属于黑龙江省合江地区专员公署管辖。

1985年1月9日，撤销合江地区专员公署，实行市管县体制，桦川县隶属于黑龙江省佳木斯市管辖，直至今日。

第四节　行政区划

（一）清末行政区划

桦川设治之初，县界未定，暂以5个区管辖。一区霍伦沟，二区佳木斯镇，三区会龙山，四区大堆峰，五区悦来镇。

（二）民国时期行政区划

1913年，全县划分为12个区。北部山外8个区：平政区、粒民区、富田区、兴利区、向化区、归仁区、阜财区、安业区。南部山里4个区：永丰区、久泰区、养正区、履安区。

1930年，民国政府实行县政改革，并区划乡。桦川县于当年11月区划完毕，全县划分5区5镇38乡。

第一区包括平政区、粒民区（部分），辖1镇9乡。

第二区包括向化区、阜财区（部分），辖1镇8乡。

第三区包括兴利区、富田区，辖1镇7乡。

第四区包括安业区、草财区（部分），辖1镇7乡。

第五区包括永丰区、久泰区、养正区、履安区，辖1镇7乡。

（三）沦陷时期县行政区划

1932年5月，日军占领桦川县后，成立伪桦川县公署。伪县公署废除民国时期的区乡制，推行保甲制，各区域按伪警察署管界划分，全县区划为6区78村。

1939年，日伪当局实行地方区划变更，将伪依兰县的千振、闫家两区划入伪桦川县管辖。

1941年，日伪当局实行街村制，伪桦川县行政区划为2街14村66区212屯。

（四）解放初期区划

1945年12月，桦川县政府成立之后，废除了街村制，基本恢复1931年"九一八"事变前的区乡制（有的区设堡，如悦来堡）。全县临时划为6区49乡，即长发区9乡、太平区8乡、悦来区10乡、大来区8乡、永丰区8乡、千振区6乡。

1946年6月10日，南部永丰、千振两区划出，全县尚有4个区。12月，增设两区，全县仍为6个区，即一区长发屯、二区太平镇、三区悦来镇、四区大来岗、五区黑通、六区模范村。

1947年3月，开始民主建政，划大区为小区，全县重新区划为10区1直属乡，即一区长发屯、二区会龙山、三区太平镇、四区营子岗、五区苏家店、六区悦来镇、七区大来岗、八区永安、九区黑通、十区模范村和直属乡田禄村。

1947年11月，田禄村直属乡撤销，新城区划入，列为第11区。

1948年12月，四区营子岗合并，新城区列为第四区，全县仍为10个区，即一区长发屯、二区会龙山、三区太平镇、四区新城、五区苏家店、六区悦来镇、七区大来岗、八区永安、九区黑通、十区蒙古力（1949年末，蒙古力区所在地由蒙古力屯迁至田禄村，改称建国区）。

1949年10月1日中华人民共和国成立后，桦川县行政区划仍为10区139村。

1956年1月19日，桦川县与桦南县合并为桦川县，县政府设置在湖南营镇。将原桦川县的新城、悦来、太平、苏家店四个区划归集贤县管辖。将长发区的太平山、三家子，黑通区的新华、靠山，建国区的蒙古力、新民这6个村划归佳木斯市管辖。

1956年3月15日，合并后的中共桦川县委和县政府由佳木斯迁至原桦南县政府所在地湖南营镇。3月末，根据并区划乡的精神，全县划为1镇37乡，即湖南营镇、头道沟乡、新兴乡、拉拉街乡、驼驼腰子乡、风歧乡、大金缸乡、长发乡、五道岗乡、裕太乡、明义乡、公心集乡、闫家乡、半截河子乡、朝阳乡、二道沟乡、朝阳川乡、东生乡、公胜乡、大八浪乡、民主乡、永安乡、石头河子乡、永丰、大来岗乡、星火乡、八虎力乡、土龙山乡、西格木乡、柳毛河乡、梨树园子乡、庆发乡、建国乡、黑通乡、西大林子乡、四合山乡、兴华乡、金沙河乡。

1957年11月23日，省政府决定将桦川县的黑通、西格木、永安、裕太、大来岗、兴华6个乡和四合山乡的花园屯，划归佳木斯市管辖。桦川全县为1镇31乡。

1958年2月2日，集贤县管辖的悦来、苏家店、孟家岗、丰年、中安、乌龙、新城、东林8个乡划归桦川县管辖，桦川全县为1镇39乡。

1958年3月19日，增设新兴镇和曙光乡。

1958年3月28日，根据"划小乡为大乡"的精神，全县原有2镇40乡调整为1镇20乡，即湖南营镇、悦来乡、新城乡、苏家店乡、星火乡、金沙河乡、土龙山乡、阎家乡、二道沟乡、驼腰子乡、新兴乡、石头河子乡、五道岗乡、庆发乡、八虎力乡、民主乡、长发乡、朝阳川乡、公胜乡、东林乡、曙光乡。

1958年9月2日，实行政社合一的人民公社体制。全县1镇20乡划为新城、悦来、星火、公胜、长发、孟家岗、五道岗、土龙山、金沙河、阎家、驼腰子、石头河、新兴、湖南营14个人民公社。

1959年3月3日，将悦来、新城、星火3个人民公社划归佳木斯市管辖。

1964年8月6日，省政府转发国务院批复："恢复桦南县。以合并于桦川县的原桦南县行政区域为桦南县的行政区域。县址设于桦南镇（将原桦川镇改为桦南镇）"。"将佳木斯市所属的建国、星火、拉拉街、悦来、苏家店、中伏、梨树、新城、西格木、永安、大来岗11个公社（包括万宝农场）划归桦川县。桦川县址设于佳木斯市"。在执行中，桦川县址设于悦来镇，西格木、永安、大来岗3个人民公社仍由佳木斯市管辖，桦川县加之原有公胜、横头山、长发3个公社，实际辖区为11个公社、1个农场。

1965年6月3日，撤销悦来人民公社建制，原悦来公社镇内街道和生产大队合建为悦来镇人民公社，镇外的生产大队建为悦兴人民公社，全县为12个人民公社、1个农场。

1965年10月12日，悦来镇成立悦东、悦江、和平、民众、民主、敬夫、悦胜、冷云8个居民委员会。

1968年8月29日，撤销悦兴人民公社建制，辖区划归悦来镇人民公社，全县仍为11个人民公社、1个农场。

1968年9月9日，大来、永安、西格木3个人民公社交归桦川县管辖，万宝农场划出，桦川县区为14个人民公社。

1972年3月12日，大来、永安、西格木3个人民公社划归佳木斯市管辖，桦川县辖区为11个人民公社。

1972年8月25日，新建"五七""东方红"两个人民公社，恢复悦兴人民公社，桦川县辖区为14个人民公社。

1977年9月20日，悦来镇新建"奋斗""胜利"两个居民委员会，全镇共有10个居民委员会。

1981年12月15日，松木河公社的群林、群山、向阳3个大队划归佳木斯市管辖。

1984年4月，撤销人民公社建制，建乡（镇）划村，全县划为5镇10乡184村。

1986年，桦川县行政区划为5镇10乡190村。

1994年5月6日，黑龙江省人民政府决定将桦川县长发镇、建国乡、松木河乡这1镇2乡划归佳木斯市郊区管辖。划出3个乡镇面积为337平方千米，全县总面积缩减至2 268平方千米。桦川县区划为4镇8乡151村，即悦来镇、新城镇、苏家店镇、横头山镇、东河乡、梨丰乡、中伏乡、悦兴乡、创业乡、星火朝鲜族乡、四马架乡、永胜乡。

2001年2月12日，根据黑龙江省人民政府的批示，桦川县人民政府将4镇8乡调整合并为4镇5乡，即撤销悦兴乡建制，原区域和村、屯划并悦来镇；撤销中伏乡建制，原区域和村、屯划并新城镇；撤销永胜乡建制，原区域和村、屯划并四马架乡。全县合并后为4镇5乡：悦来镇、新城镇、苏家店镇、横头山镇、东河乡、梨丰乡、创业乡、星火朝鲜族乡、四马架乡。

2001年，在乡镇撤并调整的同时，根据黑龙江省人民政府的批示精神，为精简机构，加强行政村管理，结合地域状况，桦川县人民政府对全县原有151个村屯进行了区划调整。行政区划调整后，全县调整合并为4镇5乡105行政村。

2013年8月7日，根据黑龙江省人民政府的批示，四马架乡撤乡建镇，全县行政区划为5镇4乡105个行政村。

悦来镇辖17个行政村、21个自然屯、4个社区、镇政府驻地悦东村；新城镇辖19个行政村、26个自然屯、镇政府驻地裕丰村；苏家店镇辖11个行政村、18个自然屯，镇政府驻地苏家店村；横头山镇辖10个行政村、21个自然屯，镇政府驻地东朝阳村；四马架镇辖17个行政村、30个自然屯，镇政府驻地四马架村；东河乡辖7个行政村、13个自然屯，乡政府驻地九阳村；梨丰乡辖8个行政村、20个自然屯，乡政府驻地梨树村；创业乡辖10个行政村、11个自然屯，乡政府驻地拉拉街村；星火朝鲜族乡辖6个行政村，6个自然屯，1个社区，乡政府驻地中星村。

桦川县5镇4乡105行政村一览如下（2018年）：

（1）悦来镇：17村、21自然屯。

敬夫村、冷云村、悦东村、悦胜村、悦强村（民主）、悦江村（悦江、和平、悦新）、中和村、孟家岗村、汶澄村、马库力村、苏苏村（苏苏、永发）、万升村、桦树村、万里河村、双兴村、腰林子村、东兴村。

（2）东河乡：7村、13自然屯。

九阳村、兴安村（兴安，渔业）、兴国村（前进、兴华、高民）、东方红村、东河村（东河、东荣）、东升村（东升、北永发）、东宏村（东辉、东安）。

（3）梨丰乡：8村、20自然屯。

梨树村（梨树、梨丰、梨东）、昌盛村、黎明村（黎明、丰收）、东林村（东林、五一、片泡）、南林村（南林、兴林、兴业、安邦、富强）、东兴村、东岗村（东岗、北林）、繁荣村（繁荣、梨富）。

（4）新城镇：19村、26自然屯。

同力村（同力、沿江）、前进村（前进、黑背）、永红村（新发）、爱国村（万生，国利）、仁发村（仁发、兴隆）、新华村、古城村、四合村、彻胜村、裕丰村、西宝山村、中胜村、宏伟村、东宝山村、中伏村、乌龙村、七星村（中兴、伏兴）、东方村（东方、东方新区）、协胜村。

（5）苏家店镇：11村、18自然屯。

苏家店村（苏家店、立新）、北山村、中安村、八家子村、自新村（自新、靠山）、桦树川村、团结村（前进、西分屯、南分屯、东下坡）、新胜村、兴光村（兴光、新建、兴光分屯）朱家村、集贤村。

（6）创业乡：10村、11自然屯。

拉拉街村、中山村、小堆丰村、西冯村、西大村、谷大村、堆丰里村、新发村、宏图村（良种，红光）、丰年村。

（7）星火朝鲜族乡：6村、6自然屯。

中星村、燎原村、星火村、燎新村、红光村、星光村。

（8）四马架镇：17村、29自然屯。

四马架村（四马、音达木）、红星村（红星、福田）、同乐村、朝阳村、仁合村、新兴村、德庆村（德庆 创业）、东华村（中央、道德）、永胜村（永胜、庆丰）、文化村、山湾村、宝山村（宝山、巨宝）、六合村（六合、胜利）、光复村（光复、振兴）、会龙村（会龙、卫东）、民乐村（民乐、长兴）、长胜村（长胜、长新）。

（9）横头山镇：10村、21自然屯。

万宝村（万宝、六间房、恒德）、葡萄沟村、国兴村、东朝阳村（东朝阳、安乐）、合乡村（合乡、前合乡、腰合乡）、向阳堡村、日升村（日升、水生、福生、新风）、西朝阳村、解放村（解放、新立、胜利）、申家店村（申家店，后申家店）。

第二章　资源优势

第一节　自然资源

桦川地处三江平原西部，与佳木斯毗邻，总面积2 268平方千米，被称为"二山半水七分田，半分道路和庄园"。桦川地形复杂，气候宜人，土壤肥沃，水源充足，丰富的自然资源形成了县内生产的八大优势。

一是土地类型多样，宜农土壤面积大。据2018年调查，县属土地面积22.68万公顷（1公顷=10 000平方米），其中耕地面积15.64万公顷，占71%，是重要的产粮区。

二是气候条件适宜，有利于农作物的生长。桦川为黑龙江省气候分区第二积温带，全年活动积温2 557℃，80%保证率为2 350℃，庄稼一年一熟。热量充足，雨量充足，水热同季，适宜农作物生长。

三是水源充足，有利于农田灌溉和水产养殖。地表水和地下水总量为10.42亿立方米，水域面积大，对农田灌溉和发展渔业有优越的条件。

四是浅山丘陵较多，有利于林业等的发展。浅山丘陵面积123万亩，占全县土地面积的40%，大部分适宜造林，对发展多种经营十分有利。

五是饲草饲料来源广，有利于畜牧业的发展。现有草场面积1 027公顷，江滩地（内陆滩涂）12 637公顷，利用价值很大。

六是草炭资源贮量大，是重要的化工原料。草炭总面积465公顷，储量558.7万立方米，是很好的草木型低地泥炭，开发前途广阔。

七是建材矿产资源分布广，是发展建材工业的有利条件。建材矿产总贮量53.3亿吨，珍珠岩、石灰石、江沙等储量丰富，为发展建筑业提供了极好的条件。

八是风能资源丰富。桦川县具有独特的地理位置和风能资源优势，所在区域属于寒温带大陆性气候，平均温差较大，平均气温较低，多年年平均气温仅为3.2℃，年平均降雨量519.8毫米，平均无霜期为133天。春季冷暖空气交替激烈，气温回升快，降水少；夏季降水多；秋季降温快，风力增大；冬季严寒而干燥。根据气象资料，该地区风向多为西南风，每年3月至5月为大风月，盛行风向稳定，风能储量丰富，具有很好的风能资源开发利用价值。

风能是可再生能源，开发可再生能源是我国实现可持续发展的重要途径，也是能源战略的重要组成部分。国家颁布了《可再生能源法》对其进行立法保护。

风力资源是可再生能源领域中最具商业化规模开发的一种能源，具有不消耗矿物质、不污染环境、建设周期短、建设规模灵活的特点，具有良好的社会效益和经济效益，是我国鼓励和支持开发的清洁能源。

现已建好的大唐桦川风电场所处地区风能资源较丰富，周围居民少，建设风电场对场区内生态环境影响较小。规模化开发建设风电场，既不会产生"三废"，也不会产生移民和局部环境的生态改变，而且还有利于当地自然环境的改善。

第二节　旅游资源

桦川县的旅游资源丰富，优势得天独厚。这里是辽金古城，冷云故里，三江腹地，滨水之城。倚"天河"而枕完达，近佳城而驻湿地。物华天宝，谓寒地稻米之都；人杰地灵，誉红色革命基地。这里是祖国东北边陲的三江平原腹地，是世界上仅存的三大黑土地之一，水质清澈，空气纯净，土壤肥沃，鸟语花香；是以盛产绿色大米而闻名全国的"中国大米之乡"。

桦川县辖区面积2 268平方千米，总人口22万人，辖5镇4乡105行政村，有8个县属国营农、林、牧场。桦川位于佳木斯、双鸭山、鹤岗三个地级城市的中心地带，与周边11个市县3个农垦管理局、52个国有农场形成区域联动经济区。

桦川县历史悠久，英雄辈出。上溯远古洪荒时期，北方肃慎人就选择了这块依山傍水的富饶土地繁衍生息。便利的江运让这里成为古代兵家必争之地。至今还留有辽金时期瓦里霍吞古城、希尔哈古城和汉魏山寨遗址。1909年正式建县，是国家一类革命老区。早在1930年，中国共产党就在这里开展了轰轰烈烈的革命活动，培育出了以冷云（女）、赵敬夫为杰出代表的众多英雄儿女，冷云精神镌刻在一代又一代桦川人心中。

桦川县生态自然资源富集，境内有山地、丘陵、平原、沼泽、河川5种地形。林地面积3.5万亩，草原5.6万亩，湿地40万亩，有一江六河十三泡，水资源约10.54亿立方米，松花江流经境内。原始湿地资源和森林面积达县域总面积的34%。桦川县人文资源丰厚，星火乡是黑龙江省最大的朝鲜族聚居区，民俗风情独特，是新中国第一个集体农庄的诞生地。此外，桦川国家级森林公园山青水绿、植被繁茂；40万亩大湿地碧草连天、百鸟齐鸣；金代五国城之一的瓦里霍吞古城保存最为完好；百里绿色稻米长廊、百万亩水稻田一望无际、广袤丰饶；千人快板表演、手工大米粘贴画等非物质文化遗产，独具特色，桦川已成为华夏东极旅游带上的重要节点。

第三节　主要旅游线路

桦川县旅游资源丰富多彩，近些年来经过不断开发建设，基本形成了"一江三线"的旅游线路。

1. "一江"

沿松花江线状旅游带，包括临近江边的景点，有车轱辘泡度假村、瓦里霍吞古城遗址（火山口遗址）、恰荷园、沿江公园、冷云公园、悦来古城、娱乐餐饮购物服务区等。

2. "三线"

第一条是星火朝鲜族民俗风情园—全国第一个"星火集体农庄"—百里绿色稻米长廊专线。

第二条是申家店风景区专线，包括申家店野生动、植物保护区—横头山七一水库景区—歪顶山景区。

第三条是车轱辘泡—希尔哈古城—瓦里霍吞古城—马库力古城堡—恰荷园、悦来沿江公园、江心岛公园—亚洲最大的渡槽式悦来排灌站景区。

桦川山水神奇秀美，淳朴善良的桦川人民诚邀天下朋友，走进桦川，休闲度假、旅游观光；共创商机、共谋发展、共铸辉煌。

第三章 大事略记

1.桦川于1909年设治

设治前，为肃慎族及其后裔的故乡。设治后，县城屡迁，区域屡变。1909至2019年的110年间，较大建制变动有7次。

2."土匪'小白龙'事件""'老占东'占领佳木斯事件"和少帅张学良督边剿匪

1917年农历八月十二，在三江地区猖獗活动的土匪武装"小白龙"匪队300余众，在匪首"小白龙"（沈桂林）带领下，进攻桦川县佳木斯镇，占领了城西小学和城北"公顺和"商号。桦川县监督高抱荃、警察所长孙华堂组织警察、保卫团守固待援，与土匪相持7昼夜。虽有依兰道派关营长率150名官兵与桦川县警备队驰援，"小白龙"掳劫学生4人并退至松花江北岸。此次土匪围城阵亡2名县警团战士，史称"土匪'小白龙'事件"。

1920年农历九月二十傍晚，土匪"老占东"（孙姓，山东人）、"镇中华"带领大股土匪攻占佳木斯市。吉林陆军混成第四旅驻防营长孙华堂与土匪"老占东"激战数天，于农历十一月初九设计诱擒"老占东""镇中华"等匪首，收复了佳木斯镇，史称"'老占东'占领佳木斯事件"。这一事件惊动了奉天东三省督军、巡阅使张作霖，在派卫队团长郭松龄来佳木斯平息土匪暴乱后，于1920年农历十一月初十，又派少帅张学良到桦川县佳木斯镇督军剿匪。少帅张学良在佳木斯镇接见了收复佳木斯有功人员，处决了"老占东""镇中华"二匪，史称"少帅督边"。

3.桦川县第一名中国共产党党员

1930年秋，共产党员唐瑶圃从北京弘达学院肄业来到桦川县佳木斯镇。唐瑶圃是来桦川的第一名中共党员，他以在桦川中学当教师做掩护，向师生们宣传马克思主义，进行革命的启蒙教育，为桦川县建立中国共产党组织打下了基础。

1931年"九一八"事变后，以唐瑶圃、张耕野为首的桦川中学进步师生，多次举行抗日游行，他们抗日救亡、发展党员，在桦川县佳木斯镇（桦川中学）建立了中国共产党地方组织。

唐瑶圃

4.桦川县第一个党支部

1933年6月，中共河北省委特派员苏梅、党员李向之等来松花江下游开展工作，发展党的组织和抗日武装。苏梅在佳木斯镇与同乡同学、时任桦川女子师范学校教师董仙桥建立了联系。同年10月，党组织接受了董仙桥、李恩举等人加入中国共产党的申请，正式批准吸收董仙桥、李晋三（李恩举）、李淑范（女，李义民、李一民）三人入党，组成西门外党小组，董仙桥担任组长。1934年3月，又吸收了教员李淑云（女）、杨德金、张维范、张俊林，学生白云龙、张志喜等一批党员，小组改建为中共西门外党支部，董仙桥任支部书记兼宣传工作，李晋三负责组织工作。支部隶属于中共河北省委，由苏梅直接领导。

5.桦川县是东北抗日联军在三江平原对敌作战的重要游击区

著名抗日将领周保中、赵尚志、张寿篯（李兆麟）、夏云杰、戴鸿宾、祁致中、王钧、王明贵、陈雷等曾带领东北抗日联军第三军、第五军、第六军、第八军、第九军、第十一军在桦川地区与敌人进行过数百次战斗。抗联三军的四师、十师、五军二师，六军一师，四师保安团、一、二、三团，十一军独立师都在桦川与日军进行过激烈的战斗。

6.桦川人民群众和抗联反侵略的历次战斗

1932年2月5日，日本关东军攻陷东北重镇哈尔滨后，沿松花江向依兰、汤原、桦川进犯。日本侵略者烧杀掠夺，无恶不作的野蛮行径，激起了桦川人民群众的无比仇恨，人们自发组织起来，对入侵者进行了有力地打击。桦川的自卫团、武团、义勇军、红枪会、黄枪会、白枪会等群众武装手持土枪、大刀、长矛英勇地奔赴抗击日本侵略者的前线。

桦川县县长张锡候组织和率领抗日自卫团同入侵的日本侵略者进行了殊死的战斗。与张锡候自卫团共同抗击日本侵略者还有武国臣、武国梁组织的抗日义勇军，史称"武团"。他们面对强敌无所畏惧，击毙日伪军100多人，两次取得太平川战斗的胜利。

红枪会、黄枪会及其他民间群众组织也与日本侵略者进行了顽强的战斗。"九一八"事变后，在桦川县梨丰一带传教的山东人汝有才按李杜将军的引导，在悦来、苏家店、新城、乌龙、三排、太平、柳树河子等地发展红枪会会员万余人。

吴国文在桦川一带发展了黄枪会会员，组织了6个领、2个支和1个坛，约5 000人的队伍。

1932年11月9日，红、黄、白枪会联手屯兵会龙山约5 000人，与日本侵略者进行了一场恶战，毙日伪军200多人，缴获野炮、枪支、弹药无数，取得了马大桥之战的胜利。

随着抗日形势的发展，广大农民、金矿工人、山林猎户、学生等也纷纷拿起土枪、洋炮、大刀，奋勇地抗击入侵之敌。

中国共产党领导的抗日救国的爱国行动在敌伪军内部也产生了巨大的影响，许多伪军、伪警察迷途知返，弃暗投明，回到抗日人民一边，从而壮大了抗日阵营，粉碎了侵略者以华治华的阴谋。

1935年9月26日，抗联某部在桦川县横道河子袭击日伪军运输队，打死打伤敌人司机3名，敌车队狼狈地逃回佳木斯。

1936年春，抗联某部火烧桦川县西格木伪警察分驻所，带走所内全部伪警人员和枪支弹药。

1936年2月5日，抗联某部150多人在佳木斯南桦川县境内包围了日本三浦部队佐藤工作班，与随同保卫的桦川县伪警务局搜查班发生了激烈的战斗。佳木斯敌伪马队、步兵闻讯相继前来增援，战斗持续了两个小时。敌军伤亡很重，佐藤工作班狼狈地逃回佳木斯。

同年3月，祁致中领导的抗联独立师在桦川县中山屯一带建立"红地盘"（根据地），组织中山、大堆峰、小堆峰、田禄村等屯的群众积极支援抗联。

1937年4月21日，在桦川县葫芦信子一带活动的抗联独立师本部，由师长祁致中率领500多人于深夜攻打桦川县悦来镇，重创日伪军。

同年10月，中共桦川县委所属游击连30多名战士袭击了桦川县伪警察所，打死了伪警察所长"赵大巴掌"，烧掉了警察所房屋，缴获了所内的全部枪支弹药和被服。

同年冬，抗联袭击了桦川境内的伪火龙沟警察分驻所，打死了伪所长，缴获所内的全部枪支。

1937年12月10日，抗联六军三师在桦川县的西宝山附近，与日伪军发生了激战。战斗中，指挥员王明贵腿部受重伤，不能随军行动。师部将其委托在宋家油坊的群众王悦家养伤。王悦将其安排在南林屯西山包窝棚里，请医术较高的王大夫为其治疗。20天后，王明贵伤愈，被六军三师接走。

1938年2月，抗联独立师设在七星砬子山的兵工厂遭敌人的突然袭击，50多名工人、战士在共产党员胡志刚的指挥下，英勇战斗。由于敌众我寡，加之敌人施放毒气，我方所有人最后全部牺牲。兵工厂遭破坏。

同年春，驻桦川县悦来镇的日本汽车队从腰林子向悦来镇运粮食。赫哲族卢英春抗联小分队得知情况后，决定消灭敌人的运输队。这次战斗共打坏开拓团汽车两辆，打死日军20多人，缴获步枪20多支，粮食、物资若干。

1939年3月17日，抗联九军某部在桦川县南部山地伏击日伪军，毙敌百余人，缴获装甲车4辆，给敌人以很大打击。

1940年5月28日，东北抗日联军第二路军总指挥部派出的小股部队，在林口至佳木斯铁路沿线的桦川县弥荣（孟家岗）附近，袭击敌金矿护矿队，击毙伪军7人，俘虏10人，缴获轻机枪1挺、步枪15支、子弹2 000发。

1940年8月25日至9月26日，抗联第二路军某部教导队在姜信一的带领下，30多名战士两次爆破桦川县境内追分（申家店）到弥荣（孟家岗）间的铁路桥梁，使火车脱轨，抗联教导队缴获大批物资。

7.革命烈士冷云（女）

冷云，原名郑志民，1915年出在桦川县悦来镇西南隅（现冷云村），1934年入党，1937年参加东北抗日联军。

1938年10月上旬，冷云所在的抗联部队在牡丹江支流乌斯浑河渡口，与日伪军千余人遭遇。年仅23岁的冷云和她的7名女战友集体沉江，为国捐躯。她们的名字是冷云、安福顺、胡秀芝、杨桂珍、黄桂清、郭桂芹、李凤善、王惠民。其中，年龄最大的冷云23岁，年龄最小的王惠民仅有13岁。

桦川县人民为纪念冷云烈士，以她的英名命名了她的出生地为冷云村，命名冷云村的小学为"八女英烈冷云红军小学"，命名她曾走过的街道为冷云街道。

冷云

8.革命烈士赵敬夫

赵敬夫，原名白长岭，1915年生于桦川县悦来镇东南隅（现悦来镇敬夫村）。1931年夏，白长岭以优异的学习成绩考入桦川县立初级中学；1935年秋，经张耕野介绍，他光荣地加入了中国共产党，并担任了党支部的宣传委员。1937年10月，他参加了抗联第三军。白长岭到抗联后，化名赵敬夫，在三军五师任宣传科长，负责宣传工作，创作了一首著名的《远征歌》。1939年12月，赵敬夫担任三军三师代理政治部主任。

1940年7月下旬，赵敬夫奉命来到朝阳山里的总指挥部参加干部培训班。赵敬夫亲自带领一部分战士掩护李兆麟和总指挥部人员从敌人火力较弱的东北部冲出重围，向密集的原始森林里转移，但其不幸中弹牺牲，为抗战流尽最

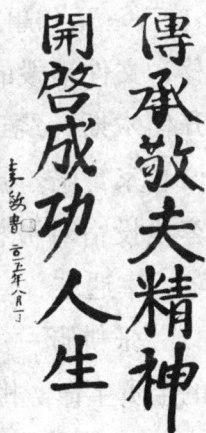

赵敬夫

后一滴血，当时年仅25岁。

桦川县人民为纪念赵敬夫烈士，以他的英名命名了他的出生地为敬夫村，命名敬夫村的小学为敬夫小学，命名他曾走过的大街为敬夫大街。

9.为抗日壮烈牺牲的革命一家

张耕野和妻子金凤英及妹妹张宗兰都是桦川中学党支部早期发展的地下党员，为抗击日本侵略者和号召广大群众抗日救国做出了卓越的贡献。

金凤英

1938年夏，张耕野到抗联三军后，既是政治工作的宣传员，又是英勇机智的战斗员。一次，他同所在部队到依兰县黑背子附近筹集给养时，突然遭到日伪军袭击。激战中，张耕野壮烈牺牲，时年37岁。

1938年3月18日，中学毕业后被安插到伪桦川县公署为日本参事官当文书的共产党员张宗兰和桦川中学党支部书记金凤英按照市委的指示，在"三一五"事件的紧急时刻完成了党员转移、文件销毁的任务后，带领亲属一行6人离开佳木斯，绕道牡丹江，准备经哈尔滨回双城老家暂避。同年3月20日在哈尔滨道外天泰客栈投宿时被特务跟踪抓捕，张宗兰、金凤英不幸遇难。

张宗兰

张耕野一家为了抗日救国牺牲了全家人的宝贵生命。桦川人民将永远怀念他们。

10.抗联将领李凤林

李凤林是抗联保安团团长。1937年3月，抗联第六军参谋长王钧带领六军二师在桦川县南部山区一带活动（现横头山镇葡萄沟村附近），和日伪军发生战斗。我军首先抢占了葡萄沟西山的有利地形，一次次地打退敌人的攻击。战斗持续两三个小时，各有伤亡。为了保存实力，部队决定突围。傍晚，抗联保安团团长李凤林掩护大部队撤退，在战斗中不幸牺牲。警卫员小丁用马将李凤林的尸体驮到葡萄沟东南的小五甲屯，找到甲长说明情况，将李凤林尸体掩埋在小五甲西山东坡。有无数像李凤林这样的抗日

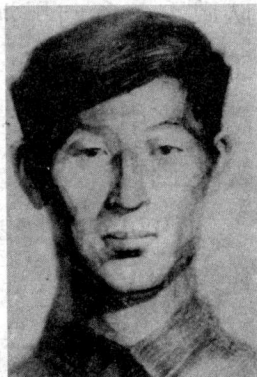

李凤林

将领为抗击日本侵略者牺牲在桦川这片土地上，他们勇于牺牲的革命精神，将永远激励桦川人民积极投入到桦川的建设中。

11.黑龙江省原省长——陈雷的革命历程

陈雷出生于1917年10月25日，原名姜士元，曾用名陈雨田，笔名老泉山人，籍贯黑龙江省桦川县；于1933年在桦川中学读书时参加抗日活动，1936年2月加入中国共产党。1936年2月至1938年3月，他先后任桦川中

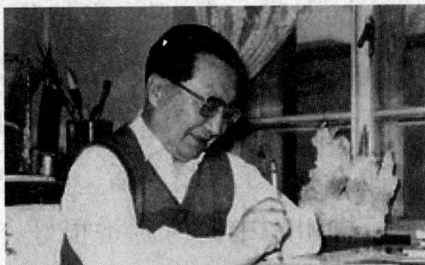

陈雷

学党支部组织委员、支部书记、市委书记。在佳木斯镇做地下工作期间，他与同志们一起不顾日伪白色恐怖，冒着生命危险为抗联部队购买、运送武器弹药、医疗用品、传递情报文件。

1938年"三一五事件"爆发，佳木斯地下党组织被日军破坏。陈雷摆脱日伪特务机关的追捕，历尽千辛万苦找到抗联部队，走上抗日战场。1938年4月，他找到中共北满省委，汇报了佳木斯地下党的情况，被任命为抗联六军军部组织科长，随后又

被派遣到二师负责政治工作并参加西征。他到达海伦后担任一支队政委，参与黑河、嫩江、德都、五大连池等抗日根据地开展工作。1939年夏，他跟随东北抗联总司令赵尚志开展下江游击活动。新中国成立后，陈雷担任省委重要职务，曾几次回桦川故乡视察工作。

1984年2月22日下午至23日，黑龙江省省长陈雷率省人大代表小组刘殿义、李在根、张庆祥、佟发等5位代表来桦川县视察。22日下午，县委副书记、县长潘家君就政府工作情况向代表小组做了汇报；23日上午陈雷参加了全县各界代表、知名人士和局长以上领导座谈会，并做了讲话。下午代表小组在县委书记于仁春、县长潘家君的陪同下，视察了县油漆厂、第一中学、集贤大队、星火大队和苏家店大队农产品加工厂。视察期间，陈雷省长不断地勉励全县人民要"奋发图强，振兴桦川"。

1984年3月19日，省长陈雷同志在家中接见了桦川县人民政府县长潘家君等同志，并做了重要讲话。9月5日，陈雷省长（同年第二次）在办公室接见了桦川县长潘家君。当潘县长汇报完桦川县上半年工作情况后，陈雷省长说："主要是你们工作搞上去了。桦川一中高考翻番很好，要敢于奖励，突出奖励。抓住典型，敢于花钱。把你们的工作经验总结一下，要提高自己，提高领导水平，教育干部。将来要看你们的经验，总结完了给我送一份。经验要单项的、综合的。"

同年9月23日，县委、县政府召开桦川84届高考总结表彰大会，对辅导高考有功人员进行表彰奖励。县委书记于仁春、县长潘家军讲话，一中教师代表发言，会议由副县长姜文海主持。会上宣读了陈雷省长为表彰桦川一中在教育教学中的成绩亲笔题词——"学无止境"。

1986年3月7日，黑龙江省顾问委员会主任陈雷在佳木斯市委顾问张树忠的陪同下，重返故乡桦川县视察。在听了各方面的汇报后，陈雷说："近几年桦川比过去富多了，但困难还不少。桦川发展还要有宏观战略，不能老守田园，闯劲很重要。桦川离三市都很近，寻找富裕之路大有文章可做。桦川应把工业作为战略发展重点看待。"座谈会后，陈雷挥笔为县委题词："认真端正党风，促进经济建设。"

1987年2月16日，黑龙江省顾问委员会主任陈雷等一行8人，在佳木斯市委书记李福顺的陪同下来桦川县视察。在座谈会上，桦川县人民政府县长陈洪涛做了汇报，陈雷重点讲了"政治形势、经济战略、班子建设、党风廉政"4个问题，对桦川的各项工作给予了极大的关怀和支持。

1991年7月31日，鉴于松花江流域发生了特大洪水，桦川县全县汛情异常严峻，全县从8月1日起进入紧急防汛状态，全力以赴抗洪抢险。8月8日，陈雷一行在市人大副主任张保、县委书记张驰的陪同下，在桦川县视察灾情，走访慰问群众。

陈雷同志是中共八大代表、十二届中央委员，于中共十三大当选为中央顾问委员会委员，是第一、五、六届全国人大代表，黑龙江省第五、六、七届党代会代表，第三、五届黑龙江省人大代表。1975年8月—1985年5月，他先后任黑龙江省建委主任、省革委会副主任、省委副书记、省长。1985年5月，他任中共黑龙江省顾问委员会主任；1988年离休；2006年12月5日在哈尔滨逝世。

12.张闻天三下会龙山指导全省"土改"

张闻天（1900年8月30日—1976年7月1日）是中国共产党的重要领导人之一。1945年，他于党的七大后担任中央政治局委员，主动要求到东北工作。任中共合江省委书记工作期间，他组织领导剿匪、"土改"运动，为建立巩固的东北革命根据地做出了积极的贡献。

1946年5月11日，张闻天到达佳木斯；6月20日中共合江省工委改为中共合江省省委，张闻天任中共合江省委书记。1946年7月4日，省委向桦川县派驻4个"土改"工作团，进驻4个区（长发区，太平区，悦来区，大来岗区）。省委以桦川县为试点，开展反奸清算斗争，开展"土改"运动。为了取得第一手材料，正确指导"土改"运动，张闻天提出要在试点县确定一个村搞试点。桦川县长发区会龙山村距佳木斯较近（约10公里），被确定为张闻天的蹲点村。

张闻天

（1）张闻天一下会龙山。1946年11月，在桦川县"土改"运动发动群众阶段，张闻天在蔡蔡（时任桦川县工委书记）的陪同下来到会龙山村。到村后他主持连续开了两次座谈会，讨论地主应不应该斗。张闻天做了两点指示：一是要防止地主阶级的代理人混到农会组织中来；二是要让群众彻底觉悟，明确地主的家底子是谁给他挣的。从而，肯定了斗地主、分田地的必要性。

（2）张闻天二下会龙山。1946年12月22日，会龙山村召开四乡群众大会，审判混入革命队伍内的"暗胡子"李焕章。张闻天亲自到会为群众撑腰。张闻天在公审大会上说："凡是破坏'土改'运动的坏人，一定要严加制裁！对人民群众的正义运动，坚决给予支持！一定要把伟大的'土改'运动进行到底！"

（3）张闻天三下会龙山。1947年1月7日，当时"土改"处于"夹生"状态。为了解决这个问题，取得经验，张闻天又来到这里调研。为了取得解决全省"土改""夹生饭"的办法。张闻天深入会龙山村发动群众，培养典型，总结经验，重煮"夹生饭"。1947年2月，他在省委召开的"土改"工作会议，总结交流了桦川"土改"重煮"夹生饭"的经验。会后，全省各地"土改"运动迅速发展，"夹生饭"状态迅速好转。

张闻天三下会龙山，领导"土改"运动，不但为全省的"土改"工作提供了具有指导性的宝贵经验，也为桦川县留下了极其珍贵的治国理政的精神财富。他认真执行党的政策，善于调查研究，密切联系群众，关心爱护干部的品格和作风，影响教育了桦川县广大干部。（见《桦川革命老区斗争史话》，第287—303页）

13.桦川革命老区为建立新中国做出巨大贡献

抗日战争时期，在中共下江特委的领导下，桦川地下党组织积极开展抗日救国活动，不断发展地下党组织，发展党员100多名，在敌后开辟并巩固了抗日革命根据地。

1935年11月，中共桦川中学支部建立。发展了一批进步青年加入中国共产党，先后为抗日联军输送了张耕野、冷云（女）、赵敬夫、陈雷等优秀党员干部。

1936年11月，中共桦川县委成立。在县委的领导下，广大农村普遍建立了区、村抗日救国会，形成了巩固的敌后抗日统一战线。1934年至1938年间，仅西部半山区参加抗日救国会、妇救会、青年抗日先锋队多达10 000多人。

1934年至1938年间，在日伪统治的严酷时期，桦川县委发动群众筹集抗日联军所需物资，为抗日联军送粮、送衣物、传递情报，成为抗日联军的可靠根据地。全县抗日救国会为抗日联军送粮食100多万斤（1斤=0.5千克），被服2万多套，为抗日联军地下兵工厂送废钢铁5万多斤，铅2 000多斤，棉花5 000多斤。横头山区达子营屯贫苦农民商林和不顾个人安危，为抗日联军送军粮，不幸被捕并遭杀害，为国捐躯。

解放战争时期，1945年8月日军投降后，广大人民群众在中国共产党的领导下，组织起来，全力肃清日伪残余势力和土匪武装，从而巩固了东北革命根据地。

在1946年至1949年的解放战争中，桦川有11 000多名青壮年踊跃参军上前线，参加了辽沈、平津、淮海三大战役和百万雄师过大江的战斗，其中有许多人为国捐躯.

1946年至1949年冬，桦川县出了五次战勤，共出民工干部1 500多人，大车100多辆，马450多匹，全县交公粮200多万吨，购粮50多万吨。

1949年1月，为支援全国解放战争，东北各县派大批干部南下，桦川也派出大批干部南下支援大军渡江，为建立新中国做出了积极的贡献。

在这一时期，全县党组织发展很快，到1948年10月，全县10个区共137个行政村，有机关党员131人，农村党员由705人发展到1 240人，农村党支部由63个发展到95个，全县69.3%的行政村建立了党支部。各区较大的行政村都有了党支部，各主要自然屯都有了党员。全县的地方生产、支前等工作，基本做到了以党支部为核心，党员发挥了骨干带头作用，党的各项任务基本都有了保证。（见桦川老促会编《桦川县革命老区斗争发展史》，2015年版）

14.抗美援朝运动中，桦川做了突出的贡献

1950年，美国发动了侵略朝鲜战争，严重地威胁了我国的安全。10月19日，中国人民组成志愿军赴朝作战，全国掀起声势浩大的抗美援朝运动。

桦川县人民群情激愤，同仇敌忾，积极投入到保家卫国的斗争中。1951年4月11日，桦川县抗美援朝分会成立。在中共桦川县委领导下，抗美援朝分会为支援抗美援朝战争，组织动员全县群众开展了声势浩大的游行示威，掀起以"生产竞赛、安全保

卫、捐献飞机大炮，支援抗美援朝斗争"为内容的爱国公约运动。在抗美援朝运动中，桦川县先后输送担架队员454人，二线兵团1 171人，运输营58人，朝鲜族兵5人，朝鲜族翻译28人，司机与助手17人，运输员6人，汽校学员224人，被服工人8人，伙夫136人，大车夫13人，捐献东北币9 000万元，支前运输大车6台，军用船36只，军衣640套，军大衣390件，军用被940床，手闷子390副，担架335副，肥猪222口，干菜103 150斤，慰问袋244个，慰劳军款88 699 000元（东北币）。

为了抗美援朝、保家卫国，桦川县无数优秀儿女自愿参军上前线，为保卫祖国、维护世界和平献出了宝贵的生命，他们的光辉事迹和英容永远铭刻在人民的心中，载入桦川史册，他们是赵毅、于万湖、陆德荣、翟清君、姜会有、赵德林、孙臣、徐德财、刘春波、孙才、马有、高兴忠、张花、付庆胜、王学堂、刘星文、张廷山、伦学争、刘升、杨伯陈、高长富、金昌燮、金德善、金顺玉、严益珠、黄永洙、金龙浩、玄斗焕、李明孙、申明淳、韩基男、李光植、梁基哲、韩相德、李浴根、金昌武、方明哲、宋相权、康明日、金竹松、金泰山、朴永植、崔竹松、朴元贞、具相浩、石今松、黄在烈、金成龙、李亨祥、金炳念、朴东振、严威岩、王福生、张富远、李省三、赵文久。

15.革命老区区域分布

抗日战争时期，桦川县是中共下江特委领导群众开展敌后斗争的活动中心，是东北抗日联军补充兵员和物资给养的后方根据地。为打败日本侵略者，取得抗日战争的胜利，建立新中国做出了巨大贡献。解放后，桦川县行政区域几经变化，划出一些乡（镇）区域，现在桦川区域内有9个革命老区乡（镇），105个革命老区村。其中确定为重点老区村的有44个，重点革命老区校2个。（悦来镇：冷云、敬夫、马库力、万里河、腰林子；新城镇：乌龙、西宝山；苏家店镇：中安、自新；横头山镇：新立、葡萄沟、申家店、国兴、向阳堡、日升；东河乡：兴安；梨丰乡：南林、梨树、梨丰、梨东、东兴、北林、东岗；创业乡：小堆丰、中山、西大、拉拉街、西冯、堆丰里；四马架镇：四马架、音达木、长胜、六合、同乐、山湾子、会龙、卫东、永胜、新星、巨宝、东华、新丰、道德。重点革命老区学校有：桦川一中、冷云小学）（见桦川老促会编《桦川县革命老区斗争发展史》，2015年版）

16.镇压反革命运动

1950年10月10日，中共中央发出《关于纠正镇压反革命活动的右倾偏向的指示》，要求坚决纠正镇压反革命中"宽大无边"的偏向，全面贯彻党的"镇压与宽大相结合"的政策。根据这一指示，桦川县委成立"镇反办公室"，由各级党委负责发动群众揭发检举，县公安局具体负责查处工作。

1951年6月3日至5日，桦川县二届三次各界人民代表会议在佳木斯召开，与会代表205人，列席县、区干部和省、县劳模146人，重点研究部署镇压反革命和夏锄工作。会上做了关于镇压反革命工作的动员报告，宣布逮捕了一批反革命分子，其中有蒋匪分子王勇、王尊明、恶霸地主李成芳，惯匪辛桂才、于广成等。

从1951年5月中旬开始，桦川全县的镇反运动掀起了高潮。坦白、检举揭发、控诉，群众的积极性很高。为克服各种不良倾向，县委派出工作队，到各区做深入发动和具体指导工作。

17."三反""五反"运动

1951年11月2日，中共桦川县委响应东北局的号召，按照中共松江省委的部署，开展"反贪污蜕化倾向、反官僚主义"的群众运动。

1952年1月1日，毛泽东主席在元旦团拜会上致祝词，号召全体人民和一切工作人员一致起来，雷厉风行地开展一个大规模的反对贪污、反对浪费、反对官僚主义的斗争。中共桦川县委在前段开展"反对贪污蜕化倾向、反对官僚主义"运动的基础上，于1952年1月21日召开千人职工大会，传达中共中央、东北局和松江省委关于全面开展反贪污、反浪费、反官僚主义的"三反"运动的指示。对全县深入开展"三反"运动进行了部署。会议决定，县成立节约检查委员会，各单位成立节约检查小组，具体领导这场运动。

1952年2月8日至31日，桦川县"三反"运动进入"打虎"阶段（当时把抓贪污犯叫"打老虎"，贪污超过百万元者被称为大"老虎"，不足百万元者被称为小"老虎"）。全县共抓住大、小"老虎"共28只，其中县企业部门16人，省营水利农场4人，合作社系统3人，县农场2人，县政府2人，县工会1人。

18.新中国第一个集体农庄——星火集体农庄

星火第一集体农庄召开庄员大会

1946年，合江省政府开始在桦川（今建国乡、创业乡之间）筹建水利农场，并派人到外地招收有种植水稻经验的朝鲜族移民。1948年初春，由金白山率领的80户朝鲜族移民从吉林敦化来到桦川。随后，李在根等朝鲜族移民也先后到达。农场按规划将他们安排到四个地方建场安家，排列为一庄、二庄、三庄、四庄。

1948年3月，在《合江省政府生产动员令》的指导下，农场利用现有的农机具开垦了8 500余亩荒地，并在这年成立了共耕组。

1951年，合江省委根据各地农业合作化的发展情况，及时提出了《关于巩固、提高和发展互助合作组织的意见》，农场党委十分关心和重视金白山小组（共耕组）的发展，决定在现有基础上进行提高，成立集体农庄（高级合作社）。

全国第一个集体农庄诞生。1951年2月19日，合江省委农工部、省农业厅、省水利厅等领导80多人前来参加集体农庄成立大会。会上民主选举了金白山为农庄主席，李在根为农庄副主席（党支部书记）。

1951年，集体农庄的粮食产量创造了全省最高纪录，受到国务院的嘉奖，授予金白山"全国劳动模范"称号，颁发金质奖章一枚。《人民日报》向全国报道了他们的事迹。

1952年春，时任黑龙江省政府秘书长于杰来农庄视察，他给农庄起名为"星火"，意思是"星星之火，可以燎原"，让第一个集体农庄之火在全国形成燎原之势。从此，星火集体农庄的事迹在全国传开了。

星火农庄首先组织起来，走共同致富的道路，为全国农业合作化运动带了个好头，并提供了十分宝贵的经验。1952年春，党中央的民族慰问团到星火农庄进行慰问。中央新闻纪录电影制片厂在星火农庄拍摄新闻纪录片，在国内外放映。"星火集体农庄"的故事还被编入了当时的小学课本。

金白山在1954年至1962年间，光荣地当选

金白山

为第二届、第三届全国人大代表，多次受到毛主席等老一辈无产阶级革命家的亲切接见。1962年，金白山不幸去世，年仅42岁。

金白山去世后，李在根担起重担，在全体社员的努力下，农业生产逐年发展，特别是改革开放以来，集体农庄的农业和工副业飞速发展，走上了富裕之路。李在根曾被选为第二、四、五届全国人大代表，第一、二、三、四、五、六届黑龙江省人大代表。1979年被评为全国劳动模范，获得了国务院颁发的金质奖章；1987年，参加了全国农业劳动模范座谈会，做

李在根

了《科学育种、利国利民》的发言，受到了有关领导的重视和赞赏。（见《星火朝鲜族乡历史沿革》，由星火乡党委提供）

19.集贤村治愚治病治穷致富

集贤村始建于1938年，原名"东老八村"。1978年，集贤村共有183户1 313口人，其中地甲病患者859人、克汀病患者150人，患病人口占全村总人口的78.6%。地甲病、克汀病的情况严重引起了党和国家高度重视，也备受联合国教科文和世界卫生组织的关注，故此中国碘缺乏病防治从集贤村开始，被称为"中国食盐加碘第一村"。

1978年7月18日，省国防工业局参加桦川县苏家店公社抗旱工作组（时任组长、黑龙江省国防工业局副局长韩宝德），发现集贤大队地方病情况十分严重，触目惊心，目不忍睹。工作组写出《关于苏家店公社集贤大队地方病情况的调查报告》，向桦川县委、合江地委、省工交办报告情况并上报省委。

《关于苏家店公社集贤大队地方病情况的调查报告》介绍了集贤村地方病的情况：集贤大队位于苏家店公社西部，有4个生产队，246户，1 257人，有1 048人患有不同程度的地方病，占总

人数的83.4%。其中，患甲状腺肿有965人，占总人数的76.8%，痴、呆、傻、聋、哑者有83人，占总人数的6.6%；全残废和半残废有39人，占总人数的3.1%。

这个大队群众口头流传说："痴、呆、茶、傻满街走，聋子哑巴摆划手，粗脖根人人有，大气瘿像个柳罐斗。"最突出的是单干户不知丑，衣冠不整，"饲养员"爬猪圈，"大美人"不敢看，年年征兵靠"进口"。受地方病长期摧残，有很多人丧失或降低了劳动能力和智力，使他们有眼不能看书，有手不能劳动，有口不能说话。年过七十的老农李景方流着眼泪沉痛地说："中国人要都像俺这样，不用帝国主义来打就亡国了。"真是触目惊心！造成上述严重地方病的根本原因是饮用地表水，治理方法是必须打深井改水，但一直没有得到解决。

国家发出了预防和消灭地方病的号召。黑龙江省委又专门召开了防治和消灭地方病的会议，王一伦书记代表省委做了指示，要求有关领导部门指派专人，限期解决集贤大队打深井改水问题，彻底防治地方病，使他们摆脱精神上和肉体上的痛苦，更好地抓革命、促生产，为努力实现新时期的总任务而奋斗！

8月1日，中共黑龙江省委领导同志对省国防工业局工作组关于桦川县集贤大队地方病情况调查报告做了批示。

同年8月5日，集贤大队地方病的严重情况得到李德生（时任沈阳军区司令员，北方地方病防治领导小组组长）的重视，他路经佳木斯时指出："要把集贤大队当重点来研究，采取有力措施好好抓抓，这是关系人民疾苦的问题，本人受折磨，家庭生活负担重，不解决不得了。""要重视集贤大队的地方病，要加强领导，迅速解决问题，抓好地方病的防治工作。"

1978年以来，集贤村在原村党支部书记许振中同志的带领下，经过几届领导班子的努力，由当初贫困交加的"傻子屯"变成今天美丽乡村建设的先进村。

改水育智，治愚治病。在全县人民的关怀和支持下，集贤村迅速落实了综合防治措施和改水工程，1979年秋，集贤村建起一座高10米、容水38吨的水塔，铺设了1 800米的自来水管道，社员家家都吃上了符合国家规定

许振中

标准的自来水。经过几年的努力，全大队已治愈了地甲病患者798人，治愈率达到92.9%；克汀病患者的病情基本得到了控制。1990年9月，集贤村共筹集资金50万元，建起一所共4层、占地3万平方米的学校，适龄儿童的入学率为100%，改水治愚后每年都有高考录取的大学生；同时也培养了一大批有文化、有专业技术的新型农民。

发展经济治穷致富。1979年以来，集贤村在许振中的领导下，改变单一的农业经济，大力发展村办工副业。先后建成红砖厂、翻砂铸造厂、装潢涂料厂、玻璃瓶厂、家具厂、饮料厂、白酒厂，又组建成傻邦企业集团，生产"傻"牌系列白酒打进市场，畅销全国各地，壮大了村集体经济，改善了全村人民的生活。

1982年11月5日，中共合江地委研究室、地委农工部、桦川县委办组成了联合调查组，深入集贤村进行了为期半个多月的社会调查，写出了《拔病根、挖穷根、扎富根》的调查报告。中共合江地委批转了这个调查报告：

集贤大队《拔病根、挖穷根、扎富根》的调查很好，现转给你们一阅。

集贤大队是多年的地甲病、克汀病的重病区是出名的"傻子屯"，也是一个穷队。但是，在党的关怀和领导下，他们在拔掉

病根之后，立志挖穷根。党支部率领党员，团结全队社员群众，艰苦奋斗，努力拼搏，抗灾夺丰收，农业实现一年恢复，并充分利用本地资源，发展社队企业，大搞工副业生产，使总收入达57.9万元，比前四年平均年收入增长1.6倍；人均集体分配210元（不包括家庭副业50元），增长1.5倍；积累11.96万元，增长5.7倍。创历史最高水平。

集贤大队的事迹，令人高兴，发人深思。集贤大队身体健康条件差的人多，智力发育不健全的人多。那么，这个大队能办到的事情，别的地方精明的人那么多，健康的人那么多，为什么办不到呢?不难看出这里除了认真落实党的十一届三中全会以来的路线、方针、政策，落实生产责任制以外，无非是集贤大队有一股肯出力气，肯流汗水的"傻子"精神。请各县、社党委要在干部会议上宣读此件，并认真开展讨论，以鼓舞广大干部、社员的斗志，更好地贯彻落实党的十二大精神，在农村物质文明和精神文明建设上真正开创一个新局面。

中共合江地委文件下发后，桦川县集贤村发扬"傻子"精神成为新时期总任务奋斗的事迹，成为全地区进行农村物质文明和精神文明的学习样板。从1979年至2018年，集贤村的"傻子"精神不断发扬光大。

2018年，集贤村采取"公司+合作社+贫困户"产业化养殖模式建起了洪源合作社、双兆生猪代养场，建成光伏发电9万平方米。改革开放40多年来，一个全国闻名的"傻子屯"，中国食盐加碘第一村，已成为远近闻名的美丽乡村建设的先进村。

许振中原是桦川县苏家店镇集贤村党支部书记，在治理贫病交加的"傻子屯"工作中带领全村人民治愚（改水）、治病、治穷、致富，做出了卓越贡献。1987年被授予"全国优秀共产党员"，集贤村党支部被授予"全国先进基层党组织"，1989年被

授予"全国劳动模范""黑龙江省特级劳动模范"。他出席了全
国劳动模范表彰会，受到了党和国家领导人的接见，参加了国庆
40周年的庆典活动。许振中是全国人大

代表，1992年10月当选为中国共产党第
十四届党代表，参加了第十四届党代
会。省委、市委、桦川县委分别做出
《向全国优秀共产党员许振中学习的决
定》，号召全省、全市、全县共产党员

许振中

向许振中同志学习。（见《集贤村改革开放40年》，由集贤村提
供；《桦川县志》第1072页，2005年版）

20.革命烈士杨明学

杨明学，1947年8月20日生于桦川县公胜公社
会龙大队。1962年小学毕业后在农村参加劳动。
1966年1月参加中国人民解放军，历任侦察员、
副班长、班长。1966年8月加入中国共产主义青年
团，1969年6月加入中国共产党，参加过抗美援越
战斗。在战场上荣立三等功1次。在部队服役期间
还受过奖励3次，连嘉奖12次。1971年2月退伍，

杨明学

任桦川县横头山公社武装干事。1981年3月17日下午2时30分在进
行民兵手榴弹实弹投掷训练时，为掩护两名民兵战士，英勇献
身，时年35岁。

杨明学的一生，是平凡而光荣的一生，是不为名、不为利，
勤勤恳恳为人民服务的一生。他在生死攸关的时刻，舍身救战
友，献出了自己的宝贵生命。杨明学同志无愧于党和人民对他的
培养、教育，无愧于"共产党员"的光荣称号。

杨明学出生在硝烟弥漫的战争年代，在祖国还在摇篮的困难
时期长大。艰苦的乡村生活磨炼了他，纯朴、善良、勤劳的劳动

人民的一言一行都给予他很大影响，陶冶了他那颗细小的心灵。他从19岁参加工作那天起，就像老黄牛那样默默工作，不言不语，哪里艰苦，他就主动地悄悄地出现在哪里。

他参军5年，立过功，受过十几次奖励。在抗美援越的战斗中，他英勇顽强，不怕牺牲，参加战斗50余次，每次都出色完成了任务，荣立了三等功。

杨明学仅有6年文化，但他在学习上是十分刻苦的，曾被部队评为学习标兵、工作标兵、训练标兵……

杨明学无论在工作上，还是在学习上总是有那么一股劲，不言不语、勤勤恳恳、认真严肃。难怪别人都称赞他"蔫巴吃的肯干"。

1971年，杨明学退伍后被派到横头山公社担任武装干事。他脱了军装不退伍，始终保持着一个革命战士的本色。他仍是不言不语，啥事都抢着干，指到哪儿，干到哪儿。分内分外他不管，只要对党对人民有益，他就争着去干，哪儿的活最艰苦、最累他就出现在哪里，苦差事好像和他"结了缘"——离不开他。群众称他工作起来像"一团烈火"。

1977年，县人武部要举行会操，横头山公社决定抽国兴大队及民兵参加。这个班军事素质差，时间又紧，任务十分繁重。杨明学同志没有一点畏难情绪，满怀信心地接受了任务，他说："拼上几斤肉来，也要拼上去，为公社争光。"

杨明学为了完成领导给予的任务，起早贪黑地抓训练，有时连饭都顾不得吃。一天，突然下起了雨，杨明学为了不误实弹射击的训练课目，冒雨赶到了距离公社九里地的国兴大队，使民兵深受感动，训练时劲儿更足了，终于取得了好成绩。

在训练最紧张时，杨明学的爱人要生孩子。杨明学同志把爱人送到佳木斯医院里，做好了爱人的思想工作，转身又投入了军事训练。杨明学同志一贯是这样，公家事再小也是大事，个人事再大也是小事。

东朝阳大队的丁大娘的丈夫，因刑事犯罪被判了刑。丁大娘领着女儿过日子，生活很困难。许多人一见丁大娘就远远躲开。杨明学同志则不然，他看她家没吃没烧，非常同情，经常给送柴、蔬菜和干粮，有人提醒杨明学同志"可要注意别混线啊。"杨明学说："犯罪的是她丈夫，丁大娘和孩子还是群众嘛，不能眼看着她们受苦。"

杨明学时刻不忘群众，他走到哪里，就用自己那颗滚烫的心去温暖别人。向阳堡大队李景和病重的时候，杨明学手捧着药，送到他跟前；恒德大队民兵连长抓训练顾不上家里的活，杨明学就默默地给他夹起了园田的障子；社员刘文荣生活困难，孩子上学没钱买文具，他就掏出兜里仅有的5元7角钱送去；前合乡大队李树兰儿子没钱治病，杨明学同志回家里取来56元钱，交给了李树兰……杨明学同志心里惦念群众，把群众的疾苦放到自己心里。他的一生不知做了多少件这样的好事。

新风大队社员梁文春家境十分困难，经常去公社求救济，杨明学看在眼里急在心里，他征得爱人同意和支持后把家里的560元钱借给梁文春，叫他搞家庭副业，好还清欠款，过上富裕日子。当杨明学的爱人把钱亲手交给梁文春时，梁文春感动得热泪盈眶，连话都说不出来了，梁文春知道杨明学的家也不富裕，这500多元钱，是杨明学一家人省吃俭用和杨明学爱人辛勤劳累养猪一点一滴地积累起来的。

梁文春用这钱买了10只羊，到了冬天就得8只小羊羔，梁文春的生活开始有了新的转变。

杨明学同志有一句闪光的语言："你说一个人活着到底为什么？还不是让更多的人过幸福的日子，咱是共产党员，不能光顾自己。"一滴水可以映出绚丽的彩虹,一句话也可以反映出杨明学同志崇高的思想境界。

1977年清明节,他路过铃铛麦河,忽听水里有人呼救,他连衣服都没有脱就跳入刺骨的冰水里救起一位溺水的儿童。当巨大的山石被崩起呼啸而来时,他把战友按倒在自己身下,保护战友安全。当火灾发生时,他第一个冲入浓烟滚滚的烈火中;施工遇到哑炮时,他奋勇当先去排险;捕捉犯罪分子他打头阵……杨明学在生死的关头,能够舍身救战友绝非偶然,而是他舍己为人高尚的品质的集中表现。

1981年3月17日,杨明学带领民兵们进行实弹投掷训练。

轰!轰!手榴弹一颗颗地爆炸了,溅起的冰雪和泥土在空中飞溅。民兵们在杨明学的带领下,进步很快。杨明学看到他们的好成绩格外高兴。当轮到18岁的民兵王英明投掷第45颗手榴弹时,杨明学亲自拿起一颗手榴弹,反复给他讲明了要领,嘱咐他要沉着大胆,要有敌情观念,并替他拧开盖,把拉火环套在他的手指上。但是,王英明的心中仍是有些紧张,手榴弹没有甩出去,顺着他的右肩滑落在脚下。望着嘶嘶冒着青烟的手榴弹,王英明吓呆了,木然地站在那里。这时离手榴弹不远处还有一个民兵。再有3秒钟,手榴弹就要爆炸了!

杨明学一跃而起,一边大声命令着王英明"卧倒"一边伸手去抓手榴弹,但时间来不及了,手榴弹"轰"的一声爆炸了,一股浓烟冲天而起,战友得救了,杨明学同志却安然地闭着眼睛倒在血泊里。

党的好干部,群众的贴心人——杨明学同志为了保护同志们的安全,光荣地献出了自己宝贵的生命,年仅35岁。

为了表彰这位好党员、好干部,黑龙江省人民政府授予杨明学同志"革命烈士"称号。桦川县人民政府也召开了学习杨明学烈士大会，号召全县人民向杨明学同志学习。1984年10月，桦川县人民政府在"桦川革命烈士陵园"专门为其建立墓碑，以示永久纪念。

杨明学烈士证书

杨明学同志虽然牺牲了，但却给人民留下了十分宝贵的精神财富。他舍身救战友和不为名、不为利、勤勤恳恳为人民服务的精神永远值得我们学习。

21.桦川革命老区的发展变化

（1）改革开放40年。在党的富民政策指引下，桦川的各行各业取得了丰硕成果。桦川县依托自身优势，把推动县域经济社会追赶跨越发展作为主攻方向，壮大提升农副产品深加工、农机装备制造及机械配套加工、新能源、特色文化旅游四大产业，实施推进产业项目建设、现代农业建设、财源建设、城镇化建设、和谐民生建设和文化事业建设六项重点工程，使县域经济和各项社会事业有了跨越式发展。

（2）县域经济实现快速发展。截至2018年，全县地区生产总值实现63亿元，规模以上工业企业增加值实现3.5亿元，招商引资到位资金实现23.8亿元，投入基础设施建设资金1.38亿元，完成征地165公顷。农村居民人均可支配收入实现7 008元，脱贫攻坚以来年均分别递增6%、3%、23.5%、11.6%。城镇居民人均可支配收入实现22 172元，一般公共预算收入实现2.1亿元，固定资产投资实现20.5亿元，社会消费品零售总额实现20.5亿元，外贸进出口总额同比增长58.5%。

（3）打赢脱贫攻坚战。桦川县于2002年和2012年两次被确定为国家级扶贫开发重点县。为了实现脱贫的目标，县委、县政府团结带领全县广大干部群众，不断加大脱贫攻坚力度，做了许多打基础、利长远、惠民生的工作。经过坚持不懈的努力，全县45个贫困村全部出列，全县共有建档立卡贫困人口5 937户共12 110人，其中已脱贫5 343户共10 870人，未脱贫594户共1 240人，贫困发生率为0.78%，2018年全县已经建成53个乡级扶贫产业，4 232名贫困劳动力实现了稳定就业，扶贫小额贷款新增4 356万元，全县贫困人口户均增收4 301元。2016年、2017年连续两年在全省脱贫攻坚成效考核中被评为"A"等次。

（4）现代农业焕发勃勃生机。桦川县坚持走"精准农业、绿色农业、特色农业"的发展道路，现代农业试验区建设，"水稻大县"建设，绿色食品基地建设，都取得了积极的进展。桦川是国家重要的商品粮基地，是全国粮食生产先进县，是黑龙江省"两大平原"现代农业综合配套改革先行先试重点区、农田水利重点县、黑土地保护试点县，是三江寒地水稻种植发源地。全县高标准农田面积60万亩，农业科技贡献率达到65%，农业机械化率达到92%，2018年全县粮食总产实现21亿斤，实现"十五连丰"。

（5）经济开发区优势明显。桦川拥有城南和桦西等两个工业园区，特别是2017年桦川县工业示范基地晋升为省级经济开发区后，新增规划面积685公顷，总面积达到1 997公顷，具有产业后发优势。同时，桦西工业园毗邻佳木斯高新区，承接能力较强，可借势发展、借力发展，把地缘优势转化为发展优势。

（6）城乡统筹发展。全面实施城市基础设施和美丽乡村建设工程，主城区沥青道路铺设、城市景观公园和美丽乡村示范村建设的总量之多、城乡变化之大前所未有。2018年投资1.1亿元，硬化村内道路122公里，实施饮水安全工程50个村，新建村文化广场30个，新安装村村通广播54个，新建村卫生所23个。全县所有村屯"三通三有"全部达标。

（7）改革日益深入。将农村金融改革做法在省委农村工作会议上交流经验，将信访体制改革经验在全省信访矛盾调处现场会上交流发言，连续三届蝉联"全国平安建设先进县"，获得平安建设最高奖项"长安杯"。

（8）党建坚强有力。在全县开展转观念、转思路、转作风、争一流的"三转一争"主题活动，桦川县在2017年度全市政治生态成效考核中位列各县（市区）第一名。

（9）社会事业发展迅速。全面落实了《公民道德建设实施纲要》，深入开展了精神文明建设，城乡居民素质明显提高。教育事业迅速发展，中、小学入学率达到100%。广播电视光纤升级改造工程完成，全县实现了"村村通"。医疗卫生服务体系不断健全和发展，人口和计划生育工作被评为全国"婚育新风进万家"活动先进县。再就业工作扎实有效，社保使弱势群体的基本生活得到保证。人大、政协监督作用不断加强，统战、武装、群团等工作开展活跃。信访工作稳定有效，连续获得"省级平安县"称号。

22.桦川县近期主要成就

党的十八大以来，桦川县委统筹推进"五位一体"总体布局，紧紧围绕"一区三中心"的战略定位，以建设理念新、动能新、文化新、风气新、环境新的"五新"桦川为奋斗目标，强力推进八项重点任务，经济社会发展始终保持良好势头。

在2015、2016和2017三年度的全市县处级党政领导班子综合考评中，桦川县连续被评为优秀等次。全县粮食总产实现"十五连丰"，连续三届蝉联"全国平安建设先进县"，获得平安建设最高奖项"长安杯"。先后获得"全国平安县""科技进步先进县""和谐文化建设先进县""绿色食品经济县"等荣誉称号。

获批国家现代农业示范区，荣获"中国好粮油水稻示范县"、国家级"农产品质量安全示范县"、国家级"农村集体产权制度改革试点县"、"全省县域经济发展质量效益优秀县"等称号。将农业工作在全国农业科技创新座谈会上交流经验。（见2018年《县委县政府工作汇报》；2019年县委十七届五次全委扩大会议《县委工作报告》）

第二编 ★ 创建地方党组织 反抗日本侵略者

第一章　桦川县地方党组织的基础及早期活动

第一节　桦川县工人阶级形成及对中国共产党组织在桦川县创建的作用

一、桦川县工人阶级队伍的产生

1909年（清宣统元年）4月14日，清政府决定在松花江下游南岸的佳木斯镇（东兴镇）设治建县，孟广钧任桦川县设治局设治委员。1910年6月移治悦来镇建立桦川县公署。桦川县设治建县成为佳木斯一带政治、经济、文化的中心，出现了人口俱增、各业俱兴的繁荣新兴的景象。

桦川县的开发建设和粮谷贸易的兴隆，带动了桦川县采矿、加工、商贸等新兴产业的产生与初步发展，出现了东兴镇曲家火磨、悦来镇曹家酒坊、驼腰子金矿、悦来镇码头脚行等较大私人企业和一些饮食商服店铺。这些企业大量招募工人，使桦川县出现了第一批受雇于私人企业的工人群体。到1919年，桦川县工人总人数达到1 600多人。桦川县以采矿、加工企业工人为主体的工人阶级队伍已经形成并迅速发展。

二、桦川县工人阶级的成长与"工运"的开展

　　桦川县工人阶级从产生之日起就具备了无产阶级的革命性、组织性、纪律性和斗争性的特点，尽管他们在全县人口占的比例很小，但所产生的影响和产生的力量是不可估量的。因为：

　　第一，桦川县工人阶级是中国工人阶级的一部分，是深受帝国主义、封建势力和资产阶级重重压迫、剥削的，处于社会最底层。他们在政治上受雇于企业主出卖体力劳动，没有任何权利；在经济上，没有任何资产和生产资料，仅靠微薄的工资收入维持生活，因而在政治上表现出的反压迫、反剥削的斗争意识十分强烈，他们的革命性更坚定、更彻底。

　　第二，企业集中而有组织进行生产的特点，使企业工人大都集中在企业里进行有组织的共同劳动，很自然地把工人组织联系在一起。工人们在共同的劳动中形成严密的组织联系，在生产中保持密切的协作性和纪律性，在生活上有共同的利益关系，促使工人们达成思想认识的共识，行为步调的一致，有利于工人运动的组织和发动，继而集结成统一的、强劲的政治力量。

　　第三，桦川县企业工人大多出身于破产的农民，与广大农民有着必然的联系，有着社会地位的共同处，思想观念具有一致性，便于结成巩固的阶级联盟，形成革命的政治力量。

　　桦川县工人阶级从它产生的那一天起，就表现出无私无畏的斗争性和革命的坚定性，他们为了维护本阶级的利益就不断地进行坚决的斗争，导致了桦川县工人运动的形成。1923年，佳木斯镇曲家火磨工人罢工，掀开桦川县"工运"的大幕，出现桦川县历史上第一次"工潮"。1924年又发生了驼腰子金矿工人罢工和1926年悦来镇码头脚行工人罢工，每次罢工都有上百名工人参加，得到社会数千群众支持，形成强烈的政治态势，迫使企业主

增加了工人工薪，争取到工人的合法权益，取得了斗争的胜利，表现出桦川县工人阶级的革命性、坚定性和斗争性，展示了工人阶级组织起来的力量，动摇了资产阶级的统治基础。

桦川县工人阶级队伍的形成与发展，推动了桦川县工人运动的兴起，为中国共产党在桦川县创建地方组织奠定了阶级基础和组织基础。

第二节　马列主义在桦川县的传播和新型知识分子的出现

一、"十月革命"后，马克思列宁主义在桦川县传播

1917年，俄国"十月革命"一声炮响，给中国送来了马克思列宁主义。同样，深受帝国主义、封建势力欺压，苦闷而迷蒙的桦川县也透进苏维埃新曙光，桦川县人民开始认识马克思列宁主义。最早在桦川县传播马克思列宁主义的是桦川县的工人阶级。1918年，俄国"十月革命"后，中国4万多工人从苏联陆续回国，其中一些归国华工来到桦川县一些企业做工，这些经历过"十月革命"的华工向周围的工友和群众介绍了俄国"十月革命"的情况和苏联新生的苏维埃政权，使桦川人民群众开始对苏维埃政权向往，对马克思列宁主义有了初步认识和接受。这样，马克思列宁主义在桦川县潜移默化的传播，为后来桦川县先进的知识分子在桦川开展新文化运动拉开了序幕，开了先河。宣传"十月革命"，传播马克思列宁主义，使桦川县工人阶级不自觉地以领导阶级的姿态登上了桦川县的政治舞台。

二、桦川县新型知识分子的出现

在俄国"十月革命"的影响下，1919年中国爆发了"五四运动"，1921年中国共产党宣告诞生，从那时起，俄国"十月革命"的实践、"五四运动"反帝反封建的斗争和中国共产党的产生，有力地推动了马克思列宁主义的广泛传播。1926年桦川县创建了桦川中学，一批受"五四运动"影响的先进知识分子，特别是其中的中共党员，从南方来到新型教育的桦川中学受聘任教，使桦川县教育界呈现了新气象，教师队伍也随之发生了质的变化。桦川县一个思想先进、民主意识浓厚、革新精神强烈的新型知识分子队伍出现并产生影响。这批新型知识分子不仅自身认识和接受新思想、新事物，信仰马克思列宁主义，倡导苏维埃社会主义，而且利用讲台向学生介绍、宣传中国共产党的思想，积极传播马克思列宁主义。桦川中学的一些进步师生开始接触马克思列宁主义，并在课堂上以"五四运动"的新思想评论时局，唤醒、培养进步师生的民主意识和对腐朽反动势力的反抗精神。

三、桦川县中学学潮

1929年4月6日，桦川中学校长高隆栋凭借地方势力，独断专行，擅自将要求学校树民主之风，按孙中山"民主、民权、民生"三民主义办学的教师付庆恒逐出学校。学生推选夏丹瑶等4名代表到桦川县公署找到县长唐纯纪状告高隆栋，高隆栋在县公署调查此案后，不仅没有收敛，反而对学生采取围攻、开除的手段制裁夏丹瑶等学生代表，并制定了禁锢学生的校规。

高隆栋倒行逆施的弹压行为，激怒了桦川中学全校师生。4月14日早晨，学生们撕掉了贴在校门口的开除夏丹瑶的公告，将高隆栋拖出校门辩论，并向市民散发传单。随即于15日、16日两天进行了罢课，并上街游行，到县公署请愿。桦川中学这次学潮得到了广大工人和市民的支持。县长唐纯纪为了控制事态发展，撤销了高隆栋的校长职务，撤销了开除教师傅庆恒、学生夏丹瑶的决定。桦川中学反对封建专制的学潮取得了胜利。这次学潮说明了桦川县崇尚民主、思想进步，具有强烈革新意识、民主思想和反抗精神的新型知识分子已经形成，学潮本身传播的新思想和马克思主义在社会上产生了积极的影响，这为中国共产党在桦川县建立地方组织在舆论上、思想上创造了有利的条件。

第三节　中国共产党在桦川县的早期活动

一、党的"一大"会议后，中国共产党在桦川县的影响

在中国共产党第一次全国代表大会后，中国共产党的影响在全国范围迅速扩展。1921年8月，中国共产党中央局在上海成立了中国劳动组合书记部，下设北方分部，作为党领导北方地区工人运动的机构。1921年11月，中共中央局发出《关于建立与发展党团工会组织及宣传工作等》通告，要求各地积极宣传中国共产党，开展工人运动，发展党团员，加快地方党组织建设。随之，组织委派一批共产党员深入东北宣传发动人民群众的建设活动。

1930年以后，中共北平、河北组织按中共中央局通告精神，先后委派一批共产党员进入桦川县佳木斯镇一带秘密从事马克思列宁主义宣传和党的建设工作。他们犹如革命火种，点燃了三江大地的革命烈火。共产党员唐瑶圃带着党的使命从北平来到桦川县，以在桦川中学教学为掩护，以学校为阵地，向进步师生宣传马克思列宁主义和中国共产党，发展、培养党的积极分子，开展

一系列党的建设工作。他在课堂上和家访中以评论时政、传播进步书刊和辅导谈心等方式，联系团结桦川中学中的进步师生，对他们进行革命的启蒙教育，引导师生们接受马克思列宁主义，靠近中国共产党，培养了张耕野、金凤英、陈雷等一批党的积极分子，为中国共产党在桦川县建立地方组织，在思想上、在组织上做了充分的准备。

二、桦川的革命领路人唐瑶圃

1930年秋，中共党员唐瑶圃只身来到桦川中学任英文教师，秘密从事党的工作，成了桦川县最早的中共党员和桦川革命的领路人。唐瑶圃，原名唐吉昆，曾用名唐小英、姚新一，字瑶圃，1907年出生于吉林省永吉县大兰镇屯（现吉林省白山乡）一个农民家庭。

唐瑶圃

他于1921年考入吉林省立第一中学24班；1925年入吉林省立第一师范学校初中教员专修班文科学习；1927年7月毕业后，在伊通、德惠等地中学任教。

1928年下半年，唐瑶圃进入吉林大学学习。1929年，唐瑶圃在北平弘达学院学习时找到了中共地下党的组织。他在党的培养教育下，于1929年加入了中国共产党，从此走上了革命道路。

1930年夏秋之际，唐瑶圃到佳木斯桦川中学当英文教师，从事党的地下工作。"九一八"事变后，他利用讲课等形式，给学生讲抗日救国的道理，进行爱国主义教育，以唤起学生的爱国热情。同时，他亲自组织进步教师和学生，到社会上向广大群众进行抗日救国宣传，号召广大群众武装起来反抗日本的侵略；领导学生上街示威游行，上县政府请愿；组织学生演剧募捐，支援东北义勇军的抗日斗争。在他的影响和教育下，很多学生走上了革命道路。

1932年，唐瑶圃按照党的指示，继续发展党员，创建地方党组织，积极扩大党的力量，组织学生和群众进行抗日斗争。

1934年秋，唐瑶圃被派到依兰县立中学任教。他在学生中广泛宣传爱国主义和共产主义思想，传播马列主义和共产党的主张，并把工作范围扩展到街道、农村，乃至伪机关的内部。在县城里成立了共青团支部和救国会、妇救会、儿童团等群众组织；在中学、工厂、街道、渔民村里，分别建立了支部、党小组。

1935年初，中共依兰区委成立，唐瑶圃担任区委书记。同年8月，唐瑶圃担任了新成立的中共依兰县委书记。在他的领导下，全县地下党的工作广泛地开展起来，广大群众积极为抗联部队购买衣物、食物、药品等物资，有力地支援了抗日游击战争。他通过各种关系，在日伪机关、军警和协和会内部进行分化、瓦解和争取工作；建立反日会，打击汉奸走狗和特务，同敌人进行各种形式的斗争。

1936年12月5日，唐瑶圃的活动引起了敌人的注意。中共北满省委将他调到部队工作。

1937年2月，唐瑶圃来到了方正县，被安排到吉东地区工作。1937年3月10日，吉东省委正式成立，他组织筹建省委秘书处，任省委秘书长。同时，他还担任了《救国时报》和《前哨》的编委主任兼主笔，经常写文章、诗歌和编创革命歌曲，开展党的宣传工作。他关心同志，联系群众，对工作认真负责，对同志无微不至的关怀，深为同志们所敬仰。

从1937年"七七"事变到1938年底，敌人加紧对东北抗联的"大讨伐"，省委秘书处遭到破坏。1939年2月，吉东省委派唐瑶圃同志率领10余人的小部队，向方正县境转移，埋藏省委文件和省委秘书处的印刷品。在他们完成任务返回总指挥部的途中，不幸遭到敌人队伍的包抄。唐瑶圃在指挥战斗中牺牲，时年32岁。

第二章 桦川县地方党组织的创建 及抗日救国活动

第一节 中共桦川中学支部建立

一、桦川中学地下党组织

1932年,桦川中学的进步教师张耕野经唐瑶圃介绍加入中国共产党,成为桦川县第一名新党员。张耕野入党后,在唐瑶圃的领导下,积极开展党的宣传和组织工作,团结了陈雷、张宗兰、马克正等一批进步学生,发展了金凤英等一批共产党员,桦川中学成为中国共产党在桦川县佳木斯镇一带建设与发展的策源地。

1934年夏,随着"九一八"事变后,党领导反日斗争的形势和桦川中学党员队伍的发展,桦川中学建立了中共桦川中学支部,隶属于中共满洲省委吉东特委,张耕野为支部负责人。中共桦川中学支部的建立是中国共产党在桦川县建立的第一个中共地方组织,它标志着中国共产党在桦川县并辐射三江地区,形成了一个宣传马列主义、传播共产主义思想的舆论阵地,唤醒全县人民,组织带领全县人民群众抗日救国,开始了以实现共产主义为目标的领导核心。中共桦川中学支部,为中国共产党在桦川县的建设与发展组织了力量,开辟了道路,奠定了基础。

中共桦川中学支部建立后,不断加强党的宣传和组织工作,培养发展了姜士元（陈雷）、郑志民（冷云）、张宗兰、张金声（宫尚贤）、白长岭（赵敬夫）、陈芳钧、马克正等一批共产党员，为党和抗日斗争培养、输送了一批骨干力量，为人民的解放事业做出了重要的贡献。

二、桦川县的革命一家

桦川中学教师张耕野是桦川县第一名新党员。中共桦川中学支部建立后，他担任支部书记，在他的影响和教导下，妻子金凤英、妹妹张宗兰先后加入中国共产党，并为党的事业做了大量的工作。张耕野的家是中共佳木斯地下党联络和集会的地方，中共佳木斯市委、桦川中学支部的党员和中共满洲省委冯仲云及下江特委高禹民等领导都曾在这里开过会、研究工

张耕野

作，金凤英、张宗兰担任警卫工作。1938年初，张耕野担任佳木斯市委负责人后，金凤英接任了中共桦川中学支部书记职务，继续开展党的工作。1938年3月15日，日伪政权的"三一五"大逮捕事件发生，金凤英、张宗兰及金凤英3岁的女儿张万荣张耕野于3月20日在依兰县黑背子附近遭遇日伪军袭击中弹牺牲。张耕野一家四口人为中华民族的解放事业献出了宝贵的生命。

张耕野，原名张宗儒，1901年出生于黑龙江省双城县一个贫苦的市民家庭。全家十几口人仅靠父亲给一家商号当账房先生的微薄工资维持生活。张耕野幼时曾进入私塾读书。他深知穷人家的孩子上学不易，所以加倍地刻苦学习，并以优异的成绩先后考入双城中学和阿城师范，后来又考入吉林高等师范学校数理专修科继续深造。1927年，张耕野高师毕业后，立即满腔热情地投身于教育事业。他曾先后在双城县中学、吉林市中学任教。1929

年，张耕野到佳木斯市桦川中学任理科教师。不久，青年教师中共党员唐瑶圃来校任英语教师。他思想活跃，工作认真，待人诚恳，点燃了进步师生的爱国热情。张耕野从这位比自己还年轻的同事身上学到了许许多多革命道理和进步思想。他俩很快成为亲密的朋友，并一起组织校友会传播先进思想，团结进步学生，开展革命活动。

1931年"九一八"事变爆发，消息传到桦川中学，爱国师生群情激愤。唐瑶圃、张耕野组织全校300余名师生走出校门、走上街头，举行反日爱国示威游行。师生们挥舞着五颜六色的小旗，高呼"打倒日本帝国主义""团结起来，驱逐日军"等口号，浩浩荡荡地经过县公署的门前，走遍全市的每条大街，声讨日本帝国主义的侵略罪行。张耕野还组织了一支文艺宣传队，在街头讲演、唱歌、演小型话剧。并连夜编写了揭露日本帝国主义在东北开鸦片馆、诈骗钱财、毒害中国人民身心健康的剧目，在街头演出后，收到了很好的宣传效果。

张耕野还领导了群众抵制日货的运动，他把学生组织起来，深入到群众中和店铺里，宣传不买日货和不卖日货的意义，唤起群众的爱国热情和反日的民族意识。在各地义勇军举旗抗日的时刻，张耕野带领宣传队到工厂和各商号募集捐款，支援义勇军抗日。

1932年4月佳木斯失守后，桦川中学成了日本侵略军的兵营。目睹了日本兵的罪行，张耕野怒火满胸，决心投笔从戎，他带着几名进步学生，离开佳木斯，投奔义勇军李杜属下的一个营。后因该营内部发生叛乱，张耕野他们只好又返回佳木斯。这一年，地下党组织根据张耕野的要求和表现，经唐瑶圃介绍，吸收他为中国共产党党员。

1933年，被迫关闭一年之久的桦川中学重新开学了，张耕野又回到了学校。此时，唐瑶圃已去依兰地区开辟工作，桦川中学地下党组织的工作由张耕野负责。1934年，桦川中学建立党支部，张耕野为支部负责人。从此他以党支部为核心，团结进步学生，积极开展革命活动。为发展组织、培养青年，张耕野利用教师的身份组织"读书会"，向学生介绍进步文学作品，如茅盾的《子夜》、巴金的《家》、老舍的《老张的哲学》及苏联小说《铁流》等，使他们从中吸取反帝反封建的革命思想。进步学生冷云、陈芳钧、马克正、陈雷等都是这一时期在桦川中学加入中国共产党的。

1936年秋，根据中共北满临时省委的指示，将张耕野领导的桦川中学党支部和由董仙桥领导的西门外特支合并。1937年1月，正式组成中共佳木斯市委，张耕野任市委组织部长。佳木斯市委成立后，张耕野和市委其他同志一起为发展党团组织，为抗联部队培养和输送干部，为部队搜集情报和提供物资，为伤病的军事干部治疗和休养做了大量卓有成效的工作。

为瓦解敌人，发展壮大抗日武装，佳木斯地下党领导策划了梧桐河金矿矿警的武装起义。经张耕野等人的周密安排，选派与梧桐河金矿局高级职员马仿潜有同族关系的马克正打入金矿内部。马克正当上金矿文书站稳脚之后，又将其"表哥"陈芳钧介绍到金矿当上矿警。他们在矿警中交朋友，启发工人对日本侵略者和汉奸把头的仇恨与反抗。经过半年多的艰苦工作，在矿警队内争取了七八名骨干力量，为武装起义做了充分的准备。在这期间，马克正、陈芳钧与市委保持密切联系，多次到佳木斯向张耕野汇报工作，听取指示。为确保起义成功，市委与东北抗联第六军取得联系，并制定了配合起义的行动方案。1937年7月29日凌晨，70余名矿警起义。他们击毙反动的矿警队长，携带70多支枪和一批弹药，300余两黄金和十多车被服和大米等物资，投奔抗联第六军。这次矿警武装起义，使梧桐河金矿陷于瘫痪，沉重地打击了日本侵略者的气焰。

1937年"七七"事变后，日本帝国主义妄图把东北变成其扩大侵略战争的后方基地，对活跃在三江平原的抗日武装围而歼之。日军在调集重兵进行军事"讨伐"的同时，实施"治安肃正"计划，血腥镇压抗日救国斗争的群众。在白色恐怖下，地下党活动非常困难。1938年3月，佳木斯市委派张耕野进山与抗联部队研究在必要时转移地下工作人员的问题。张耕野在交通员的带领下，在集贤县夹信子与抗联第三军取得联系。此时，敌人在下江地区制造了"三一五"大逮捕事件，佳木斯市委遭到严重破坏。张耕野自己无法回去，不得不暂时留在第三军第四师政治部工作，随同部队转战于勃利、宝清、依兰一带。

1938年10月，张耕野随部队在依兰县黑背子附近筹集给养时，突遭敌人袭击，不幸中弹牺牲，时年37岁。

张耕野的妻子金凤英，别名金鹏年，出生在黑龙江省双城县的一个地主家庭。1922年春她来到吉林省女子师范学校求学，在这里邂逅了思想进步并具有忧患意识的张耕野，两个追求光明的年轻人冲破门第观念，真诚相爱。师范学校毕业后不久，他们于1928年1月结为伉俪。1929年，金凤英辞掉了在双城县中学教师的工作，随丈夫张耕野来到了佳木斯在桦川中学任教。不久，张耕野结识了共产党员唐瑶圃，在他的影响下，夫妻二人走上了救国救民的道路。

"九一八"事变爆发后，他们投身于反对日本帝国主义侵略的救亡运动，组织学生举行反日爱国的示威游行，愤怒声讨日本帝国主义者的侵略罪行。1933年，她加入中国共产党；是年秋，她服从党组织的决定，辞去教师职务，专门从事党的地下工作。1937年春，中共佳木斯市委成立，张耕野负责市委的组织工作，她出任桦川中学党支部书记。

张耕野的妹妹张宗兰，1918年出生于双城县。1934年，张宗兰为抗拒封建包办婚姻，离开了家乡前往佳木斯投奔兄嫂。

张宗兰来到桦川后，在兄嫂的安排下，入桦川县立中学预备班。翌年，聪明的张宗兰跳级升入桦川中学第六班。

受党组织和兄嫂影响，张宗兰积极参加进步学生运动，在同学中秘密宣传共产主义思想和抗日救国的道理，发动女同学起来革命，并投身于抗日救国行列。

1935年冬，17岁的张宗兰在党旗下握手成拳，宣誓加入了中国共产党，成为佳木斯市早期的共产党员之一。

1936年冬，张宗兰当选为中共佳木斯市市委领导成员，负责妇女工作。那一年她18岁。

在此期间，张宗兰领导着佳木斯地区的广大妇女积极支持抗战，同时还协助其兄张耕野处理党的临时性工作，参与为抗联部队购买、运送防寒用品、印刷器材及药品等工作。

当时，松花江流域及佳木斯周边地区的妇女工作开展得如火如荼，地方上的妇女们做军装、做军鞋、撒传单、贴标语，有力地支援了山里部队。

就在1936年的年末，张宗兰接受党组织的派遣，利用中学毕业后找工作的机会，打入伪桦川县公署担任文书。

这是一个特殊岗位，也是一个危险的岗位，上级领导要求她要不断地搜集敌伪政治、军事等情报，并及时提供给市委或抗日联军，保护党组织和抗联部队的安全。有谁能想到，这个文文静静如邻家小妹一样的女孩，竟然是我党安排在敌人内部的地下特工呢。从此后，黑夜里又多了一双机警的眼睛。

1938年3月15日，是东北历史上一个极其黑暗的日子。日伪宪特集中大量兵力，对松花江下游一带的抗日武装进行"围剿"。

血雨腥风的佳木斯此时正处在白色恐怖之中，地下党组织中已有人被捕叛变。在此危急关头，张宗兰将个人安危置之度外，她按照市委负责人的要求，一面迅速将有关消息通知市内所有共产党员，一面亲自安排上级来的一名干部紧急转移。

3月2日晚，张宗兰姑嫂按佳木斯中共地下党市委书记董仙桥的指示，把中共下江特委联络员刘志敏接到自己家。

3月14日清晨，姑嫂俩又将刘志敏安全转移到南岗大街景家胡同的李淑昌家。她们马不停蹄地忙碌着，午后两点多，两姐妹将红萝卜掏空，把重要的文件塞到萝卜里，交给乔装成乞丐的地下党员李淑云同志（董仙桥的夫人）。然后，张宗兰配合将这些重要的文件转移出城。回来后，又秘密销毁和设法转移了党的其他重要文件。而此时，危险正向她们一步一步逼近。

就在历史上这个血腥的时段里，日本宪兵、伪警察和便衣特务倾巢出动，东北抗联基地被毁。在各城市、城镇、乡村里，宪兵、伪警察依据特务和叛徒提供的名单，开始了拉网式的大搜捕，张家的茅草房也处在特务严密的监视中。

3月，凌厉的春风带着冬的余威肆虐在北方的大地上，在这寒冷的季节里，发生了如此重大的变故，情况真是万分危急。嫂子金凤英冷静地分析形势后，认为走是上策，决定带着张宗兰和小叔子张宗民、自己的姐姐徐金氏及两个年幼的孩子暂回老家双城躲避。3月17日上午，金凤英从容地拿起笔，给已经在宝清县参加抗联三军的丈夫张耕野写信，她在信里告诉丈夫，地下党员小方（高桂林）成了可耻的叛徒，叮嘱丈夫千万不要回来……她还说，她带着一家人回双城了。

3月19日，带着两个年幼的孩子万灵和万荣，张宗兰、金凤英姑嫂一行六人坐上了由佳木斯开往牡丹江的火车，打算取道哈尔滨再转车回双城。危急关头，她们也没有忘记在自家门前撒上草灰，发出了危险信号。

在火车上，她们发现四个穿便衣的特务一直在跟踪，看来回家的路是走不通了，她们成了有家难回的人。

3月20日，饥渴劳顿、筋疲力尽的一家人住进哈尔滨道外天泰客栈20号房间，一路上跟随她们的四个特务住进了21号客房。

夜幕下的哈尔滨，街上刺耳的警车声不时划破夜空，当两个孩子香甜的鼾声响起时，金凤英对张宗兰说："我们不能回双城了，回去家人会受到牵连。"不用嫂子说，张宗兰心里也明白，她已经决定为自己的信仰而献身了。她冷静地对嫂子说："明天我设法出去找哈尔滨的地下党组织，如果实在不行，就拼了。"这时候，楼下响起了此起彼伏的汽车马达声。敌人赶过来了，在一阵猛烈的撞击下，客房的门被踢开，看到穷凶极恶的伪警察闯了进来，姐妹俩勇敢地拿起桌子上的茶碗向敌人砸去，拼了，拼了，死前也要和敌人拼一把！张宗兰的胳膊被一名刽子手拗到后边，她就用牙齿咬，用头撞。灭绝人性的伪警察发疯似的把张宗兰和金凤英的头向墙上撞，殷红的鲜血顿时喷溅出来，巨大的搏斗声中，三岁的小万荣醒了，她大声地哭了起来，在她短暂的人生中，她看到了最悲惨的一幕，随后小万荣就被特务们连摔带踩，当即死去。金凤英、张宗兰被捕遇难。

三、桦川中学抗日精英的摇篮

从1932年共产党员唐瑶圃在桦川中学发展张耕野加入中国共产党到1938年日伪当局实施"三一五"大逮捕，中共桦川县地下组织被破坏殆尽，在停止党组织活动的近6年时间中，中共桦川中学支部在进步学生中发展了一批又一批中共党员，为抗日战争培养了一批精英骨干，为中国革命事业输送了一批杰出领导人才。

桦川中学学生姜士元、郑志民、赵敬夫等英雄都是中共桦川中学支部培养发展的共产党员，在血与火的斗争中成为出色的领导干部，有的在社会主义建设中弹精竭虑、奋斗终生。人们称桦川中学是桦川县培养抗日精英的摇篮。

1917年10月25日，陈雷生于黑龙江省桦川县一个风景秀美的小乡村。1931年"九一八"事变后，刚满15岁的陈雷在佳木斯桦川中学读书时就参加了张耕野老师在家里组织的读书会，开始走上革命道路。1936年2月，他加入中国共产党。1937年秋，中共北满临时省委决定陈雷为佳木斯地下党组织负责人。1938年春，日伪统治者在下江地区（汤原、依兰、桦川、富锦、勃利等地），突然实行疯狂大搜捕，制造了"三一五事件"，陈雷来到位于依兰县巴浪河上游的山上抗联密营，见到了北满抗联总政治部主任兼六军政委张寿篯（后改名为李兆麟），省委负责人张兰生、冯仲云等，向他们汇报了佳木斯党组织遭到严重破坏的情况。省委领导任命陈雷为抗联第六军组织科长，后历任第六军抗联第二师政治部负责人等职。受当时极其复杂的斗争环境影响，赵尚志被错误开除党籍，陈雷受此牵连也被开除了党籍。1941年5月，张寿篯委派陈雷以总指挥部宣传科长的身份，到抗联第三支队去负责政治工作。与支队长王明贵、参谋长王钧共同作战，这支灵活机动的骑兵部队英勇善战，打了许多胜仗，是抗日联军的主力部队之一。

面对严峻的战争形势，东北抗日联军化整为零地开展游击战，后由于与党中央失去联络，周保中、张寿篯等人决定将东北抗联主力部队撤入苏联境内，采取派遣小部队跨境对日作战的方式。1942年春，部队党委根据中共北满省委的建议，恢复了陈雷同志的党籍。

陈雷

东北抗联野营部队整编为苏联工农红军独立步兵第八十八旅（又称国际旅）后，周保中任少校旅长，张寿篯任少校政委。陈雷被任命为"北黑线"侦察分队长、旅政治部党委秘书兼第一营政治教员（少尉）。

1945年日本投降后，八十八旅配合苏军迅速占领东北57座重点城镇，陈雷任绥化中心县委书记兼省人民自卫军龙南纵队政委，负责绥化、庆安、铁力、望奎等县工作。

新中国成立后，陈雷同志在担任黑龙江省政府副主席、主席期间，率领全省人民为国民经济恢复而奋斗。大庆油田开发时，陈雷同志是省委支援大庆石油会战领导小组副组长，为大庆油田的开发建设做出了重要贡献。三年困难时期之后，陈雷同志为落实国民经济的"调整、巩固、充实、提高"，做了大量艰苦细致的工作。他在担任省长期间，认真抓好哈尔滨机场、松花江公路大桥等道桥工程、大庆30万吨乙烯石化工程等经济项目，为全省经济快速发展和工业腾飞打下了坚实的基础。他退到二线以后，仍十分关心黑龙江省的改革开放工作，亲自内引外联，为全省的发展做出了新的贡献。

赵敬夫，原名白长岭，1915年出生于黑龙江桦川县悦来镇。1930年，赵敬夫考入校址设在佳木斯的桦川中学。在学校，他结识了地下党员姚新一（即唐瑶圃）和进步教师张耕野。1935年，在党组织的培养下，经张耕野介绍，他光荣地加入了中国共产党，不久担任了党支部宣传委员，从此开始了他的革命生涯。这年夏天，他因打了亲日的教员被开除学籍。党组

赵敬夫

织把他派到中共依兰县委工作，担任县委委员，负责共青团工作。在此期间，他经常奔走于县委与基层之间，开展党的工作。

在他的领导下，依兰县共青团的工作十分活跃，一大批进步青年迅速成长起来，纷纷参加了抗日队伍，走上了革命道路。

1937年，赵敬夫被派到海伦做地下工作；7月到抗联第三军第五师任宣传科长。同年冬，他随第三军第五师的先遣队向通北远征。时值北国寒冬，指战员们忍受着零下40℃气温的侵袭，冻得浑身发抖。赵敬夫同战友们一起经受着艰苦生活的磨炼，始终保持着革命乐观主义精神。

赵敬夫能唱善讲，一个人就是一台戏，在艰难困苦之中，他把战士们召集在篝火周围，给大家讲故事、唱歌，活跃部队气氛，用他的智慧驱散严寒，鼓舞斗志。他还以战士们的远征经历写了一首诗《远征歌》。诗中写道：

> 万里长征，山路重重。
> 热血奔腾，哪怕山路崎岖峥嵘。
> 纵饥寒交迫，虽雨雪狂风，
> 我同志，慷慨勇往直前，不怕牺牲。
> 奋斗！冲锋！
> 为革命，流尽血，
> 事业成，变为光明。

1939年5月，赵敬夫任第三师第八团政治部主任，率部在克山以北、讷河以东、嫩江东南的平原地带坚持游击战；1940年春，任东北抗联第三路军第三支队政治委员。他率部奔赴克山、嫩江、德都等县，开辟抗日游击区，并以德都县西部朝阳山为后方基地，取得了北兴镇袭击警署战斗胜利。在红五月杀敌竞赛中，第三支队从木沟河出发，途经老龙门，击溃尾追的日伪军，跨入讷河、德都、嫩江地区展开游击活动，取得多次战斗胜利。

1940年，东北抗日斗争进入了极其艰苦阶段。为了有效地打击敌人，张寿篯（李兆麟）代表中共北满省委将所属的部队整编为第三、六、九和十二支队。赵敬夫被任命为第三支队政治委员。三支队成立后，在嫩江狠狠地打击了日伪反动武装。当年4月初，赵敬夫率部队夜间袭击了山林警察大队一个警察所，缴获了一挺机枪、几十支大枪和许多弹药。7月14日，部队又迅速地打下了嫩江东的科洛站，俘虏了10余名伪军，缴获了一台油印机和大量纸张。

不久，抗联第三路军总指挥张寿篯（李兆麟）在朝阳山里办了一个短训班，支队决定派赵敬夫进山学习，并把缴获的油印机带上。7月26日，赵敬夫在嫩江科洛河以南从小道进山时，被沐河警察大队董连科发现。这个土匪出身的家伙非常狡猾，他靠着地形熟，率领多于我方的兵力，悄悄地跟踪赵敬夫来到山里，从三面包围了三路军总指挥部，以密集的火力向我军扫射。

危难时刻，赵敬夫率领总指挥部教导队的40多人英勇还击，一连打退敌人的数次进攻。掩护三路军总指挥张寿篯（李兆麟）等人突围，在护送张寿篯下山后，赵敬夫又返回阵地，指挥战士们分批撤退。这时，一个战友走到他的跟前，要求代替他担负掩护任务，他说："你们快走……"一句话还没说完，一颗子弹射来，赵敬夫中弹牺牲，年仅25岁。

敬夫精神 永存千古

李敏书 二〇一三年 十月

李敏为赵敬夫题词

中华人民共和国成立后，烈士的家乡桦川县悦来镇为纪念他，把他出生的村命名为敬夫村，村前的路命名为敬夫路。

马克正，出生于安徽省怀远县郊一个贫苦农民家庭里。7岁时，靠全家节衣缩食，得以进入村内一家私塾读书。1931年6月，他与母亲一起来到汤原县鹤立镇，投靠闯关东到此谋生开小饭馆的父亲马敬之。无奈刚刚团聚，马敬之就被严重的肠结核病夺去生命，全家生活陷入困境。

1936年，马克正在中共党员陈芳钧的引导下，来到桦川县立佳木斯初级中学读书。当时，中共佳木斯党组织核心就在这所学校里。学习期间，马克正在革命思想的熏陶下，如饥似渴地学习，迅速地成长起来。他在《自强不息为新青年必具之精神》一文中这样写道："新青年，国家之中坚分子"，"吾等所负重大之使命，岂能因困难而退之乎！必具自强不

马克正

息之精神，百折不挠之坚志。彼虽难，难关叠起，吾不畏荆棘遍地，吾视若坦途"。1936年10月，马克正秘密地加入了中国共产党，后任中共佳木斯地下市委梧桐河小组负责人。

1937年7月29日，马克正与陈芳钧成功地发动了梧桐河金矿

伪矿警起义。

1938年，抗日战争进入艰苦阶段。年初，马克正和陈芳钧根据佳木斯市委指示，在萝北县北部王家店对部队进行了教育整顿。提高了战士的觉悟，巩固了部队。在抗联主力西征后，二十九团依然坚持留守在鹤岗矿区、宝泉岭和带岭林区一带，坚持抗日斗争。

1938年12月，为挽救下江抗日斗争局势，下江特委书记高禹民将二十九团与六军四师留守团合编为抗联六军一团，全团103人。马克正任一团一连指导员。在部队面临给养断绝和军事压力的危急时刻，部分干部、战士思想出现波动，欲过界入苏。马克正积极配合高禹民做通战士们的思想，及时整顿，使队伍稳定下来，在极端困苦的情况下坚持与敌人周旋。

1939年4月中旬，中共北满省委派冯仲云以省委代表身份前往松花江下游地区。5月，冯仲云从通河启程，经长途跋涉于6月间到达下江，整顿留守在此的六军一团。

1939年9月初，马克正与高禹民、栾继洲（交通员）回国，在老白山汤东密营（今伊春市美溪区金沙河林场）找到冯仲云，传达上级要求冯仲云入苏的指示。9月18日，马克正与冯仲云一同返回苏联。同年秋，奉冯仲云的指令，六军一团前往南北河第三路军总指挥部。1940年2月他们才辗转到达，与北满主力部队会合。7月中旬，马克正受冯仲云的派遣，去苏联学习无线电技术。1940年3月22日，抗联第三路军政委冯仲云在参加完苏联伯力会议后，率领马克正、高禹民、夏振华、李敏、朴英善（女）等一行30多人，从苏联波亚尔科夫附近越境进入国内。经过21天雪地艰苦行军，于4月13日来到南北河支流木沟河一带，与第三路军总指挥张寿篯会面。随后让马克正任第三路军直属教导队指导员，负责军部教导队的党政工作兼任电台负责人；并受金策指派，与杜永新等在老金沟、绥棱双泉镇、白旗警察署管区、四海店、半截河工棚子、二道河子等许多地方建立抗日救国会。这一时期，马克正随第九支队一起活动，在通北、德都边界的南北河、土鲁木河、二更河、木沟河一带与敌周旋，伺机打击敌人。7月19日，第三路军总指挥部驻地德都县朝阳山遭到日伪军偷袭，马克正在三路军总指挥张寿篯的带领下，与教导队其他同志，与多于自己数倍的敌人展开了浴血奋战，击毙前来偷袭的沐河警察大队长董连科以下20余人，马克正得以顺利脱险。深秋，他通过李森关系在双泉警察署办理边境通行证，顺利前往北安，完成特殊任务。

1940年12月12日，电报生邹某逃跑，意欲投敌，马克正及时布置后方人员进行抓捕，将逃跑的邹电报生绳之以法，保护了后方指挥部的安全。

1941年6月，马克正在总指挥部从事机要和管理工作。7月，带领抗联战士赵文有从绥棱前六井出发去绥化、庆安一带发动群众，开展抗日活动。11月，在第九支队支队长边凤祥的带领下，马克正同金伯文等32名同志受党的委派去苏联，12月5日入苏参加野营训练。12月21日，周保中拟派遣马克正赴拜泉做地方工作。

1942年5月，马克正同乔树贵从苏联回国，在东兴三道河子见到金策和许亨植。10月，打完庆安县大罗镇以后，中共北满省委书记金策在安邦河上游密营召开龙南地区干部会议，决定派马克正小队到绥佳线神树、鸡岭、朗乡、带岭一带活动。小队一共5人，以马克正为首，成员有杜希刚、王宝发、尚连生（后叛变）、常春生（后叛变），主要活动在山里伐木工人和烧炭工人的木营，组织抗日救国会和进行革命宣传。

1943年6月，马克正与杜希刚去东兴、木兰一带执行任务，在返回途经绥棱上集厂时，被敌人发现，两人将伪警察击毙，迅速返回绥棱东山里，与于天放小分队会合。同月，马克正和杜希刚、王宝发等人化装袭击带岭鸦片配给所大烟馆（现址在带岭区育西派出所西胡同里，第二小学南），缴获一批鸦片烟，击毙一名伪雇员。随后转移至铁力神树村埋汰沟子，与九支队数名队员汇合。8月，马克正与孙国栋、周占鳌、杜希刚、赵文有、陈殿友、申宝财、靳国锋等10名抗联战士，在绥棱十一井子姜殿财家筹运粮食，被敌人发现，闯进姜家。马克正带领队员击伤2名伪警察，冲出重围，小分队安全转移到六井子东头娘娘庙道南的树林里。11月初，马克正带领杜希刚、张维纯、赵文有3人化装成伐木工人，从绥棱三道河子出发，去铁力东、老金沟南一个日本人办的森林采伐场发动工人，组织抗日救国会，与日伪山里"讨伐"队遭遇，打死日军8人，伪警察12人，张维纯壮烈牺牲。12月初，马克正带领陈富、于铁嘴子、苏芳3名战士在朗乡、小白一带为部队筹集给养时，被小把头王玉田报告给带岭警察署长浅田，浅田设下圈套，一面给抗联提供粮、肉、粉条，一面派潘久孚队长带领80余名"讨伐"队员，乘车到小白，分成4个小组，包围了刚刚接完货的马克正小队，双方发生了战斗。在战斗中，抗联战士苏芳英勇牺牲。马克正与其余2人借天黑脱险。敌"讨伐"队员高贵民被击毙。不久，马克正带领姜德、陈殿有、姜殿财、王德新、老史头等11人进入苏联野营集训。12月17日，受到东北抗联教导旅旅长周保中的接见，在东北抗联野营教导旅任机要秘书，接受政治、军事多方面的严格训练。

1945年"八一五"东北光复后，马克正和李宗义、李青山等同志随苏联红军一起回国。9月，马克正任珠河县苏军司令部副司令兼哈东保安队司令。11月，建立哈东一分区，马克正任副司令后改任参谋长。马克正在珠河、一面坡期间，充分发动和依靠进步群众，组织了"苏联之友"社。积极收缴日伪军遗留下来的枪支弹药，解除反动武装，组织地方人民武装——哈东人民保安大队，维持社会治安，击溃国民党先遣军、土匪刘昨非、韩晓胡等匪部对珠河县城的进犯，配合滨江省政府派到珠河来的干部陈士清、贾嵩明等接受敌伪政权，建立和巩固民主政府，协助苏联红军保护铁路安全，保证苏联军用物资运输畅通，广泛动员人民参军参战，支援解放战争。

1946年，马克正去军政大学学习。结业后，到东北民主联军独立第七师一团任副团长。1948年，独立第七师改为中国人民解放军第三十九军一五二师，马克正改任四五四团副团长。

1949年1月8日，在平津战役解放天津战斗未打响前，马克正到部队战壕前沿观察阵地，研究部队进攻冲锋的道路，正在观察之时，敌人从距离200米处打来一发炮弹，马克正被炮弹击中，不幸牺牲，时年29岁。

第二节 中共悦来小学支部的建立与抗日活动

一、中共悦来小学支部的建立

1932年日本侵略者入侵桦川县后，解散了设在悦来镇的桦川县政府，在佳木斯镇成立了伪桦川县公署。悦来镇以行署建制，设立了伪警察署和特务机关，并有伪军于深澄部的两个团驻防，实行日本法西斯统治。

悦来镇位于松花江下游南岸，有水陆码头，交通便利，历来是兵家必争的战略要地。中共佳木斯镇地下党十分重视悦来镇的地理位置，决定在悦来镇建立中共地下组织，开展党的活动，与日伪统治者争夺抗日战略要地。

1934年，桦川中学师范班学生、中共党员马成林到悦来镇南门里国民初级小学工作。1935年，桦川中学女师班学生共产党员冷云、高明世、范淑杰毕业后分配到悦来镇民安小学、北门里国民初级小学教学。冷云、高明世、范淑杰是桦川中学女师班的同学，三人志向相同，关系密切，在学校敢说敢为，被同学称为"三杰"。她们毕业后一齐来到悦来镇教学，和马成林一起以教师身份为掩护，秘密开展党的工作，发展党员，筹建党组织，积极地进行抗日救国活动。不久后，马成林、冷云等发展悦来镇民安小学教员宋淑贤（女）加入了中国共产党。此时，悦来镇小学已有马成林、冷云、高明世、范淑杰、宋淑贤5名共产党员，建立中共悦来镇小学党组织的条件已经具备。1935年初，中共悦来镇小学党支部正式成立，马成林任支部书记，成员有冷云、高明世、范淑杰、宋淑贤。

二、中共悦来小学支部的抗日活动

中共悦来小学支部成立后，在马成林的领导下宣传党的抗日主张，搜集日伪情报，策反伪警察。动员群众参军参战，发动群众支援抗联，在日伪统治森严的悦来镇积极而活跃地开展党的活动。

小学生怒打日本兵。冷云等共产党员教师在课堂上对小学生们潜移默化进行爱国主义教育，使小学生增长了对日伪政权的愤慨和与日本侵略者斗争勇气。1936年夏，悦来镇北门里初级小学十几名小学生绕到伪警察署侧面围墙用砖头袭击了正在列队训练的日伪军，打伤许多日伪军，表现出小学生对日本侵略者愤恨的心情和不畏强敌的斗争精神。

深入宣传党的抗日统战政策，积极进行策反伪军警工作。1937年，中共悦来小学支部积极而深入地宣传党的抗日统一战线政策，争取地主、富农加入抗日阵营、策反伪警察和伪军。共产党员冷云的丈夫孙汉奇是伪警察署的警尉。冷云获得佳木斯地下党策反孙汉奇的指示，对孙汉奇晓之以民族大义，动之以夫妻之情进行耐心的劝导工作。但孙汉奇毫不理会，仍死心塌地为日伪政权效命。冷云策反孙汉奇的同时，暴露了身份。1937年秋，经冷云申请，组织批准，冷云同她发展的进步爱国青年吉乃臣以"逃婚"为名，秘密地走上抗日战场。在这期间，中共悦来小学党支部先后发展了一批党员，并动员20多名爱国进步青年参加抗日联军。

中共悦来小学支部策反孙汉奇没有成功，但也因与孙汉奇联系而认识了一些伪警察署的警察，并成功争取了伪警察张某、王某弃暗投明，参加了东北抗联第六师。同时，他们还加强对伪军的教育争取工作，有30多名伪军参加了抗联，20多名伪军放下武器、逃离军营。还有十几名伪军成为他们传递情报的内线，动摇涣散了悦来镇的伪军。在收集日伪当局情报上，他们还做通伪行署机关的职员，许多职员将日伪当局施行"归屯并户""出荷粮"的情况及时收集报送给悦来小学党组织。

宣传发动群众参加抗日斗争。中共悦来小学支部深入群众中，以闲话聊天的方式宣传抗日，动员群众为抗联捐资捐物，并在悦来、苏苏、汶澄等沿江村屯建立联系点，将收集上来粮食、衣物等输送江北的抗联三军、六军。沿江渔民在马成林等共产党员的联系组织下，以渔船、渔亮了、网房子连成一条水上运输线，收留并掩护抗联干部和伤病员，转运粮食、服装等物资。1937年秋，抗联某部肖祥等十几名战士与部队失去了联系，饥寒交迫之际，他们找到一个网房子，一位姓王的渔民救济他们并送给了粮食，解了这些抗联战士的危难之急。

三、冷云和"八女投江"

1936年3月，日本关东军为了巩固其在东北的统治，制定并发布了《治安肃正三年计划》，对抗日军民实行"篦梳式"的"大扫荡"，大肆毁林清乡，归大屯，设保甲，搞连坐，制造"无人区"，从此东北的抗日斗争进入了最艰苦的阶段，东北的老百姓堕入了更苦难的深渊。

冷云

1938年初，日本关东军司令部成立了一支以大汉奸于琛澂为总司令、北部大佐为顾问的"讨伐军"，对松花江下游地区进行大规模"讨伐"，企图用强大的兵力，将东北抗联逼到北方国境线一带，将活动在松花江下游地区的抗联部队"聚而歼之"。刚刚成立的第二路军面临着这次大规模"讨伐"的严峻考验。为此，中共吉东省委决定活动在富锦、宝清的第二路军的第四军和第五军一部，向黑龙江省西南方向的五常和与吉林省接壤的舒兰地区进行远征，开辟新的游击区。此次军事行动史称西征。

1938年春，抗联西征军开始行动，西征军中有许多女同志，她们同男战士一起，跋山涉水，肩并肩地进行战斗。妇女团指导员冷云，丈夫刚刚牺牲，远征前又忍痛将刚两个月的小女儿，由军部副官谢清林抱着送给了依兰县土城子的一位朝鲜族农民抚养，刚强的冷云坚定地走上了西征路。

1938年5月间，抗联西征军刚一集结就遭到敌人的打击，出发后又受到围追堵截，他们一路苦战，不久便处于"内无给养，外有追兵"的困难境地。部队且走且打，直到6月下旬才到达远征集结地牡丹江下游的刁翎地区。

1938年盛夏季节，部队来到了珠河（今尚志市）楼山镇，在这里妇女团参加了攻打楼山镇的战斗。

楼山镇是日伪的重要木材采伐集散地，有轻便铁路与中东路上的亚布力车站相连接，镇内驻有一个伪军守备中队、一个由白俄罗斯人组成的铁道守备中队和数十名伪警察，镇外围设有防御工事。7月8日当晚，西征部队各主要领导干部连夜开会研究攻打楼山镇方案，决定将部队分成奋勇队、没收队、收容队三部，各负其责。7月12日拂晓，奋勇队出其不意攻下楼山，没收队、收容队相继跟进，全部占领楼山镇。此役共俘敌军中队长以下六七人，缴获机枪两挺、步枪近百支，弹药四万发以上，粮食和其他物资一大批。

楼山镇战斗的胜利使我军得到了给养和弹药补充，但也令日军万分惊恐。他们从哈尔滨等地调集重兵对西征的部队进行"围剿"，企图对西征军形成包围，将抗日联军消灭在西征途中。

为了摆脱穷追不舍的敌人，粉碎其阴谋，西征军决定分路行动。护送西征的第五军军长柴世荣率教导团及部分队伍返回刁翎地区活动，第四军、第五军则分兵两路继续西进。两军妇女合并起来，原属第四军的女同志并入冷云所在的第五军妇女团，随第五军第一师行动。

8月，抗联西征部队抵达苇河、五常县境内，在活动时被日军发现，遭到敌人重兵围追堵截。空中有敌机侦察、扫射、轰炸，地面有3 000多日伪军围攻，几乎每天都有大大小小的战斗发生，战斗空前的激烈，我军损失很大。

抗联第五军第一师拼到最后只剩下100余人，随时有被全歼的可能。这支队伍决定返回牡丹江下游刁翎地区寻找军部，进行休整。

返回的路上，为避开敌人的追踪部队穿行在莽莽苍苍的原始森林。战士们过着野人一样的生活，衣服和鞋子早已破烂不堪，27天里野菜、野果、树皮和河沟里的鱼虾、蛤蟆是他们充饥的食粮。

这时原有30余人的妇女团，经过多次激烈的战斗，大部分都牺牲了。妇女团只剩下指导员冷云、班长杨贵珍、胡秀芝，原第四军被服厂厂长安顺福（朝鲜族）、战士郭桂琴、黄桂清、李凤善（朝鲜族）和王惠民8名女同志。她们中年龄最大的是指导员冷云23岁，最小的战士王惠民才13岁。

西征军在海林截获了敌人水营的三只木船，渡过了牡丹江，然后又顺山道向北走到了山东屯。

在山东屯（今林口县莲花镇东兴村，即烈士杨贵珍家乡东柳树河子），部队受到了群众的热情欢迎，百姓们杀了一口猪招待这些抗日将士，这天正是农历八月十五中秋节（10月8日）。节后部队经东柳树河子北沟，继续往东北方向走，攀过了寒葱岭等几座大岭，从小锅盔山绕过，最后到了三家子村。

1938年10月19日（农历八月二十六），队伍夜里来到乌斯浑河边。那天晚上的月亮好似一条线，满天的星斗在寒风中闪烁。饥困疲乏的战士们露宿在刁翎县（今林口县）三家子屯附近乌斯浑河西岸柞木岗山下的河滩上。乌斯浑河是牡丹江的支流，距牡丹江入口处只有七八里路，一师宿营的柞木岗子山，位于乌斯浑河西岸，东岸是大小关门嘴子山，这里是渡河的道口，平时水浅，车马人等都能涉过。部队准备从这里渡过乌斯浑河，向北经马蹄沟、碾子沟，到依兰县土城子一带的喀上喀山区，寻找抗联第二路军总部和第五军联络部。

深秋季节，树树秋声，山山寒色，有些水坑已结成薄冰。夜晚的寒风刺骨，战士们腹中无食，衣不遮体，周身的血液仿佛要凝固了一样。战士们的手脚麻木了，紧接着心也随之麻木了，牙床不由自主"嘚嘚"地发抖。为了取暖，战士们在乌斯浑河畔的柞木岗柳条丛中点燃了一堆堆的篝火。跳动的火焰烤暖了一张张饥肠辘辘的脸，由于长期饥饿和行军战斗，战士们极度衰弱、疲乏，一躺下很快就进入了梦乡。

夜已深，风更凉，树枝在火堆里噼啪作响。然而，这里的火光让一个叫葛海禄的汉奸日伪特务发现了。日伪特务葛海禄是土匪出身，曾参加过抗联，在抗联第九军当副官。后来，逃离抗联队伍当了日伪特务。这天他寻欢作乐返回时，看见西南柞木岗子山下的火光。凭着他做特务的嗅觉和多年的山林生活经验，他立刻意识到了什么，心中窃喜升官发财的机会来了。他悄悄转身去了样子沟日本守备队，向日军报告了这一消息，出卖了东北抗联第五军第一师的指战员。

日本守备队的桥本得到消息后立即向刁翎日本守备司令官、大佐熊谷汇报，熊谷接到电话后欣喜若狂，亲率30多名骑兵，并命令桥本和关景（驻后岗）两个队长各率本部人马即刻出动。同时又调遣了警察指导官岛田、教官佐佐木带领刁翎街伪警察大队、黑背金矿矿警、东岗子山林伪警察队及伪军赫奎武团共计千余人的"讨伐队"，趁着夜幕驰奔柞木岗。但熊谷不明底细，根据葛海禄报告的火堆数量，他推断抗联战士人数不少，所以未敢轻举妄动，便在抗联周围潜伏下来，想待天亮后开始攻击。第二天东方泛白，乌斯浑河升腾的白雾漫过山冈，队伍准备出发了，师长关书范命令会泗水的师部参谋金世峰带领八名女战士先行渡河。当他们走到河边时，发现由于河水暴涨，原来的渡河道口已经被淹没。这一年的秋汛很猛，河水很宽，也很深。百十来米宽的河面，湍急的河水泛着浑浊的浪花滚滚流去。

金世峰参谋只得先下河探水，向对岸游去。他让冷云等跟在后边，可还没等冷云她们下河，岸上骤然响起了枪声。原来是夜里包围上来的敌人，开始向我军发起进攻。

由于事发突然，战士们只得仓促应战，抗联的部队此时处于不利位置，于是大部分战士边打边向西边的密林中撤退。

女兵们此时处在与部队分开的状态。东北的大小河流，两岸都是柳树丛，其间夹杂着膝盖高的茅草，细细的柔软的枝条倒垂下来，密密麻麻。战斗打响后，八个女兵就隐进这样的柳条丛里，敌人并没发现她们。

千余名敌人的火力死死地咬住撤退的战士们，想要突围困难重重。而河边的女兵们想过河也是不可能的，因为都不会游泳。但她们这时完全可以在柳条丛里隐蔽不动，待敌人追击战友远去后，在柳条丛里逆流而上，或顺流而下，择机进入山林，便可摆脱敌人的追捕。

令所有人没有想到的一幕发生了，柳条丛里突然射出了愤怒的子弹。原来，在此生死关头，冷云果断地选择了从背后袭击敌人，吸引日军火力，掩护大部队突围。因为女兵们明白，那边的部队有指挥作战的领导，那边是主力，有更多的战友。这突如其来的枪声令敌人一下子慌了神，以为中了埋伏，慌忙抽出一部分兵力向她们还击，大部队乘机突出了日军的包围圈。

此时，天逐渐亮了起来，远山近水变得清晰，敌人连连用迫击炮向河边射击，柳条丛被炸，八女们隐身的屏蔽物几乎被毁。狡猾的敌人趁着炮火掩护发起了冲锋。他们兵分三路，一批正面突击，另两队迂回侧翼，形成三面包剿之势。八名抗联女战士在冷云的指挥下，一边射击，一边向敌群中投掷手榴弹。猛烈的爆炸使敌人抱头鼠窜，这次进攻被打退了。

已突围的抗联第五军一师领导人发现冷云等八名女战士为掩护大队突围，仍据守在河边牵制敌人，处境异常险恶，于是率队折转回来，想杀开一条血路，把冷云等八名女战士接出去。但敌人用凶猛的炮火死死控制住山口，接应队伍伤亡很大。八名女战士目睹这一切，立即运用抗联传统的齐声喊话方式对着青山密林高喊："同志们，不要管我们！保住手中枪，抗日到底！"女战士们在冷云指挥下一连喊了三次话。战友们听到了她们的喊声，但还想再做一次努力。然而，敌人装备精良，人多势众，抗联队伍伤亡越来越多。指挥员只得忍痛下令，队伍向西山柞木岗的密林里撤去。

被抗联第五军一师甩掉的日军气急败坏地掉转枪口，向岸边扑来。已被阻隔在河边的八女看到在她们的掩护下，主力部队虽有伤亡，但大部分已顺利脱险，抗日的力量保存了下来，在感到欣慰的同时也许已经预感到她们把危险和死亡留给了自己。想办法去杀伤更多的敌人吧，为保证主力部队安全转移赢得更多一点的时间。

而此时，敌人蜂拥而上，他们妄图凭借优势兵力活捉女兵。冷云等识破了敌人的"羊群战术"，就以茂盛的柳条丛为屏障，等敌人挨近前沿阵地时，四颗手榴弹同时飞入敌群，敌人被炸得血肉横飞，惊恐万分。他们一时摸不清柳条丛里的底细，没敢再发动冲锋，只能趴在地上向柳条丛里一通乱打。

这是一场惨烈的恶战，八位女战士，人少力单，使用的又都是轻武器，弹药也很少，面对敌人的猛烈火力，只能且战且退。她们所在的地势很不利，三面是凶残的日军，后面是湍急的河水，隐身的柳条已被敌人的机枪子弹削平了，那些能够遮身的荒草，有几处也被炮火烧着，冒着浓烟四外蔓延。而女兵们每个人只剩二三十粒子弹，是不能和敌人对射拼消耗的。她们只能分散开，隐蔽好，这一枪，那一枪，枪枪瞄准，使敌人误以为她们有很多人。

敌人也更加疯狂，连连用迫击炮向河边轰击，柳条丛和荒草燃烧得更炽烈了。炮击停止后，敌人又发起了冲锋。女兵们一边向冲上来的敌人猛射，一边又投出几颗手榴弹。敌人退却了，暂时停止了进攻，战场上出现了短暂的沉寂。

打退敌人的这次冲锋后，冷云转头看看战友们，见黄桂清、郭桂琴负了伤，冷云撕下了自己的衣襟，和杨贵珍一起给伤员包扎。安顺福、胡秀芝、李凤善、王惠民正脱下自己的衣服扑打着烧向身边的大火，冷云让她们架起负伤的战友，借着荒草燃烧的浓烟，迅速地撤到河边的土坎下。

到了这里应该就是生与死的临界点，战友们听到了最后手榴弹的轰鸣，也许就在这几颗手榴弹撇出去以后，八女们已经站在了大河的边缘。

面对站在大河边上的女兵们，敌人也终于看明白了，与他们周旋抗衡的只是几个抗联女战士，现在这几名女战士已经走投无路了，她们只有投降，她们也只能投降，敌人不住地叫喊着："你们跑不了啦，赶快投降！捉活的！捉活的呀！"

随着喊声，敌人越来越近，刺刀在清晨的日光下闪着野蛮的寒光，呈扇形围拢而来的是日军骄横的、令人憎恶的狰狞面孔，狼一样的眼神里是淫邪的目光。面对着凶残的敌人，冷云和战友们互相搀扶着下到河里。突然远处飞来了几颗子弹，小战士王惠民身子一歪倒了下去，殷红的鲜血从胸口涌了出来。

冷云刚要去抱倒下的小惠民，一颗子弹打中了她的肩头，她一个趔趄，险些跌倒，胡秀芝连忙把她扶住。安顺福抱起小惠民，冷云用手捂着伤口，胡秀芝搀扶着冷云，杨贵珍和李凤善背起负伤的小黄和小郭，她们迎着初升的太阳，走向河心。

面对慷慨赴死的八名抗联女战士，敌人幻想用金钱和活命引诱她们，于是在河边喊道："回来！上河岸来！回来，金票大大的，生命的保障！"

水深浪急，波涛汹涌，走在冰冷河水里的八女互相搀扶着，唱着《国际歌》向前走着。

歌声回荡在乌斯浑河上空，令河边的敌兵瞠目结舌，日伪军们想不到把他们数百兵马拖在河边三四个小时，并击毙了他们十多个人的抗联女战士竟有如此的气节与胆魄，气得发昏的日军小队长桥本歇斯底里地狂叫："打！统统的死了死了的有！"呼啸的子弹从女战士的头上、身边飞过，她们忽而倒在水里，忽而又挣扎起来，一颗迫击炮弹，在女兵们的身旁落下，掀起了一股冲天巨浪。巨浪过后，水面上不见了八女的身影。

八女投江中的冷云，原名郑志民，1915年出生于黑龙江桦川县悦来镇，家境较好。上师范学校时，她立志为国为民而改名郑志民。秘密参加抗联时，为避免牵连家人及掩护故乡党组织，才从自己喜欢的唐诗中的句子取了这个化名。

1931年，冷云进入桦川县立女子师范学校后，在关内受过革命教育的董仙桥老师成为她追求新思想的启蒙人。1934年，她秘密参加了中国共产党，在中共佳木斯市委领导下从事秘密工作。1935年12月，这位当时名叫郑志民的师范生毕业，被分配到南门里小学（新中国成立后改名冷云小学）任教，家中便急着催促完婚。原来她上小学时，已由家中包办与同学、同镇的孙汉奇订了婚，此时这个未婚夫当上了伪满警察。冷云在难以摆脱周围压力的情况下，产生了逃婚上山的念头，地下党组织的负责人却考虑到她在当地还担负着重要工作，便希望完婚后再做策反工作。婚后，冷云在隐瞒政治身份的同时曾几度试探着劝丈夫走抗日道路，孙汉奇却听不进去，过了一年，组织上同意了她出走参加抗日联军。

冷云到抗联第五军中的一年多，生活在原始密林中，多数时间住的是地窝子。开始，她担任文化教员，每天傍晚指战员们在林间空地上集合起来，看着这位女教员用烧焦了的树枝在白色的桦树皮上写字，耐心地教大家学习。后来，组织上考虑到她在政治上已比较成熟且有组织领导能力，便将她派到妇女团担任指导员。此时冷云已怀孕，每天挺着大肚子艰难地随军在山林中奔走。

1938年夏天，日本关东军纠合伪蒙、伪满军对松花江下游展开"三江大讨伐"，东北抗联第四、第五军为摆脱困境并开辟新的活动区而西征，刚分娩两个月的冷云也率妇女团几十人随第五军第一师出发。西征部队遭围追堵截损失了绝大部分人员，被迫回返。10月下旬，部队行进到林口县刁翎附近的乌斯浑河畔，又遭日军熊谷部队包围。为掩护部队突围，冷云率女战士们战至弹药用尽，一同投江牺牲。

东北抗联第二路军总指挥周保中得知"八女投江"后，当即写下了"乌斯河畔牡丹江岸将来应有烈女标芳"。

新中国成立后，人民政府在烈士投江的黑龙江省林口县乌斯浑河岸边，建立了"八女投江"纪念碑。正面是抗联老战士陈雷题词："八女英魂，光照千秋"。碑文铭刻着东北抗日联军的八名女战士的英名和她们可歌可泣的光辉业绩。

为缅怀先烈，教育后人，牡丹江市委、市政府于1984年决定在牡丹江市江滨公园建立八女投江英烈群雕。1986年9月7日在牡丹江市举行"八女投江纪念碑"奠基典礼。时任全国政协副主席、全国妇联主席的康克清为工程奠基题词："八女英灵，永垂不朽"！1988年8月1日纪念碑正式落成，时任全国政协主席的邓颖超同志亲笔题写了"八女投江"四个大字。

2009年9月14日，八位女英烈被评为100位为新中国成立做出突出贡献的英雄模范之一。

桦川人民为了纪念革命英烈，将冷云出生地更名为冷云村，将其就读的小学更名为冷云小学。同时，建立了冷云烈士纪念馆。

第三节　中共河北省委领导下的西门外党支部

一、西门外党小组的建立

1933年6月，中共河北省委特派员苏梅、党员李向之等来松花江下游开展工作，发展党的组织和抗日武装。苏梅在佳木斯与同乡同学、时任桦川女子师范学校教师董仙桥建立了联系。10月，党组织接受了董仙桥、李恩举等人加入中国共产党的申请，正式批准吸收董仙桥、李晋三（李恩举）、李淑范（李义民、李一民）三人入党，组成西门外党小组，董仙桥担任组长。1934年3月后又吸收了教员李淑云、杨德金、张维范、张俊林，学生白云龙、张志喜等一批党员，改建为中共西门外党支部，董仙桥任支部书记兼宣传工作，李晋三负责组织工作。支部隶属于中共河北省委，由苏梅直接领导。1935年秋，据中共河北省委驻哈尔滨的联络人员指示，鉴于北满已有党的组织，河北省委不再与佳木斯党组织保持领导关系。至此，西门外党支部与河北省委关系中断。1936年10月，中共下江特委先后派党员宋绍景（老铁）、组织委员姜忠诚（小孔）与董仙桥联系并接收组织关系。经下江特委决定，将西门外支部改为佳木斯特别支部，受下江特委领导。由姜忠诚任支部书记，宋绍景负责组织工作，董仙桥负责宣传工作。特别支部共有党员13人。

二、西门外党小组创建人董仙桥

董仙桥别名董海云，吉林省榆树县郝家屯人；1933年加入中国共产党，曾任吉林省法院副院长、省民革副主任委员、省政协副秘书长、省政协常委。

董仙桥于1906年入私塾读书；1909年入本乡官办小学读书；1914年考入吉林省立第一师范学校，后因家庭生活贫困而辍学。由于他在学校品学兼优，被推荐至榆树县文华中学当教

董仙桥

员；1923年7月，考入吉林省法政专门学校；1924年秋，又转入北京中国大学法律系；1927年毕业，应聘吉林省第五中学任教；1930年任该校代理校长。在此期间，他因营救被当局逮捕的进步学生而被撤职，后到佳木斯桦川中学教书。

1933年6月，中共河北省委特派员苏梅和共产党员李向之来到佳木斯市，秘密建立党的地下组织，组织抗日义勇军。董仙桥和妻子李淑云经过两人介绍加入了中国共产党。1934年春，佳木

斯西门外党支部成立，董仙桥任党支部书记。1937年1月，佳木斯特别支部和桦川中学党支部合并，成立中共佳木斯市委员会，董仙桥任市委书记。他领导的市委经过努力工作，党员发展到60多人，先后成立6个支部。他在开展党的地下工作中，除发展地下党的组织外，还积极掩护和输送地下党加入抗日联军，为抗联部队输送力量。八女投江中的冷云烈士是董仙桥学生，在董仙桥的周密安排下参加了抗联。为了给抗联部队提供情报，他将地下党员派到敌人内部，及时掌握敌人的活动动向。根据中共北满临时省委的批示，他积极为抗联第三军、六军筹集军需物资。仅1937年，就筹集各种服装600多件，4台油印机和大量药品、宣传品等。1938年3月15日，日本宪兵队进行大搜捕，董仙桥不幸被捕。在关押期间，敌人用尽各种刑罚拷打，但他宁死不屈。在狱中，他还引用"粉身碎骨浑不怕，要留清白在人间"的诗句，表达自己宁死不屈的信念。1939年4月，哈尔滨伪满高等法院以颠覆伪满洲国的罪行判他有期徒刑20年，关押在哈尔滨市道里监狱。1942年6月，又转押到伪满洲国新京（今长春）。在狱中，董仙桥秘密建立了狱中党支部，发展党员，同敌人展开斗争。1945年8月，日本在投降前准备枪杀董仙桥等一大批"政治犯"，这时苏联红军突然轰炸伪满首都新京的监狱，董仙桥等一批共产党员和爱国志士才死里逃生。

1990年3月22日，董仙桥因病逝世，终年95岁。

李恩举，原名李晋三，1893年出生于吉林省榆树县大坡镇怀家村。父亲是位老实厚道的农民，当李恩举到了入学年龄时，父亲为了让儿子有出息，省吃俭用，把他送到本屯私塾读书。1912年，他考入榆树县高等学堂，取得优异成绩，但因家境贫困，不得不辍学。不久，经人介绍，他到舒兰县法特教学。他看到民不聊生、官吏横行、民族危亡的社会现实，深感不平，渴望寻求一条救国救民的出路。他听说妹夫董仙桥在北满佳木斯一带进行革命活动，决定前去找他。1930年，李恩举携全家到佳木斯西门外居住，董仙桥推荐他到西门小学当了教员。 1933年8月，中共河北省委特派员苏梅、李向之来北满，在松花江下游地区发展党员，建立党的地下组织，开展革命工作。李向之与董仙桥是同乡同学，苏梅他们就都住在了董仙桥家。这时，李恩举和妹妹李淑范与苏梅有了接触，常听他讲一些抗日救国的

李恩举

道理，很受教育，当苏梅等进行革命活动时，李恩举兄妹便主动地为他们站岗放哨、传递书报和信件等，做了许多工作。经过一个阶段的实际锻炼和考验，经苏梅、李向之介绍，李恩举加入了中国共产党。与李恩举同时入党的还有李淑范、董仙桥和李淑云（董仙桥的妻子），他们4人组成了一个党小组，董仙桥任党小组长，这是佳木斯市第一个党的地下组织。这时的李恩举，公开身份是佳木斯西门小学校长。不久，他担任了中共下江特委交通站负责人。他以学校为联络点，以教员身份为掩护，召集会议，宣传抗日，为满洲省委、下江特委和抗日联军第三军、第六军传递情报、转送物资、筹集资金，输送干部、战士，救护伤病员等，做了大量的抗日地下工作。

佳木斯西门外地处郊野，较为偏僻。李恩举家院子较大，院内种些蔬菜，墙外有大片树木。邻居都是种菜的，易于隐蔽和疏散。他就利用这个有利的居住条件开展革命活动。为了不让敌人发现目标，李恩举还在家里的天棚上做了一个抽屉式的梯子，一旦有情况，人可以立即登上梯子躲进天棚里。梯子抽上去后，正好堵住天棚上的窟窿，外人不易发现。他和妹妹李淑范用这种办法巧妙地掩护了不少过往的同志和伤员。

　　一次，苏梅在执行任务的归途中，迎面遇到了日本宪兵巡逻队。为了躲开敌人，他迅速滚进路旁的沟里隐蔽起来。沟深，雪大，荆棘多，他的脸和手全被刺破，整个身子也冻麻木了。敌人过去后，他好不容易才爬上来。当他一瘸一拐走到李恩举家大门前时，昏倒在地。李恩举和妹妹李淑范听到外面有响动，推门一看是苏梅，立刻把他抬进屋里，给他按摩、灌姜汤，终于使他恢复了神智。休息了几天，苏梅的精神虽然好了，但被冻得手和脚的有的部位已经化脓。李恩举四处想办法，还是不见消肿，溃烂面逐渐在扩大。怎么办？若是进城买药，医院大夫不见病人不给开处方，尤其是外伤用的消炎药，敌人怕被卖给抗联，定为禁品，控制得特别严，没有医生的证明休想弄到手。不能看着我们的同志受苦，李恩举和儿子李桂芳心急如焚，急中生智，忍痛故意用石头将自己的脚砸伤，然后李恩举借辆独轮车，三天两头推儿子进城治伤。这样，进出城门和看病就有了借口。经过20多天医治，苏梅的冻伤和李桂芳的脚伤同时治好了。

　　尽管李恩举家的住处比较隐蔽，由于来过的地下交通员很多，还是引起了敌人的注意。日本宪兵队和警察、特务，常常搞突然大搜捕。一天夜里，李恩举刚安顿好在他家天棚上养伤的下江地区党的负责人老潘，狗就突然狂叫起来，紧接着就是"哐哐哐"的砸门声，几只手电筒的光柱直射屋内。李恩举一看情况不好，赶快叫他的爱人回身躺下，用湿手巾蒙在头上装病，又让妹妹李淑范去东屋批改学生作业，随后从容地把门打开。敌人像恶狼一样闯进来。为首的小头目责怪李恩举开门慢了，"啪啪"打了他两个耳光。敌人用刺刀乱挑乱翻，见屋里没有异常，炕上躺着病人，就用枪对着李恩举的头吼叫："坏人藏哪里去了，快快交出来！"老潘就藏在这屋的天棚上，是不是被敌人发现了？李恩举捏了一把汗，暗暗告诫自己：不能紧张。他稳稳神，从容不迫地反问："交出什么人？""个子大大的，良民的不是，心的大大的坏了坏的人！"李恩举一听，心想老潘个子并不高，敌人这是瞎咋呼，无目标地乱搜，就说："没有坏人，可以随便搜。"于是又把敌人领到东屋。敌人一无所获，灰溜溜地走了。

1935年以后，在中国共产党的领导下，东北抗日游击战争有了很大发展，根据斗争形势的需要，佳木斯地下党组织派李恩举做抗联的物资供应工作。这时，他由西门小学转到距佳木斯20多千米的敖其小学，公开身份是校长，党内任敖其党支部书记。敖其离汤原县较近，便于同抗日游击队接触。从此，他就以校长的身份出现，以学校使用为名，多次进城购买棉鞋、棉帽、被服，以及油印机、纸张、通信器材、医药等物资，及时转送给在汤原县一带活动的抗联第三军、第六军。来回进出佳木斯，敌人关卡多，守卫严，稍有疏忽就会被察觉。李恩举动员自己的外甥赶车，由地下党员董海山押车。董海山表面上是一名伪军，与西门派出所所长陈瑞松是"至交"，共同把守关卡的伪警察和日本宪兵混得很熟，这样活动起来便畅行无阻了。

1937年冬天，地下交通员捎信来：抗联第六军第三师第十八团急需一批棉胶鞋、棉帽子、纸张和一台油印机。李恩举接到通知后，立即同董海山商量了办法，然后一起随车进城，以学校用为名购买。当时敌人控制最严的是药品，药店不敢卖，怕担"通匪"的罪名吃官司。董海山就以伪军的身份担保，证明是学校用。需要的东西买妥后，他们用大花被子包好，装在车上，上边放些水果、酒、鱼、肉等好吃的东西，趁天黑尚未戒严时出城。来到西门卡子，董海山主动上前递烟，说是给儿子操办喜事准备了点东西。伪警察和日本宪兵一看是老熟人，车上装的又都是吃的东西，便信以为真，顺手拿了许多，然后一摆手让车出了城。

就这样，他们随机应变，糊弄日军和汉奸三年多，一共给抗联送去被服、鞋帽六七百件，油印机5台，还有大量的纸张、药品和通信器材。

上级党组织拨给一些购买物品用款，但不够用，李恩举就将自己的薪俸搭上。爱人瘫痪，家里生活很困难，可他一心想的是满足抗联队伍的需要。一次，买东西差的钱太多，部队又急需，实在没办法，他就把家里仅有的一小块园田地卖掉了。他说：宁可我一家冻死、饿死，也要给抗联队伍提供更多的物资。

李恩举确信，中华民族有骨气，一旦觉醒，团结起来就会形成铁拳，把敌人砸得粉身碎骨。为了壮大抗日队伍，他抓住一切时机宣传党的抗日主张，做争取人的工作。他经常利用小学校教室秘密召集进步青年和爱国知识分子开会，宣传动员同胞们团结起来抗日。对条件成熟的人，就慎重地、秘密地发展为党员。经过长期锻炼和考验，李恩举的儿子李桂芳首先被批准加入中国共产党，陆续入党的还有进步青年张俊林和张维范。李恩举还通过同事关系，在桦川县的重点学校发展党员。敌伪档案中有这样的记载：李恩举曾"劝诱"桦川县大赉岗小学校长和在敖其小学附近居住的两名进步青年入党。李恩举的妹妹李淑范，原是佳木斯西门小学教员，1936年春季转到桦川县悦来镇北门两级学校当教员，不久，李恩举通过关系，将其小妹妹李淑玉和董仙桥的女儿董杰也调到悦来镇两级学校任教。李恩举指示她们注意掩护自己，团结争取进步师生，打击敌人。

1938年，日本侵略军为配合关内的侵略战争，加紧了对东北抗日力量的镇压，发动了"三一五"大搜捕。当时，敌人以佳木斯为中心，在伪三江省各地搜捕和屠杀了大批共产党员和人民群众。由于敖其小学工友小方告密，敖其的党的地下联络站遭到破坏，李恩举被汤原日本宪兵队逮捕。

　　李恩举是"三一五事件"中首批被捕者之一，1938年5月在哈尔滨监狱被判处10年徒刑。在狱中，他在坚持与敌人斗争时遭受迫害与虐待。1939年4月15日被敌人折磨致死于狱中。

第三章 抗日战争时期，桦川县的中共党组织

第一节 下江特委在桦川县的活动

　　1935年初，中共满洲省委负责人被调离以后，省委组织实际上已经解体，北满地区的党组织失去了与上级领导的联系，按照满洲省委的临时通知精神，独立自主地开展着工作。1936年1月，满洲省委正式撤销，为解决北满地区党的统一领导问题，在抗联第三军党委的倡议下，于1936年9月18日在汤原县帽儿山召开了珠河、汤原中心县委的抗联第三军、第六军党委联席会议。会上通过了《关于组织问题的决议》，决定成立中共北满临时省委，领导北满地区党的组织。会议选举产生了15人的中共北满临时省委执委会和7名常委。赵尚志为执委会主席，冯仲云为中共北满临时省委书记。在省委第一次常委会上决定成立哈东、下江、上江3个特委，并决定把汤原中心县委改组为下江特委，隶属于中共北满临时省委领导。

　　根据这次会议的决议，1936年9月，为了适应对敌斗争形势的需要，在松花江下游，一个领导三江人民抗日斗争的地下党领导机关——中共下江特委诞生了。

　　下江特委成立后，陆续成立了1个市委、5个县委，即佳木

100

斯市委和汤原、桦川、依兰、富锦、绥滨县委，共有党员400余名。特委设在桦川县的达木库（现佳木斯市郊区大来镇北城子附近）。

佳木斯市委和汤原、桦川、依兰、富锦、绥滨县委的组织人员互为流动，建立起了在共产党领导下的三江地区抗日组织。

1936年特委成立初期，领导机构为原汤原中心县委的原有班子。特委书记为原汤原中心县委书记白江绪（大老潘），原汤原中心县委秘书小孔（姜忠诚）任组织委员，刘志敏任妇女委员。1937年3月，北满临时省委巡视员小王到特委代理宣传委员。同年4月为开辟富锦、绥滨一带党的工作，小孔（姜忠诚）奉命到富锦组建下江特委分局，分局设在富锦安邦河夹信子村宽厚甲屯，小孔担任分局书记。

1937年8月上旬，下江特委在达木库召开了有依兰、桦川县委书记参加的联席会议，除议定了几项工作外，对特委组织做了变动：特委书记为白江绪，分局书记为小孔，组织委员为老郎（兼桦川县委书记），调依兰县委书记赵明久（小魏）担任宣传委员，妇女委员为刘志敏。省委决定调小王回省，但暂以省委巡视员身份继续指导特委工作，并担任特委党员训练班的教员。

1937年8月20日，北满临时省委在随军从桦川火龙沟向依兰境内转移过程中，召开了军政联席会议，主要决议为"'九一八'国耻纪念日实行联合大暴动问题"，白江绪参加了这次会议，会上还决定调白江绪到抗联第六军政治部工作。为贯彻军政联席会议精神，1937年9月上旬，下江特委执行会在达木库召开，北满临时省委特派员冯仲云、小王参加了会议。因省委军政联席会决定调白江绪去第六军工作，加之妇女委员刘志敏准备回海伦故乡开展工作，会议研究了特委改组问题，决定由小孔接任特委书记职务，小魏（赵明久）担任组织委员，老郎担任宣传委员，妇女委员由妇女干事小周接替。

会后不久，由于白江绪经不住抗日斗争艰苦环境的考验，思想动摇，在去六军的途中，携带公款与其妻小秦（王志敏，下江特委妇女干事）、小周（妇女委员）一起逃离革命队伍，回山东老家。这时小孔已去依兰县布置工作，因与第三军领导发生误会被扣留（后随第六军部队西征去龙北地区讷河县工作，未再回下江特委），所以特委书记暂时由组织委员赵明久代理。

1937年12月，北满临时省委派在省委做青年工作的黄成植担任下江特委书记，调依兰（城镇）县委书记高禹民担任特委宣传委员并负责指导佳木斯市委工作，赵明久为组织委员兼任桦川县委书记，老郎为交通委员。刘志敏（女）随丁世贤等去海伦建上江特委，因形势不利，未能开展工作而返回，继续担任妇女委员工作。不久，当黄成植在汤原县委书记高雨春家召开会议时，被敌人密探发现，遭到敌宪兵队的搜捕，虽奋力逃出脱险，但其腿部中弹受伤，被秘密送往佳木斯市委书记董仙桥家养伤。

1938年初，敌伪加紧了对抗日军民的镇压行动，酝酿着更加残酷的镇压手段，气氛非常紧张。为了避免暴露党的活动，更加隐蔽地坚持地下斗争，1938年2月，黄成植伤愈后即与高禹民一起转移至富锦领导特委工作。"三一五"事件前夕，下江地区的抗日斗争进入了严峻时期。敌人大力推行所谓的"三年治安肃正计划"，军事上调动重兵对抗联部队进行疯狂的"讨伐""扫荡"；政治上搞所谓"匪民分离"的"集团部落"政策，企图割断广大群众与抗联的军民关系。同时派出大批特务、密探，侦察、破坏地下党组织，阴谋扑灭中共地下党领导的人民群众抗日斗争的烈火。1938年3月15日，日本宪兵队纠合伪警、特人员，发动了对地下党和抗日群众组织的有预谋、有计划的大搜捕行动，逮捕地下党员和抗日群众300余名，使下江特委及其所属市、县委基本上全部被破坏。下江特委组织委员赵明久、交通委员会老郎、妇女委员刘志敏等先后被捕。1938年5月，北满临时省委第七次常委会上撤销了黄成植的下江特委书记职务（指控他犯"左"倾关门主义错误）。1938年6月，北满临时省委第八次会议决定：活动在松花江下游的第三、六、九、十一军，除留下一部分在原地坚持活动外，其余由北满省委统一领导，分批向黑嫩平原远征，开辟游击新区。在富锦坚持斗争的高禹民同志于1938年6月受命与抗联第六军一师政治部主任徐光海（被任特委常委兼富锦县委书记）共同负责下江特委全面工作并领导抗联西征后留在下江坚持武装斗争的部队。

1938年11月，徐光海牺牲后，北满临时省委决定由高禹民任特委书记，继续领导下江地区党的活动。之后高禹民率领部队几经转战与西征部队会师，从此离开了下江。至此，下江特委组织自然撤销。

高禹民，原名高升山，1916年出生在山东省高密县一个贫农的家庭里。1924年，因生活所迫，高禹民随父母和姐姐一起，远离家乡来到黑龙江省依兰县土龙山落户，后又搬到勃利县，在县城里开了一处小煎饼铺维持全家生活。不久，父母因病相继去世，遗下姐弟二人相依为命。后姐姐出嫁，高禹民被父亲生前好友认为义子收养。

高禹民

1934年冬，高禹民考入了依兰县立中学。第二年春插班入二年级学习。在这所中学里，高禹民接触了许多进步教师和革命青年，从此，他对生活充满了希望，决心把自己的青春和生命献给被压迫的劳苦大众。1935年秋，经姚新一同志介绍，高禹民同志光荣地加入了中国共产党。不久，他担任了依兰中学党支部书记。

1936年底，高禹民同志接任中共依兰县委书记，领导依兰党组织继续坚持地下活动。不久，高禹民同志被调到中共北满省委做宣传工作。

1937年冬，敌人进行秋季"大讨伐"，因叛徒的出卖，地下党组织被敌人查出。1938年3月15日，敌人在汤原、依兰、桦川、富锦、绥滨和佳木斯等地进行了大搜捕，有359人在这次搜捕中被逮捕，下江地区的地下党组织和群众抗日救国会等组织大部分遭到破坏。中共北满省委派高禹民同志到下江担任特委书记，面对敌人的"白色恐怖"，高禹民更加坚定了抗日救国、打击敌人的决心。他到下江后，很快就恢复了部分遭敌破坏的党组织和抗日救国会组织。

1938年6月，北满省委决定让高禹民同志留守下江坚持斗争，负责领导下江地区的全部工作。他数次率领战士深夜打开敌人的仓库，背回很多大米和面粉，给部队解决给养问题。

1940年1月28日，高禹民在北满省委第十次常委会议上被选为省委的执行委员。同年2月，东北抗日联军第三路军重新整顿，编成3、6、9、12共四个支队，高禹民同志被调到改编后的第9支队担任政治委员。同年9月25日，他率第9支队参加了攻克克山县城的战斗。此后，高禹民同志从第九支队调到第三支队任政治委员。同年10月3日，高禹民指挥部队缴获了霍龙门镇百余名"讨伐队"的全部枪支弹药和马匹，捣毁了敌人仓库六七处，烧掉了许多军用物资和器材。

1940年11月9日，高禹民率第3支队尖兵班10余人经阿荣旗入鸡冠山，与数十倍于他们的敌人遭遇，高禹民等同志奋起反击，在激烈的战斗中，他献出了宝贵的生命，年仅24岁。

刘志敏，女，原名刘纯，曾用名刘淑琴，1909年11月8日生于黑龙江省海伦县富海区。1931年"九一八"事变后，她离开家乡参加抗日活动；1932年初回到海伦建立秘密交通站；1934年2月调到哈尔滨做交通工作；1935年被派到黑龙江省珠河（现尚志市）从事抗日救国会工作，7月加入中国共产党；1936年调下江特委任妇女部长；1937年曾被派返回海伦县；1938年6月11日在桦川黑通被捕入狱；1944年大赦出狱回到海伦；1947年8月任海伦县城区委书记、县妇联主任；1949年7月调黑龙江省妇委会工作；1953年4月以后任省妇联组织部长、副秘书长；1966年离休；1994年11月逝世。

刘志敏

第二节　中共佳木斯市委成立

在中共下江特委、北满临时省委的领导下，三江地区积极建立和发展党的地方组织，发展壮大抗日武装，佳木斯市区的地下党由一个小组发展为市委。郊区大来、黑通、西格木等乡村纷纷建立了抗日救国会，成为十分活跃的抗日游击区。

1936年9月前，佳木斯存在两个系统的党组织，一个是隶属于中共河北省委的西门外党支部，支部书记董仙桥；另一个隶属于吉东特委的桦川中学党支部，负责人张耕野，当时两个党组织间没有横向的联系。

同年10月，通过宋绍景（老铁）的关系，下江特委得知西门外党支部已经和中共河北省委因失去联系而中断了关系，于是派下江特委组织委员小孔与宋绍景一起会见了董仙桥，要求他们参加隶属于北满临时省委下江特委领导下的党组织进行工作。西门外党支部接受了这一意见，与下江特委接上关系后，西门外党支部改组为佳木斯特别支部，由小孔兼任书记，宋绍景为组织委员，董仙桥为宣传委员。

当时，佳木斯是伪三江省公署所在地，是日伪在三江地区的政治、经济、军事中心和实行法西斯统治、镇压抗日军民的重要军事基地。为统一佳木斯地下党组织，以加强对敌斗争力量，适应形势发展的需要，1937年1月，下江特委把佳木斯特支和桦川中学党支部合并，成立了中共佳木斯市委，市委书记为董仙桥，组织工作负责人为张耕野，宣传工作负责人先后由周绍文、姜士元担任，妇女工作负责人为张宗兰，士兵工作负责人为陈方钧。市委下辖区西门外、桦川中学两个区委，有党员30余名。

1937年冬，北满临时省委宣传部长冯仲云来佳木斯市委巡视工作，根据形势的变化，认为董仙桥、张耕野目标太大，应当隐蔽，提议另选市委负责人，让董、张二人以省委特派员的身份领导市委工作。当时张耕野提议由姜士元担任市委书记，冯仲云没有意见。之后，市委曾开会讨论市委改组问题，议定由姜士元等人组成新的市委领导班子。

1938年3月15日，日伪宪警在全市实行大搜捕，市委书记董仙桥及部分党员被捕，市委组织遭破坏。

第三节　中共桦川县委在达木库成立

一、中共桦川县委成立

1931年"九一八"事变后，中国共产党毅然担负起领导人民群众进行抗日斗争的重任。为建立抗日根据地，加强对群众抗日斗争的领导，扩大党组织，组织和发动群众全面开展抗日斗争，下江特委书记白江绪派尹洪元、刘忠民二人去大来岗组建中共桦川县委。

　　白江绪对二人下达的任务很明确，就是要对大来岗现有的党组织和干部情况进行调查和考核，尽快提出县委和区委人选方案，选择县委机关办公地点，争取在一个月时间内把县委建立起来。

　　尹洪元和刘忠民到大来岗后首先秘密到各屯了解党支部组织情况和群众开展抗日救国的活动情况。按照规定的时间和地点，尹洪元和刘忠民在大来岗万家油坊接头，在一个地下党交通员家里，刘忠民和尹洪元交流了各自了解的情况并就所得情况做了分析，初步研究确定了各区委书记和将达木库作为县委机关和区委机关地点的意见，及时向特委做了汇报。

　　1936年11月，为扩大党组织，加强党对抗日斗争的领导力量，下江特委决定在桦区区委的基础上成立中共桦川地下县委，由尹洪元任县委书记。

　　中共桦川县委搬到达木库后召开了第一次委员扩大会议。会议上，关于当前敌我双方的形势问题，尹洪元说："日本帝国主义侵略东北已经六年，虽然占领了整个东北，但他的狼子野心并没有满足，现已开始向关内进军，妄图占领全中国。最近，他们把佳木斯变成伪三江省省会，不断地增加兵力，加强法西斯统治，所谓'大大的佳木斯，小小的哈尔滨'。把佳木斯建成侵略者大本营的目的，一方面是预防苏军从北部进兵，另一方面是三江地区抗联部队活跃，他要拼命"围剿"。在乡村，他们推行'治安肃正''归屯并户'、组织保甲等法西斯策略，把老百姓监视起来，防备群众给抗联部队送粮食、送衣服、送子弹。对抗联部队实行经济封锁，妄图扼杀抗联部队。从日本法西斯的嚣张气焰不难看出，抗日斗争是具有长期性、艰巨性的民族解放大业，需要全国人民同仇敌忾、众志成城才能取得这场斗争的胜利。"尹洪元的讲话使大家备受鼓舞。

二、中共桦川县委的抗日救国活动

中共桦川县委成立后，其工作机构设组织部、宣传部、青年部和妇女部。县委机关初期设在达木库，后移至卧龙屯和戈金。县委最多时辖5个区委、13个支部、100多名党员。后又陆续成立了游击连、抗日青年队、妇救会、儿童团、肃反队等组织。是年，东北抗联在桦川县大堆峰一带建立起来"红地盘"，红区的群众积极筹集原材料，支援抗联七星砬子兵工厂。他们筹集的物资有铅700多斤（1斤=500克），棉花、火药260多斤，还有其他重要物资，在抗联队伍的掩护下转送到山里兵工厂。

1937年10月，中共桦川县委所属游击连30多名战士，袭击了桦川县敖其伪警察所，打死了伪警察所长"赵大巴掌"，烧掉了警察所房屋，缴获了所内的全部枪支弹药和被服。

1937年2月，原县委书记尹洪元转到东北抗联工作，李忠义任中共桦川县委书记。同年4月，小方（亦称小苗）任桦川县委书记，原县委书记李忠义转入东北抗联部队工作。8月，中共下江特委组织部长老郎代理桦川县委书记，原县委书记小方转入东北抗联工作。

1938年"三一五事件"中，部分特委人员和桦川县委部分人员转移到火龙沟和格金河等地，在当地群众的掩护下，仍通过各种方式竭尽全力领导各市县抗日活动。

第四节　中共达木库支部

1934年秋，中共汤原中心县委在桦川县建立达木库党支部，刘善一任支部书记。1936年9月18日，中共汤原中心县委改称中共下江特委，特委机关仍设在汤原县的南江通。由于受松花江的阻隔，对外联系受局限，不便于指导"一市五县"的抗日斗争。为充分发挥特委机关的指挥作用，经北满临时省委同意，将特委机关迁至桦川县境内的达木库。

下江特委在达木库期间，桦川县委和达木库党支部组织群众全力保卫特委机关的安全。

1937年9月上旬，中共下江特委执委会在桦川县达木库召开会议，贯彻北满（临时）省委和抗联的军政联席会议精神，省委特派员冯仲云参加了会议，并宣布省委的决定：由小孔接任白江绪下江特委书记的职务。

刘善一，原名王恩久，曾用名王振龙、龙一门，人称"大老门"。1906年出生于汤原县西北沟南靠山屯，1932年秋加入中国共产党。先后任达木库支部书记、南岗区委书记、安邦河区委书记、汤原县委书记和富锦县委书记。

汤原县西北沟南靠山屯是王恩久的故乡，又是汤原县最早的抗日斗争地区之一、东北抗日联军第六军重要根据地。王恩久在这样的环

刘善一

境里成长进步得非常快，入党后更是全身心地投入到抗日救国的民族解放斗争中。

1933年春，中共汤原中心县委根据中共中央"一·二六"指示信的精神，决定联合各山林队和地主大排队攻打伪汤原县公署。县委派王恩久做伪村长刘贵的工作，他出色地完成了任务。

1933年秋，西北沟地下党组织遭到严重破坏，为了保存党的实力，中共汤原县委派王恩久到桦川县土龙山、大来岗一带发动群众，开辟党的新活动区，建立革命根据地。王恩久在桦川县世源泰粮栈，以打斗作为掩护，秘密进行工作，发动群众、发展党员、建立党组织，当地人称他为"刘斗倌"。经他发展的党员有刘延章、王尊祖、丁世贤、林果昌等人，后来都成为抗日的骨干力量。

1934年秋，中共达木库支部建立，王恩久任支部书记。1935年春，在达木库支部基础上建立了中共南岗区委员会，隶属于中共汤原中心县委领导，王恩久任区委书记。南岗区一带很快成为三江地区中国共产党的抗日根据地。

1936年秋，中共汤原中心县委改组为下江特委，同时成立汤原县委，王恩久任县委书记。1937年7月28日，他又任富锦县委书记。在富锦期间，他带领党员深入发动群众，组织人力、物力、财力，为抗日部队筹措军需物资，收集军事情报，支持抗日斗争。

1938年3月15日，在"三一五事件"中，王恩久被叛徒姜显廷出卖，在富锦的康家屯被日军逮捕，判处有期徒刑25年，被关押在伪满洲国新京（长春）监狱。在狱中他坚贞不屈，仍坚持与敌人做斗争，组织狱中人员消极怠工、破坏机器，发展进步青年加入党组织。

由于在狱中长期受到摧残、折磨，王恩久得了骨癌。就在他生命垂危的前一刻，监狱不得不让他保外就医，回到汤原县西北沟的南靠山屯。1945年12月，王恩久在西北沟南靠山屯逝世，年仅35岁，后被民政部追认为烈士。

第五节　中共桦川县委领导下的五区区委

桦川县委下设五个区委，分别是岗区、通区、景区、龙区和金区，五个区委从成立伊始，就带领全区的党员干部和爱国群众与日伪政权进行坚持不懈的斗争，有力地打击了日伪的嚣张气焰。

中共桦川县委领导下的五个区委，经常组织干部深入到各村屯，广泛深入地发动群众，组织抗日救国会，开展支援抗联的活动。

1937年末，日伪当局进行"归屯并户"，实行残酷的"抢光、烧光、杀光"的"三光"政策，形势非常紧张。在1938年"三一五"事件中，五个区委都受到破坏，与桦川县委失去了联系。

五个区委在艰苦的对敌斗争中涌现出大批的英雄人物，他们的事迹在桦川大地上广为流传。

岗区区委宣传委员王尊相，化名"大老金"，1897年1月15日生于黑龙江省哈尔滨市义发源屯；小时读过三年书，后回家种地。他于1926年全家搬到桦川县火龙沟；1933年任大来岗抗日救国会会长；1935年春任中共汤原县岗区区委宣传委员、组织委员；1936年11月任中共汤原县委桦区区委书记；1937年2月10日在汤原县万家油坊被伪警察王锡坤杀害。

王尊相

景区区委书记丁世贤，黑龙江省桦川县人；1932年6月加入中国共产党，后任西火龙沟抗日救国会会长；1933年任中共岗区组织部长；1934年2月任西湖景区区委书记；1936年8月任中共依兰县委书记，同年11月在海伦县山里成立上江特委时，被中共北满省委任命为上江特委组织部长，历时三个月筹建未果回到北满省委；1937年8月回到依兰，后又回到家乡民胜屯隐居到1945年"九三"抗日战争胜利。

龙区区委书记刘洪泰，1906年12月生于山东省莱阳县；先到吉林省长春市范家屯，后到黑龙江省桦川县西火龙沟；1932年加入中国共产党；1934年任龙区区委书记；1937年12月至1938年3月任中共黑龙江省依兰县委书记；1938年"三一五事件"中被捕，判处15年徒刑；1945年东北光复后从长春监狱出来，同年9月参加八路军156师468团，历任连长、营长、科长、处长等职；1964年12月病逝于江西省九江市。

金区区委书记赵凯臣，代号"老钱"，1901年生于黑龙江省桦川县安业区兴隆屯。他10岁开始读了七年私塾，1927年入桦川中学读书，受进步老师的影响，产生了救国救民的愿望，因家中经济窘迫，退学后学医，1931年学成医生。1931年"九一八"事变后，他积极支持弟弟参加抗日活动；1934年参加抗日救国会，并以行医为掩护，积极向群众宣传抗日救国的道理；1934年末经刘忠民介绍加入中国共产党，为游击队治病、收集情报。

赵凯臣

1935年10月，赵凯臣带领十几人突袭伪黑通警察所，缴获47支长、短枪和一些弹药、衣服。上级党组织对他们的胜利表示祝贺，但对他们擅自行动、暴露身份的做法进行了批评。为了他们的安全，上级决定将他们转移到金沙河区组织金区委员会。1937年金区委员会成立，赵凯臣任区委书记。1938年春伪军在梅花亮子赵凯臣家中搜出革命书刊和抗日宣传品，拷打后将赵凯臣和他的二女儿扔进倭肯河里杀害。

第四章　桦川县人民的抗日救亡斗争

第一节　张锡侯率部保卫佳木斯

一、"张唐对调"桦川备战

1931年，日本军国主义者悍然发动"九一八"事变，在中国共产党抗日救国主张的推动下，桦川人民纷纷举起义旗，共赴国难用血肉之躯，奋力抗击日本侵略者的武装入侵。

1931年"九一八"事变后，依兰镇守使李杜命令下江各县积极准备抗击日军入侵。桦川县县长唐纯礼准备不力，李杜令其与张锡侯对调。张锡侯接令后于1932年3月28日到桦川县接任县长，兼棱川金矿公司监理。当时，佳木斯虽然是

李杜

为抗日武装筹集经费，李杜在依兰县发行了金融救济券（抗币）

桦川县的一个集镇，由于地理条件优越，工商业发展很快，人口逐年猛增，中小学教育齐备，已成为三江地区的经济文化中心。作为东北边陲的重镇，必然是日本侵略者争夺的目标。因此，张锡侯重点在这里设防。

二、组建战时自卫团

张锡侯调到佳木斯后的第一件事就是组织训练自卫团。他认识到没有精兵良将难以阻止日本帝国主义的野蛮侵略。他亲力亲为，很快组建了战时自卫团，武国臣和弟弟武国梁踊跃参加，并成为骨干。为加强重点防务，张锡侯在自卫团中选拔了一批骨干，成立了佳木斯吉林自卫军独立一团。这支队伍共有128人，公推武国臣为团长、武国梁为营长，人称之为

张锡侯

"武团"。张锡侯对自卫团的人员进行精心挑选，改变了滥竽充数的状态。他对自卫团的训练极为关心，亲自到各中队向战士们讲形势、讲训练的意义，从思想上坚定官兵的信心。他熟稔军事技术，能准确地对士兵们的技术要领进行指导，并和士兵们一起进行军事学习。他的行动使士兵们深受鼓舞，在军民中树立了威望，桦川老百姓称他为"抗日县长"。军民表示在张县长的指挥下，誓死保卫佳木斯，与入侵之敌决一死战。

"武团"成立后，武国臣、武国梁积极组织战士们进行操练，从实战目的出发，摸、爬、滚、打，掌握各种本领。为练瞄准，武国臣派人将乡间出名的"炮手"请来，拜他们为师，让他们教枪法。由于教得认真，学得努力，战士们的枪法普遍得到了提高，许多战士成为百发百中的神枪手。

由于经费短缺，部队武器装备不良，为购买枪支弹药，武国

臣将自己的家资捐给部队。开始时他的父亲有些想不通，生气地说："抗日又不是咱一家人的事，佳木斯比咱富的有都是，人家怎么不拿，就你积极！"武国臣耐心地解释说："保家卫国，人人有责，这是咱家的心意，不能攀别人。"父亲说"咱辛辛苦苦挣的家产，白白拿出去，啥年月还能攒起来！"武国臣说："保住了大家才能有小家，如果国家沦陷了，咱即使有万贯家财也是敌人的，还提什么积攒家业。"父亲听儿子说的在理，连连点头称是。从此，他不但不阻挡儿子的行动，还主动帮助部队买枪、买子弹，表示要为抗日救国献上一点力量。在武家的带动下，佳木

晚年的武国梁

斯镇和悦来镇出现了抗日捐献热潮。在群众的支持下，战士们的军装和武器都焕然一新，俨然成为一支正规部队。

三、佳木斯镇陷落

1932年5月间，以李杜的吉林自卫军及丁超的中东铁路护路军组成的联合军同日军作战，不幸失利。5月15日，依兰失守。李杜、冯占海等直接退往密山县一带。他俩的家属乘船由依兰来到了佳木斯镇。丁超带着他的家属和卫队团从哈尔滨也撤到佳木斯。先后撤到佳木斯的还有沈阳兵工厂的修械所和抗日宣传队等单位。因而，佳木斯一时成了抗日风云人物的会合点。可是，这些过路人很快就走了。日军从哈尔滨进占依兰，又从依兰直扑佳木斯，顺江而下，异常猖狂。当时张锡侯主张在佳木斯就地抵抗。可是佳木斯的工商界势力很大，一些商绅、厂主们以市民安全为借口，坚决反对在佳木斯打仗。于是张锡侯提出，愿意同他

一起打日本侵略者的就跟他一起走。为减少城内损失，张锡侯派一部分兵力于佳木斯500米外御敌。

狡猾的敌人并没有从陆上进攻，日军用数架飞机在佳木斯上空狂轰滥炸，城内居民住房和商店损失严重。县长张锡侯一面做应敌准备，一面安抚人心，组织警察抢险。中共党员唐瑶圃和教员张耕野也带领部分中学学生参加抢险和运送弹药。5月16日晨，日军两艘舰艇从依兰顺江而下，直奔佳木斯。午时，舰艇上的日伪军在飞机、大炮配合下强攻佳木斯东西门。县长张锡侯亲率自卫团顽强抗敌，坚持了一昼夜，打退了敌人的多次进攻。但由于

守护在村头的民众抗日武装队员

自卫团的武器装备不良，在敌人的飞机扫射、大炮轰炸下无能为力。5月17日上午，日伪军开进佳木斯，佳木斯沦陷。为保存实力，减少城内损失，张锡侯决定把敌人引到城外聚歼。

四、太平川伏击战

为了打好佳木斯城外保卫战，张锡侯做了充分的准备工作。在兵力上，集中了警察大队和"武团"，共千余人。在工事上，在江沿修筑工事，设置江卡，设岗昼夜巡逻。同时派部分兵员去太平川据守，以做长期抗敌的准备。为加强武器装备和后勤给养，他动员全县各区、乡将民间收藏的枪支弹药搜集上来武装自卫团；按地分摊粮草以加强自卫团。他决定在距离佳木斯30千米的集贤镇同日军作战。

撤出佳木斯后，"武团"将队伍转移到太平川附近的山头，准备凭借有利地形消灭日伪军。1932年5月25日，三四百名日伪军向太平川进攻。侦察员报告此消息后，团长武国臣迅速将队伍埋伏在道路两旁的山坳里。当敌人进入包围圈后，一声令下，枪弹雨点似的射向敌群。敌人立即乱了营，东奔西窜地逃命。当弄清抗日义勇军的射击方向后，敌指挥官"哇哇"乱叫，强令敌兵顽抗。武团战士面对强敌，毫不畏惧，英勇杀敌，浴血奋战。敌军虽多，但却不知抗日自卫军虚实，且战且退，狼狈地从原路逃回佳木斯。此仗打死打伤敌军40多人，"武团"分队长苗长胜、由凤山等20多人壮烈牺牲。"武团"首战告捷，战士们深受鼓舞，但面对牺牲的战友，个个义愤填膺，决心狠狠地打击敌人，为战友报仇。

打退敌人后，武国臣、武国梁分析了敌情，认为敌人不会甘心，不能容许太平川基地的存在，必然会卷土重来。于是，他们一面选择地形，加修工事，一面与附近的抗日队伍于化南联合，加强了力量。果不出所料，经过一段较长时间的"喘息"后，敌人于1932年7月18日再次派重兵攻打太平川。由于敌人人数多，火力猛，这一仗打得更为激烈。面对敌人的大炮，战士们毫不畏惧，英勇杀敌。经过半天的激战，终于打退了敌人。这一仗共打死打伤敌人20多名，缴获重炮两门、重炮弹20发，"武团"分队长王国升等20多人阵亡。

"武团"两战太平川后，迫于当时的困难环境，60多名战士向桦川县南部转移到在驼腰子遇到先行转移此地的梁相国团，两军联合后，活动于驼腰子、土龙山一带，与日伪军进行了多次战斗。1932年8月6日，他们攻打了湖南营镇，给敌人以严厉打击。同年8月21日，他们与王勇队联合，攻打了土龙山，毙敌伪谷团长等十余人，抗日自卫军分队长孟兆有等17人牺牲。同年9月3日，进行三道岗战斗，双方均有伤亡。同年9月19日，进行二道河子战斗，敌人上百名，出动4架飞机，经一昼夜的激战，双方伤亡都很大。迫于形势，战后"武团"向鸡西、密山一带转移，一路上遭到敌人的追击。1932年10月14日，"武团"进行了梨树镇战斗。同年12月31日，进行了魁发东烧锅战斗。战后，"武团"转移至密山平阳镇黄泥河子一带，被日军包围，敌人动用12架飞机和20多辆坦克、装甲车，疯狂进剿。"武团"伤亡惨重，弹尽粮绝，失去了战斗力，退至虎林后于1933年1月转入苏联境内休整。

五、张锡侯转战三江的抗日活动

1932年6月间，张锡侯带领400多人的地方武装力量，从佳木斯来到集贤镇。一些家属也坐着大车来到了此地，住在南山坡的唐家大院里。日军从佳木斯派来了代表，并带来了名酒好烟等礼物和许以江防司令的官衔，对张锡侯进行劝降。当即被他严词拒绝，不久日军在一天夜间从佳木斯向集贤镇袭来，由于这些地方武装力量非常薄弱，经不住日本正规军的进攻，天还没亮，集贤镇就被日军占领了。家属们在苍茫夜色中，顺着山路，跟随张锡侯的这支初经战斗的抗日武装力量，向富锦县境转移。

次日清晨，张锡侯带领这支地方抗日武装，刚刚进入邻县境内时，突然遭到了富锦县自卫团的拦截，团长曹大麻子带着500多人迎面严阵以待地左右散开了。他的左边是荷枪的武装团队，右边是汝有才的红枪队，气势汹汹地叫张锡侯过去讲话。当时张锡侯异常镇定地带着两个卫兵前去同曹大麻子直洽谈判。人们都很愕然地站在那里，为张锡侯捏一把汗。可是经过谈话后，曹大麻子并没有动手，却

李杜委任张锡侯为后方
警备司令委任状

让张锡侯带领的全部人员来到了一个烧锅大院里住下了。此后整天，张锡侯都在前院同曹大麻子谈话。家属心怀恐惧，哪敢入睡，直到深夜，张锡侯才从前院回来，轻轻地向孩子们说："不要害怕，我们是为了打日本，问心无愧，经我坦率地向曹团长申明大义，并反复地讲明利害关系以后，曹团长终于摘下了他的手枪，撤去了荷枪卫兵，说了真话。原来富锦县的李县长为了讨好日军，亲笔给曹团长写来一封信。信中说，佳木斯的张县长带着全部财产从佳木斯逃到富锦县境内，命令曹团长拦击捕拿，解

张锡侯亲笔信札

往富锦县城，向日军献功，张家所有财产可归曹所有……曹团长把这封信拿出来给我们看了。"曹团长说："他有地产房屋，不能跟随去打日本了。但是，他决不替日本鬼子做伤天害理的事。"同时已经商定，曹大麻子叫张锡侯带领队伍，转道桃花沟，绕山路去宝清县（丁超的部队已在宝清县）。然后，曹大麻子给富锦的李县长回信说没有拦截到张县长。

1932年7月间，张锡侯的队伍经过漂筏甸子（即沼泽地带），异常艰难地转移到了远离松花江的宝清县。当时，丁超带着他的卫队团驻在宝清县城，而李杜仍在密山县。张锡侯转移到宝清县后，李杜、丁超立即以联合军的名义任命张锡侯为后方警备司令。可是，张锡侯非常了解丁超。原来丁超根本不想打日本，只是因为他在东北军中的名望，又由于李杜和冯占海坚持要

打，他才在哈尔滨表示了一下抗日姿态。其实，丁超的家产在哈尔滨全部未动，他的儿子又是留日生，也在哈尔滨未离开。因此，处在吉林军界老大哥地位的丁超，只是跟着抗日的李杜、马占山走一下过场而已。

张锡侯带到宝清县的抗日武装队伍人员数量有限，只剩下300多人。于是他以吉林自卫军后方警备司令的名义，立即扩充抗日武装力量。不久，富锦县自卫团的汝有才带着他的红枪队来到宝清县。汝有才是一位富有爱国心的山东义士。他的红枪队成员多半是打过八国联军的山东、河北义士。汝有才不甘心屈从降日，而在和张锡侯接触后立即决心弃暗投明，毅然带队来到宝清，参加了抗日。当时，张锡侯把这300多名手持红缨枪的抗日义士们编成了武术团，任命汝有才为团长。同时，宝清一带的教员、学生，以及大批来自山东、河北闯关东的青壮年们，包括石匠、炮手、伐木工人和农民等，踊跃地参加了抗日队伍。然而，武器装备非常简陋，除了就地征集和补充了一部分枪支外，还通过山东、河北老乡们的努力，自己动手制造了几门清末时代的大木炮和铁炮，武装了武术团。

1932年8月间，驻哈尔滨日军派来了代表常禄，动员丁超降日。丁超表示动摇，盛宴招待了常禄，当地军政领导人都参加了这次宴会。常禄是哈尔滨日军师团部的少校参谋，满族人，日本陆军士官学校毕业，和丁超的儿子是同学。当时，张锡侯发觉了丁超有降日的意图，于是邀请常禄在当晚来后方警备司令部吃便饭。常禄高兴地满口答应，按时前来，这天晚间八点多钟，天色已经黑了，常禄刚刚迈进了后方警备司令部的门楼，立即被几名抗日壮士绑起来，架出大门，扔在早已准备好的大车上面。这时，常禄撕破喉咙地叫喊："丁总司令救命啊！……"可是，大车已经迅速地赶出了宝清县城的北门外，他们把常禄处决了！

当天夜里，丁超就知道了此事。他急得破口大骂道："两军交战，不斩来使，为什么张锡侯这样不给面子……"次日晨，张锡侯到丁超那里坦率地告诉他说："我已经把劝降代表常禄处决了，让日本鬼子死了这条心吧！"当时，丁超感到公然投降日军的时机还不成熟，而群众要求打日本的情绪十分高涨，而且张锡侯已经聚集起四五千人，丁超身边却只有四百多人，他也不敢公然发难。于是，这件事也就不了了之。

可是，经过处决常禄后，张锡侯同丁超的裂痕越来越明显。于是张锡侯立即宣布进军松花江，攻打富锦县城。当时，参加抗日部队的群众情绪特别高涨，有些人扛着步枪，有些人扛着红缨枪，还有些人用马拉着土炮，浩浩荡荡地通过了异常艰险的漂筏甸子，扑向松花江，进攻富锦县城。然而，经过整日战斗，终因牺牲过大，入夜后在日军的反攻和追击下溃退了。同年9月，张锡侯带领一部分抗日武装，从山区转移到了乌苏里江沿岸的饶河县城团山子。当时，所余武装只有400多人。同年10月间，张锡侯队伍中的一部分家属，从宝清县也转移到了团山子。

1932年11月间，李杜在密山县梨树镇召开军事会议。张锡侯前往参加了会议，回到团山子后说："丁超从宝清县也去密山县参加了会议。李杜没有什么新的主张，丁超观望敷衍，会议没有结果而散。"李杜挽留张锡侯帮助他维持局面。然而，梨树镇内部各派势力之间的关系非常复杂，他已经无能为力，只好谢绝。张锡侯回到团山子后，有一位"张先生"带着两个青年与他密谈。"张先生"是在北满一带走访抗日武装力量，进行联络的人员。张锡侯对他十分尊敬。他走后不久，李杜即从虎林县城给张锡侯打来电话说："刘快腿倒戈了，他把我的马总指挥杀害了……我马上就要过界，请苏联支援我们武器，一定要打下去。"当时，丁超投降。

李杜的部下已经起了内讧，日军趁机占领了密山县梨树镇，并尾随李杜之后，追击下来。李杜给张锡侯打了电话以后，立即从虎林县城过界，撤入了苏联。日军占领虎林，直扑团山子，形势十分紧急。于是，张锡侯按照"张先生"介绍的北满抗日武装力量的分布情况，带领手下400多人通过杳无人烟的北大荒雪地，跨过冰封的松花江，转移到了黑龙江和松花江汇合点的三角地带。那里还有两股抗日武装力量：肇兴镇驻有马占山部刘斌领导的两个团，不到1 000人；缓滨县陈大凡县长有人民自卫军200多人。他们都是马占山的残留部属。

1932年冬，张锡侯来到了这块三角地带后，立即前往两地拜访，提议吉、黑两省的抗日力量会合起来，共同对敌。可是，当张锡侯到达肇兴镇的时候，刘斌已经过界到苏联去了。所留徐、王两团已决定撤出肇兴镇，另作其他打算。当时，只有胡家桦场子的陈大凡县长坚不撤退，决心抵抗到底。于是，张锡侯立即同陈大凡联合起来，坚守三角地带。

张锡侯带领战士们在山里休整，利用事先准备好的后方基地养精蓄锐。经过战斗的伤损，战士们已由700人减少到300人，部队内战士们的情绪有些波动。张锡侯一面做战士们的思想教育工作，一

1932年9月，丁超投降，与日军第十师团六十三联队长饭冢朝吉大佐合影

122

面派人到山外发动群众参军、支援粮草。不到半月，又发展到四五百人。人多势众，战士们的情绪高涨，一致要求打回去，收复佳木斯。此时，佳木斯城内已有日军重兵占领，日本铁蹄已踏进三江大地，凭张锡侯现有的部队收复佳木斯已不可能。1933年6月初，张锡侯带领部队袭击山外敌人。他把队伍分成几个小分队，采取游击战术，打得敌人束手无策、损失惨重。日伪当局对这支队伍很害怕，派重兵封锁，并进山搜查。敌人的毒辣手段切断了自卫团与山外群众的联系，粮草越来越缺少，难以坚持。为保存实力，继续战斗，张锡侯率队加入了饶河高玉山领导的国民救国军。不久，转入苏联境内休整。

第二节　马忠显大桥战斗

马忠显大桥战斗是桦川抗战史上最惨烈的一场战斗，其人数之众、牺牲之巨前所未有，悲壮的历史，惊天地泣鬼神。

马忠显大桥位于佳木斯镇东南20余里的桦川县境内，为民国初年区董马忠显捐款所建，以人名命名，称为马忠显大桥，人们习惯称之为马大桥。此桥横跨铃铛麦河南段，在秋水暴涨季节为佳南群众活动的必经之路。1932年11月间，红枪会、黄枪会、王勇、信志山部队联合在此桥两侧与日伪军进行了3次激烈战斗，消灭了大量的敌军，联军最后溃败。这场战役是从红、黄枪会与王勇、信志山队联合作战开始的。

1932年5月，佳木斯地区被日军占领，桦川县的红枪会、黄枪会、大刀会和王勇队、信志山队等自发联合起来，汇集会龙山下、马忠显大桥畔。在群众的支援下，重创日军，狠狠地打击了侵略者的嚣张气焰。由于武器简陋，军纪不严，无数壮士的鲜血染红了黑土地。但他们的爱国热情和团结战斗精神却震撼了三江大地。

红枪会属白莲教系，起源于河南省，是道教中的一个会门。河南是武术之乡，为防御土匪骚扰，各地都组织红枪会，以此为中心教习武术。桦川建县后，关内移民渐多，为保卫地方安宁，遂将红枪会传入此地。"九一八"事变前，有山东移民汝有才在桦川县梨树园子一带传教，称为"领进"。他以保卫地方安宁为宗旨，联络会友，组织红枪会。红枪会以吃符念咒"上法"为精神战术，队伍发展很快，遍及桦川县东部地区。"九一八"事变后，抗日将领李杜派人与汝有才联系，要求他组织红枪会抗日，汝有才同意。为加强组织力量，他自称大法师，以纪振刚、鲁祥、曹国恩等为法师，分头到悦来镇、苏家店、新城镇、乌龙村、三排、太平镇、柳树河子等地发展会友，队伍很快超千人。1932年5月中旬，日军占领佳木斯后迅速向双鸭山推进。汝有才得知消息后，决定率部打击日军。他带领六七百名佳木斯红松会会员，埋伏在路两旁的树丛里待敌。日军占领佳木斯后，认为乡间没有抵抗能力，路上毫无戒备。待日军进入包围圈后，红枪会会员突然冲出，喊杀连天，声震山谷。由于乡路狭窄，日军队伍拉得很长，被红枪会切成数段。在短兵相接中，日军长短武器均发挥不了作用，立即展开白刃战。红枪会凭借人多势众和长铁刀、红缨枪，使日军很快溃散，扔下了数十具死尸和无数长短枪，狼狈地逃回佳木斯。李杜将军听到胜利的喜讯后，立即派人慰问，对他们的抗日行动大加赞赏，并正式委任红枪会大法师汝有才为民众抗日军司令。此后，红枪会正式提出"抗日救国"的口号。许多爱国群众纷纷加入红枪会，队伍很快发展到近万人。红枪会在战斗中连连得胜，被日伪军传为"神"兵，威名传遍三江平原。

黄枪会是传教中的一个会门，于清朝末年由关内传入此地，修庙拜佛，发展信徒。"九一八"事变前，三排（现集贤县兴安村）地方以"白莲寺"为中心组织慈善会，到处派人劝善、讲道，发展信徒。不久，红枪会传道至三排，与慈善会互争信徒。由于红枪会提出了以保卫地方和保卫家庭生命财产安全为宗旨，因而农民很感兴趣，入会者颇多。慈善会主持人对红枪会到此发展信徒有些不满，遂于1932年3月成立了黄枪会，与红枪会争夺势力范围。黄枪会以"佛法"为精神支柱，以大刀、长矛为武器，推选能文能武的吴国文为大帅。为尽快发展会员和树立吴国文的声望，信徒们假托"佛祖"显灵，利用童子传"宝刀"和"天书"的方式迷惑群众。由于当时人们封建迷信思想浓厚，对此迷信活动深信不疑，各地前来参加黄枪会的人络绎不绝。从此，黄枪会大振。为加强组织机构，按宗教式的编队方式，吴国文在富锦、桦川两县编起六个领、两个支和一个坛。此时，各地黄枪会人数较多，已被编入机构的有3 000人左右，尚有一些人没有编入，总计5 000余众。

王勇队头领王勇原是桦川县保卫团总队长，因通匪等事被撤职法办，关押数年后被释放，游手好闲，无正当职业。"九一八"事变后，他见时局混乱，便想拉杆子组队。他先是从亲属处借到"自来德"枪1支，子弹90粒。1932年1月，他带人携枪将驼腰子保卫团二队60多名官兵组织到自己队伍中，翌日，带队袭击了孟家岗保卫第四分队。之后，突袭了桦川县横道河子保卫五队、县公安六分局和柞木岗警察分驻所，使王勇队势力逐增。桦川县长唐纯礼电请依兰县长唐宝森、富锦县长李仙桥派兵协助围剿。官兵与王勇队在柳树河子、双龙河，宝宝山等地相接，王勇队抵挡不住，窜到江北活动。"九一八"事变后，县长张锡侯到桦川县任职，他以团结抗日为大局，对王勇晓以民族大义，共同抗日救国，王勇表示同意。之后，王勇在江北活动，用兵包围了伪军二十九团，亲自与该团团长信志山谈判，劝说他反正抗日。信志山原为东北军一部，在与大部队失去联系后，被编入伪军，但他并不甘心为日本侵略者卖命，早有抗日之意，因而同意与王勇合兵一处，共同对敌。王勇队此时兵力已达4 000人，轻重武器俱全，转移到桦川县南部驻扎，伺机袭击日军。

黄枪会发展起来后，李杜动员红枪会与其联合，壮大抗日力量。红枪会大法师汝有才深明大义，主动和黄枪会吴国文联系，经谈判达成协议，双方联合起来抗日。后在桦川县长张锡侯的说服动员下，王勇队和信志山队都同意联合。联军公推黄枪会大帅吴国文为首领，统率全军。为壮军威，称吴国文为"都天大帅"，在三排村设置临时大帅府，府门高树"反帝抗日，保国安民"的大旗。黄枪会的声望越来越高，入会人数猛增，势力范围遍及富锦县的西部和桦川县的中部、南部、东部一带。对此，日军深感恐慌，早有出兵进剿之念。但摸不清黄枪会、红枪会虚实，不敢轻举妄动，只是暗自调兵增械，准备进剿。佳木斯日伪军要进剿义军的消息传到大帅府，吴国文急忙召集汝有才、王勇、信志山等人商议对策。大家一致认为：与其等着挨打，不如迎上去，乘其不备，打他个措手不及。

由于红、黄枪会是用封建迷信的宗教仪式发动团结群众的，因而行军作战处处离不开此精神战术。会后第二天，吴国文亲自到白莲寺上供烧香，拜求佛祖，由两个童子"扶鸾"，问何时攻打佳木斯可获全胜，鸾语是"辰见辰"。用天干地支推算，辰日的辰时，即农历十月二十早八九点钟。距"辰见辰"尚有一些时日，吴大帅命令主要兵力加紧训练，同时组织一部分人帮助老百姓秋收，尽快把庄稼抢回来。正在准备之时，桦川县四马架附近张仁屯的张义派人飞马来报，说日伪军近日接连派骑兵出来搜索，好像要发兵东进，攻打黄枪会，叫吴大帅早做准备。吴大帅立即召集头领会议，命令六领、两支、一坛立即做好准备，务必于黄道吉日农历十月二十发兵。

马忠显大桥遗址照片

桦川县四马架一带黄枪会首领张义原是佛教会的"领进"，他通过传道在四马架屯、张仁屯、会龙山屯、音达木屯、同乐屯、六合屯、山弯子屯、水胜屯、红星屯、巨宝屯、宝山屯、东升屯、道德屯、公原屯等地发展了100多名黄枪会会友。因他是传道的"领进"，人们公推他为头领，其势力仅次于吴大帅。

日军占领佳木斯后，佳木斯周围的农民纷纷组织武装队伍，除红枪会、黄枪会外，还有大刀会、白枪会、黄砂会等，兵力超万人。群众自发抗日组织的兴起，使佳木斯的日本侵略者惶惶不可终日，决定派伪军吴大可带领二团驻守中央屯、道德屯等地，以此为据点，镇压和"围剿"农民抗日武装。

一天，有佳木斯镇内的黄枪会会友来报，从伪军内部传出来的消息说，近日日伪军要下乡行动，目标是张义组织的黄枪会。张义派人探听好日伪军行动的准确日期和路线后，火速传书各屯，部署会友们做好准备。

即时，各屯的会友们都手持"宝枪"赶到指定地点集合。一时，半山上、树林子里、庄稼地中、谷码子后，抗日队伍布满山野，单等一声令下，全面出击。总指挥张义站在会龙山最高处，向西眺望，一队日伪军正向东进发，待到永和屯时，已能看清衣服样式颜色，分得清伪军在前、日军在后。张义决定先消灭日军，便放过了先头的伪军，等后边日军过了永胜屯，来到会龙山麓，张义高喊一声"杀"，霎时，树林里、田野间，会友们手持闪闪发光的黄缨枪，喊杀连天，冲向敌群。日伪军毫无准备，一时手足无措，不等开枪射击，会友们已冲到身边，这个刺、那个挑，几个人打一个，杀得日军横尸遍野，除几个骑马的日军头目逃跑外，其余全被消灭。伪军除小部分死伤外，大部分当了俘虏。此仗，日军尝到了黄枪会的厉害，逃回去的日军都说黄枪会是"铁孩子"，不怕死。此次战斗为马忠显大桥战役的第一仗，它狠狠地惩罚了日军，初步显示了群众抗日武装的威力，坚定了胜利的信心。

马忠显大桥的第二仗是由吴国文大帅指挥的。吴大帅欲攻打佳木斯，带兵行至太平镇，听说张义带领黄枪会在会龙山下旗开得胜，非常高兴。觉得黄枪会人才荟萃，需要把具有指挥才能的人选拔出来，做自己的助手。吴国文决定任命张义为二帅，给自己当助手。黄枪会、红枪会、王勇和信志山的部队，由东向西移动。桦川县南部的六合屯、四马架屯、山湾子屯、长胜屯、永和屯、公合屯、巨宝屯等，都住满了队伍。吴大帅带领诸头领住在永胜屯。正在联军屯兵会龙山麓，积极准备围攻佳木斯时，佳木

新中国成立后，在原址处新修的马忠显大桥

斯伪军却迫不及待地首先出击张义率领的黄枪会驻地，以报上次惨败之仇。

1932年农历十月十四，日军联队百余人，会同伪军吴大可部，配备野炮1门，山炮及迫击炮10门，出兵过马忠显大桥前来攻打张义的黄枪会。此时，日伪军并不知联军已会聚会龙山麓，属贸然孤军深入。得知日伪军出兵消息后，吴大帅和张义研究决定由他二人和前部先锋纪希恩，分路采取包围形式，分别埋伏在沿路各屯和庄稼地里，以鸣锣为号，一齐攻杀。日伪军倚仗武器精良，大摇大摆地走过马忠显大桥，直奔黄枪会驻地。此时，白枪会首领张禄带队由东四合南来，直抄日伪军后路，待日伪军远去后，将马忠显大桥桥板全部揭起，以切断日伪军的退路。

日伪军先用大炮对各屯乱轰一气，又以机枪无目标地向庄稼地里扫射。当他们走到会龙山麓的宽阔地时，信志山队的炮兵也闻讯赶来，用迫击炮进行还击。敌人见黄枪会只有小炮没有大炮，便用山炮向会龙山轰击。这时，吴国文带领的钢枪队也开了火，以密集的火力压倒敌人的气势。敌人在明处，联军在暗处，日伪军死伤很多，不敢贸然进攻，边打边退。只听锣声一响，四面八方喊声连天，黄、红、白三伙枪会等5 000余众，向日伪军杀来。日伪军见状，纷纷后退，退到马忠显大桥边，见桥板已被揭去，步兵在泥水中滚爬逃命，炮兵却难以行进，急得到就近村屯抓民间马匹帮着拉炮，但都陷到蛤蟆塘里。黄枪会大队人马已经追到马大桥边，将十余门大、小炮全部缴获。日伪军死伤200多人，狼狈地逃回佳木斯的不足100人。这就是名声显赫的"马忠显大桥战"的第二仗。此次战斗重创了日伪军，使日伪军龟缩在佳木斯，不敢出兵。日伪军中纷纷传说："黄枪会统统的'铁孩子'，大大的厉害呀！"

但在马忠显大桥战斗的第三仗中联军严重受挫，最后全军溃败。溃败主要是由联军本身的弱点导致的。第二仗敌人在溃败后，龟缩在佳木斯，不敢贸然出城，只派了一些伪军在双合屯驻守，以防联军进攻，等待援兵。如在此时，联军一鼓作气攻入佳木斯，缺少援兵的日伪军必定会失败。可吴国文十分迷信在白莲寺扶鸾的"辰见辰"，即农历十月二十，距此尚有五六天，认为"该报不报，时辰未到"。于是，他不仅未加紧练兵，反而让会友放假去帮助农民秋收。这期间，为匪多年、过惯了土匪生活却被迫参加抗日队伍的王勇，为到日伪机关里混个一官半职，趁机派人到佳木斯向日军军部告密，泄露黄枪会将在农历十月二十发兵之事。日军中佐得到王勇的密告，欣喜若狂。1932年11月17日（农历十月二十）拂晓之前，日军的马队炮兵，由一名少佐指挥，直奔西宝宝屯偷袭黄枪会驻地。日军马队进屯后，用机枪将各路口封住，只等黄枪会向外冲击便开始射击。

前部先锋纪希恩被惊醒之后，知被敌人偷袭，立即带领会友们手持黄缨枪向外冲杀，但门口已被日军机枪封住，冲出去的人多被射死，几乎死尸封门。开战之后，信志山本想用大炮和日军对抗，没想到刚发几炮，阵地就被日军重炮摧毁。大炮失效后，信志山亲自指挥士兵冲锋杀敌。激战中，信志山身先士卒，身负重伤，被人用马驮着送到苏家店附近的张宝山屯，住在张宝山家。但信志山因伤势过重，流血太多，又无药医治，唯恐连累百姓，且不愿被俘受辱，遂拔枪自击身亡。

住在公和屯的大帅吴国文及其会友听到日伪军袭击西宝宝屯的枪声后，立即急往救援。吴国文亲自率领500多人，一气跑到西宝宝屯。大队人马一进屯就和日伪军展开白刃战。吴国文手持大刀与日军搏斗，连杀日军十几个人，但就在与一个日兵拼大刀时，被旁边的日军用枪击中，不幸英勇捐躯。黄枪会二帅张义，先锋纪希恩、海全、罗胜云都在浴血奋战中牺牲。日伪军死伤百余人，日军指挥官少佐也被击毙。

黄枪会失利之后，为保存实力，纷纷向南山撤退。但日军已用大炮封锁了主要道口，黄枪会伤亡仍然很重。撤退的路上，黄枪会又被暗投日军的王勇带队截击，伤亡更为惨重。

此次战斗进行了十几个小时，由于黄枪会只用大刀、长矛加吃"符"念"咒"的精神胜利法和敌人战斗，抵挡不住敌人的大炮和机枪，几乎全军覆灭。由西宝宝屯、马忠显大桥以东、以西直到宝山屯、洪家围子、姜家屯皆横尸遍野。铃铛麦河西岸流血殷殷、地皮变色，2 000多名黄枪会会友和信志山队士兵战死疆场，遭受了失败结局。这次战斗失败后，大部分会友归田务农，在抗日救亡中积极参加抗日活动；另有一部分会友参加了抗日游击队和后来的抗战队伍，在抗日战场上英勇杀敌。

马忠显大桥战斗中联军虽然失败了，但壮士们的鲜血不会白流，无数忠魂凝成了一个血的教训——只有团结一致，以强大的武装力量，才能战胜一切来犯之敌。马忠显大桥战斗充分表现了佳木斯地区人民的抗日决心和勇气，所有参战的壮士是佳木斯人民的骄傲。

红枪会、黄枪会几次战斗的失利，其血的教训使人们清醒，带着浓厚封建迷信色彩的自发抗日队伍是不能最终取得胜利的，要打败日本帝国主义，必须在共产党的领导下，拿起武器，组织真正的抗日武装，才能彻底消灭日伪军，取得抗日斗争的最后胜利。

第三节 武氏兄弟组建抗日义勇军

1931年"九一八"事变后，桦川县民众本着"国家兴亡，匹夫有责"的信念奋起抗敌，佳木斯镇的武国臣、武国梁兄弟迅速组织起了抗日义勇军。

武家兄弟祖居齐鲁，清末移民来到桦川县佳木斯镇。他们开始是开荒种地，靠勤劳与汗水积攒了一些家资，而后在佳木斯镇开设一个"皮庄"。由于他们勤奋笃实，经营有方，生意兴隆，富甲一方。

武家素有爱国之心，敢于承担，口碑极佳。对于保国安民的地方摊派一向慷慨解囊，从不吝啬。1925年为防匪患，佳木斯镇组织了城防团，群众公推武国臣为城防团队长，虽然是不支薪饷地尽义务，武国臣仍然欣然上任，组织团丁昼夜巡逻，不辞劳苦，尽心尽力地守护城池。

1932年2月，桦川县组建了以抗击日军入侵桦川为宗旨的抗战自卫团，武氏兄弟是自卫团的骨干，后在张锡侯县长的倡导下，在全县自卫团中选拔了一批骨干，成立了佳木斯第一支抗日义勇军，被编为吉林自卫军独立一团。这支队伍共有128人，公推武国臣为团长，武国梁为营长，人称之为"武团"。

义勇军战士抗击日本侵略者

"武团"成立后，兄弟二人从实战出发，积极组织战士们操练。为练瞄准，武国臣派人将各屯出名的"炮手"请来，教"武团"士兵们枪法，"炮手"们教得认真，战士们学得努力，部队里官兵们的枪法都得到了提高，许多战士成为百发百中的神枪手。

武国臣还做通了父亲的工作，将家资拿出来，为部队购买枪支弹药。

在武国臣、武国梁兄弟二人的带动下，佳木斯镇和悦来镇出现了抗日捐献热潮。在自愿的原则下，各工商户行动迅速，很快捐款20多万元，先后购买步枪70多支，子弹20多万发，战士们的军装也焕然一新，俨然成了一支正规部队。

第四节　驼腰子金矿暴动与东北山林义勇军的抗日斗争

日本侵略者的残酷压榨必然引起中国民众的反抗，驼腰子金矿的工人暴动，是群众自发组建武装打击敌人的缩影。1933年2月14日，日本侵略者占领了位于三江地区南部的驼腰子金矿后，为掠夺东北的黄金资源，当即设置了依兰、勃利、桦川金矿局。金矿局由吉林省剿"匪"部队参谋长杨玉书任局长，将800多名日伪军改编为警备队，分派各处监督工人采金和保护金矿。

为疯狂掠夺黄金、日伪当局要工人每天连续劳动十四五个小时且不给休息时间，劳动强度很大，累死者不计其数，矿内没有安全设施，砸死、碰伤者被弃尸荒野。面对日伪当局的野蛮压榨，矿工们非常气愤，决心组织起来与日伪当局斗争。

祁致中原名祁宝堂，号明山，山东曹县人。祁宝堂14岁时，跟随同乡几个人来到驼腰子烧炭，"九一八"事变后，在驼腰子金矿当采金工人。1933年6月间，年仅20岁的祁宝堂主动与矿工孙继武、尤成禄、赵喜儒等6名同乡好友结拜为兄弟，共同商量斗争对策。他们首先把藏的黄金沫子集中起来，托人卖掉，买了两支手枪，伺机夺取敌人武器。同年6月22日中午，趁吃饭之机，祁宝堂和孙继武分别用手枪打死了日军机枪射手和守矿队班长，尤成禄等5人夺过机枪，把在场的守矿日本兵全部消灭。夺取轻机枪1挺、步枪6支、手枪2支、子弹700余发。

祁宝堂当即召集工人集会，号召大家起来抗日。他说："日本鬼子占领了咱们东北，霸占了咱们的土地和金矿，疯狂掠夺咱们的资源，喝咱们的血，吃咱们的肉，叫咱们死！我们弟兄7个不愿当亡国奴，夺了敌人的枪，要拉队伍打鬼子。不怕死的跟我们走，不愿意的赶快散伙回家。"他的话激发了工人们的爱国

祁致中画像

热情，当场就有20多名工人加入队伍。祁宝堂把队伍带到驼腰子金矿以北40多里的十二马架，正式宣布成立"东北山林义勇军"，推举祁宝堂为首领，报号"明山队"。

明山队初期只有30人，尚不能和日伪的大部队相抗，但他们对日本当局掠夺中国的资源非常气愤，就把斗争目标放在截击日伪军的运输车上。1933年7月初，明山队侦察员获得日军汽车由佳木斯往土龙山运送给的养情报后，祁宝堂迅速带领队伍赶到杨麻子店东山脚下埋伏。午后2时许，日军7辆汽车缓缓开到东

驼腰子金矿暴动遗址

山脚下，进入了明山队的包围圈。祁宝堂一声令下，7辆汽车立刻被截获，当场打死了12名押车日军，缴获了大批军用物资，明山队也有4名队员牺牲。

同年8月，明山队得知驼腰子金矿的日伪军往佳木斯运送黄金的消息，祁宝堂迅速带队埋伏在中途范家店北山。这里东面是长石砬子，西面是红眼蛤塘，地势非常险要。明山队布成口袋阵后，日伪军车辆很快进入包围圈。在明山队的袭击下，20多名日伪军被击毙，7名日伪军淹死在红眼蛤塘，截获3车军用物资和黄金，缴获20多支长短枪和1 000多发子弹。

1934年3月，土龙山暴动的农民成立了"东北民众救国军"。祁宝堂得知消息后，主动带队前去增援，并加入了谢文东领导的"东北民众救国军"，被编为混成第一旅，祁宝堂任旅长。当敌人第二

1933年6月22日，祁宝堂（祁致中）率领工人发动驼腰子金矿暴动，并成立"东北山林义勇军"，报号"明山队"，图为暴动纪念碑

次"围剿"土龙山时，祁宝堂带队据守横岱山，击毙敌骑兵30多名。接着，他们随东北民众救国军参加了九里六、孟家岗、驼腰子、湖南营等多次战斗，消灭了大批敌人，部队的战斗力得到很大提高。

在土龙山驻扎期间，中共佳木斯地下党组织派到东北民众救国军中工作的中共党员杨德金、白云龙等人，看到明山队成员多是工人，想争取这支队伍。于是，他们多次找祁宝堂谈话，对他

进行政治教育和开导，鼓励他跟共产党走，坚决抗日。祁宝堂在共产党抗日人员的影响下，感到谢文东缺乏抗日诚意，毅然带队脱离东北民众救国军，部队留在桦川县东部一带单独活动。明山队不断与敌人进行战斗，深受群众称赞，在当地名声很大。他们的活动引起了敌人的注意，敌人不断向他们进攻，使他们的处境越来越艰难。

正在明山队孤立无援、活动不利的时候，中国共产党领导的抗日游击队蓬勃发展起来并不断取得胜利。祁宝堂决定去寻找共产党领导的游击队。恰在这时，有一个从关内来的国民党"代表"找到明山队，想把队伍拉到关内去。祁宝堂对蒋介石和国民党政府消极抗日早有耳闻，毅然赶走了这个人。之后，他率队向珠河地区活动，想与赵尚志领导的珠河游击队见面。

1935年2月上旬，祁宝堂带队进入方正县境，在山嘴子窝里巧遇东北人民革命军第三军。赵尚志和冯仲云会见了祁宝堂，向他讲述了中国共产党的抗日主张和反日统一战线的政策，欢迎他靠近共产党。冯仲云还诚恳地劝他说："你和你的部队就要到中国共产党领导的抗日武装行列里来了，今后明山队绰号可以不必叫了。你有志抗日，致力于中华民族解放事业，我劝你把名字改作'致中'吧！"祁宝堂听了非常高兴，表示一定坚决抗日，跟着共产党走，并立即把名字改为"祁致中"。之后，祁致中在中国共产党的领导下，积极开展抗日斗争，其所率部队后来被编为抗联独立师和东北抗联第十一军。

将祁宝堂引向革命道路的抗联三军领导人之一的冯仲云

第五节　掩护抗联的顾老太太

在血与火、生与死的考验面前，爱国民众表现出了高度的聪明才智，与日伪军周旋，保护、掩护抗联将士。顾老太太就是三江地区名号最响亮的代表。

顾老太太本名徐自贞。1890年出生于安徽省寿县，少年自学，粗通文字。14岁时嫁夫顾克德，后随夫迁到吉林省，定居于桦川县大来岗卧龙屯，为富绅朱耕淮代为经营土地，继而购置土地自耕和出租，家产日渐丰盈。在日军侵占前，已拥有200多公顷土地。其间，

顾老太太（徐自贞）

丈夫顾克德去世，徐自贞独力撑持家业，后与正直、忠厚的长工杜养性成婚。

"九一八"事变后，日本帝国主义侵占东北的暴行激起了佳木斯地区民众的强烈愤慨，民间的抗日爱国武装组织蜂起，进行顽强抵抗。徐自贞性格豪爽、泼辣，富有正义感，在民族危亡关头，下定保家为国的决心。她积极鼓励、支持其前夫堂弟顾克礼、妹夫彭治昌参加以丁广礼为首的民众抗日组织红枪会。不久，红枪会在与入侵日军的激战中，因寡不敌众伤亡甚大，顾克礼负伤。徐自贞派人将顾克礼及其他伤员接回家中，精心调治，伤愈后给予路费并送其返乡。

1932年秋，活动于汤原、大来岗一带的抗日救国军宋、肖二司令派部下与徐自贞联系，要求支援粮食及其他给养。徐自

贞当即磨制两车面粉及所需食盐、棉衣，于夜晚遣人送往抗日武装密营。抗日救国军在一次战斗中受挫，掉队的4名战士躲至徐自贞家中，她不顾风险将其收留保护，躲过日军的搜捕，使其安全转移。

1933年，抗日义勇军旅长王传德在与日军作战中身负重伤后，安全转移到徐自贞家。王旅长担心自己在日本人那里挂了号，会给徐自贞招惹麻烦，徐自贞则爽快地回应："王旅长能投奔我家，说明是信得过我。我要是怕惹麻烦，当初就不会走这步棋。"在徐自贞的周密掩护下，经过精心治疗，王旅长伤愈并重返战场。同年冬，王旅长在一次战斗中不幸被捕，翌年英勇就义。徐自贞为缅怀英烈，特备香纸、水酒，在大路上庄重祭奠。

1936年初，东北人民革命军第六军军长夏云杰亲自至徐家答谢她多次冒险为六军输送给养及弹药，并取出两封黄金（约20两），请其协助购买给养。徐自贞坚决不收，并说："只要我活着，就一定把事办好，绝不让弟兄们冻着。"夏云杰走后，徐自贞立即来到佳木斯，通过亲友购买大量布匹、棉花及300套秋衣裤，亲自押车送往抗日部队营地。

1937年初，有5名中共地下组织负责人在去开会途中不幸被捕，关押于大来岗警察署。中共下江特委派王恩久与徐自贞联系，请其协助营救。徐自贞通过各种关系，抢在审讯前会见伪大来岗警署察署长，并送上一笔巨款和大烟土（鸦片）。伪署长随即打通巡长，销毁证据，以涉嫌拐骗人口为名取保释放。

徐自贞频繁的抗日活动被日伪特务机关察觉。1937年5月，伪三江省警务厅以"通匪嫌疑犯"罪名将其拘捕。伪警察对徐自贞软硬兼施，威逼利诱，徐自贞泰然处之，不为所屈。日伪警察当局碍于证据不足，不得不将其释放。但限定徐自贞在当地警察署监控下随传随到，不得自由行动。同年8月初，佳木斯日本宪兵队及伪三江省警务厅出动大批军警突然包围大来村，在一叛徒指点下，徐自贞及其夫杜养性均遭逮捕，关押于佳木斯日本宪兵队。警察特务对徐自贞频繁审讯，多次施以酷刑。她被打得遍体鳞伤，左眼失明，仍坚贞不屈，未暴露地下党及东北抗联六军任何秘密。敌伪无奈，将其投入监狱。9个月后，经救国会与亲友筹集巨款，买通伪三江省警务厅头目，在联名俱保的条件下，徐自贞被释放。

被日军折磨后的徐自贞身心受到严重摧残，双鬓已白，步履蹒跚，且经常吐血不止。她的家也在被捕后被抄多次，财物一空。为还清亲友筹措的外债，果敢的徐自贞将所有家产变卖，继续投身于抗日斗争。她的儿子顾烽也在她事先安排下，去山海关内参加新四军并加入共产党。

徐自贞为抗日救国舍生忘死，不惜身家性命保护、掩护抗联将士，其爱国行动受到党和人民政府的赞赏，被尊称"顾老太太"。1945年东北解放后，徐自贞当选为合江省民主政府行政委员会委员。

第五章 桦川地方组织领导下的
抗日救亡活动

第一节 桦川县成立抗日救国会

由于日军强制推行"归屯并户""保甲制"等法西斯政策，东北广袤的农村主要通过抗日救国会实现党对抗日斗争的领导。

抗日救国会是在中国共产党领导下的群众性抗日组织。从当时特定的条件看，抗日救国会就是党在敌占区建立的政权组织，是建立在敌占区的抗日根据地。

抗日救国会是根据当时抗日斗争形势需要所组建的，党利用这个组织和敌人的"保甲"组织相抗衡，建立巩固的抗日根据地，为抗联筹物捐款、输送兵员、救护伤病员、传递情报等，以此打破敌人对抗日联军的封锁。抗日救国会是一种统一战线组织，凡是赞成、参与和参加抗日活动的人都可以参加这个组织，除以农民为主体外，尚包括赞成抗日的中、小地主和反战的日本友人及日军。

抗日救国会的主要任务是宣传抗日救国道理，为抗联筹集物资、资金，搜集日伪情报，破坏日伪各种军事设施，铲除汉奸、特务，掩护治疗伤病员，优抚抗联家属等。

抗日救国会的组织形式是从上到下层层设置的。当时在下江地区，下江特委成立抗日救国总会，县委成立抗日救国支会，区委成立抗日救国分会，各村党支部成立抗日救国会。

其组织系统和领导关系如下：下江特委—县委—区委—支部；救国总会—救国支会—救国分会—救国会。

抗日救国会机构设会长、副会长、组织部、宣传部、肃反部、互济部、侦探部、交通部、青年部、妇女部等。抗日救国会下辖的群众组织有妇救会、游击连、抗日青年队、儿童团等。

桦川县于1934年在中共桦川县地方组织领导下开始建立抗日救国会。为开辟抗日根据地，为汤原反日游击队筹集给养，1934年4月，中共汤原中心县委派小孔（姜忠诚）、小秦（王志敏）到桦川县开辟群众工作，建立抗日根据地。小孔、小秦以串亲的名义来到达木库刘学三家里，通过刘学三串联了一批给地主扛活的长工。每晚在刘学三的下屋里，由小孔和小秦轮流讲抗日救国的道理，控诉日本侵略者残害中国人民的罪行，介绍外地组织起来共同抗日取得的战绩，由于长工们都是穷苦人，他们在地主的剥削压迫下本来就对现实不满，现在又目睹了日军的法西斯罪行，更加激起他们的反抗怒火。在小孔、小秦的激发下，一致要求参加抗日组织，为抗日救国出力。以刘学三、闫会发为首的一批骨干形成后，首先成立了达木库抗日救国会，即桦川县的第一个抗日救国会。之后，由这批骨干分头到各家串联发动全屯穷苦农民和部分中、小地主都参加了抗日救国会组织。组织成立后，很快发挥了支前参战作用。由于达木库第一个建立抗日救国会，不久又建立了党支部，群众基础好，抗日热情高，中共桦川县委机关和中共下江特委机关都曾设在这里。达木库是个建制较早的村落，居住着百十户齐鲁移民的后裔，他们保持和发扬中华民族反抗外来侵略的光荣传统，在东北抗日战争中充分发挥了革命根据地的作用。

　　1934年10月，中共汤原中心县委派刘忠民和李成章到远离敌人、有群众基础的桦川县西火龙沟一带发动群众，组织抗日救国会。在六队屯他们发现和培养了抗日骨干王尊相入党。经过一段时间的发动群众，成立了六队屯党支部和建立了抗日救国会，由王尊相担任六队屯党支部书记兼抗日救国会会长。

　　不久，刘忠民、李成章又到兴隆屯发动群众。他俩首先找到抗日骨干赵凯臣和赵玉洲，由于该屯群众基础好，很快成立了抗日救国会，由赵玉洲任抗日救国会会长，赵凯臣任抗日宣传员。赵凯臣是个医生，医术很好，熟悉他的人很多，在地方上很有名望。他善于言辞，在他的宣传鼓动下，火龙沟一带的村、屯很快都建立了抗日救国会，经过一段时间抗日斗争的锻炼和考验，赵凯臣和赵玉洲都加入了中国共产党。

　　中共桦川县委建立前，桦川西部已经建立了10个抗日救国会，都是由中共汤原中心县委组建的。

　　1936年11月中共桦川县委建立后，在第十次县委工作会议上，首先研究了抗日救国会的建立和巩固问题。县委书记尹洪元在会上就组建抗日救国会的意义、性质、任务和组织机构做了讲话。会上宣布建立下江特委总会领导下的桦川抗日救国支会，决定各区委成立抗日救国分会。会后，县委和区委干部立即分赴各村屯，秘密做群众工作，新建和巩固已建的抗日救国会，并指导其充分发挥打击敌人、支援抗联的作用。据统计，1934至1938年间，桦川西部地区先后成立了大来岗、黑通、草帽顶子、三合4个区级抗日救国分会和24个抗日救国会。桦川中部和东部先后组建了申家店、小五甲、葫芦芯子、音达木、小堆峰、大堆峰、宋油坊等抗日救国会。全县参加抗日救国会组织的达五万人之多。

　　岗区抗日救国分会下辖18个抗日救国会：第一抗日救国会为

大来、山音；第二抗日救国会为达木库、南北城子；第三抗日救国会为卧龙、兴力、黑背；第四抗日救国会为西火龙沟、中兴、中大；第五抗日救国会为胜利、双龙；第六抗日救国会为杨昆、白英武；第七抗日救国会为小城子、大房子；第八抗日救国会为民胜、西敞子、姜永泉；第九抗日救国会为荆家一带；第十抗日救国会为桦树、巨发、巨城；第十一抗日救国会为裕太、仁合；第十二抗日救国会为裕兴，巨发（一半），小三姓；第十三抗日救国会为马家沟、猴石山一带；第十四抗日救国会为兴川一带；第十五抗日救国会为长青一带；第十六抗日救国会为永安、兴隆；第十七抗日救国会为敖其、西敖其；第十八抗日救国会为江通一带。

黑通抗日救国分会下辖6个抗日救国会：桦树抗日救国会；孙家岗抗日救国会；黄家磨坊抗日救国会；刘大眼珠抗日救国会；江北沿康路抗日救国会；三连屯抗日救国会。

草帽顶子和三合由于距佳木斯太近，敌人控制得严，只建立了抗日救国分会，各屯未建立起来抗日救国会。

桦川西部的抗日救国会主要由下江特委和桦川县委组建，由桦川县委领导。桦川中部和东部的抗日救国会是由抗联独立师组建的，由抗联独立师党委直接领导。

1934至1938年间，桦川广大农村普遍组建了抗日救国会，这些救国会组织不断发展壮大，形成了巩固的敌后抗日统一战线，使桦川成为坚实的革命根据地。作为抗日部队的后方基地，抗日救国会所起的作用是卓著的。

第一，为抗联部队筹运粮食。由于日本侵略者的封锁和扫荡，抗联部队缺衣少粮，处境十分困难。中共桦川县委把从物资上支援抗联打破敌人的经济封锁当作首要任务。这项任务主要通过抗日救国会组织去完成。粮食是群众筹集的。家家户户一拿点，聚少成多，容易解决，主要困难是运输。当时活动在桦川境内的主要是抗联第六军和独立师，其次还有抗联第三军、五军和八军，他们主要在山里宿营，路途遥远，道路难行，敌人哨卡多，封锁入山路口，运粮十分困难。但群众是真正的英雄，他们想出了许多巧妙的办法，每次都出色地完成任务。如西火龙沟抗日救国会的张锡君，知道日伪军缺谷草，一次给抗联第六军送粮食时就以谷草掩护粮食。他和别人赶两架马爬犁拉着谷草，谷草中间藏着小米，白面等粮食，以给日伪军送谷草的名义，一路上通行无阻。每到一个据点就卸一些，当谷草卸一半时已到了抗联活动区，将粮食顺利地交给了抗联部队。

县委干部和区委干部都以普通群众的身份参加筹粮送粮活动。一次，抗联第六军某部急需军粮，送粮的路上关卡如林，任务很难完成。县委书记尹洪元决定亲自护送，以了解路上情况。县委其他领导怕出危险，不同意他去。他说："我们当领导的不能光叫群众去走险路，我们也要亲自走一走，总结一下经验，闯出一条新路。"他亲自当车老板，装了满满一大车谷草，谷草里装着米和面，拿着给日伪军送谷草的介绍信。一路上给日伪军各据点哨卡分别卸谷草，边卸谷草边以诙谐的语言和日伪军周旋，没引起敌人的怀疑。当谷草卸去半车时，他们已闯过了敌人的哨卡，进入抗联控制区，将粮食安全地送到了目地的。回来后，尹洪元幽默地说："我们是当地熟，敌人是外来生，只要我们真真假假，敌人也就真假难分了。"

有时用车运粮食非常困难时，抗日救国会的群众就利用夜间往山里背粮食，他们走远路绕过敌人的哨卡，有的被敌人发现，宁可被敌人拷打致死，也不暴露抗日救国会给抗联部队送粮食的秘密。

1934年至1938年，各抗日救国会利用各种方式先后给抗联运送粮食100多万斤，有力地支援了抗联在山里坚持长期斗争。

第二，向抗联提供被服。东北抗日联军长期在野外过着游击生活，环境恶劣，十分艰苦。东北的气候冬夏温差悬殊，冬季零下30多摄氏度，寒冷无比，夏季酷暑蚊虫令人难以忍受。为了使抗联战士冬穿暖、夏穿单，晚间有被盖，抗日救国会利用各种办法筹集衣、鞋、帽、被褥等，及时运送到抗联驻地。

抗联部队所需被服除妇救会自做外，还需到佳木斯街里各大商店购买。当时到商店买东西是很困难的。日伪当局对抗联实行封锁政策，在各大商店都安插便衣特务，发现买东西多的人就要跟踪追问，横加迫害。为了对付敌人的监视，各抗日救国会派人到城里买东西时想出了许多巧妙的方法。如西火龙沟抗日救国会的张锡君到佳木斯给抗联买胶鞋时，装扮成讨饭的乞丐，身背钱褡子，手拿打狗的棒。到商店每次只买一两双鞋，送到佳木斯西门外的老倪家，三四天时间就买了40多双，带回去后转送给抗联。又如横头山地区的小五甲救国会张启，则是托亲属在太平镇商店买了五六十双胶鞋和半板白布，然后派人秘密地取回来，再巧妙地转送给山里抗联部队。

抗联所需被服很多，光靠到商店买也不够用，各抗日救国会因陋就简地秘密开办军需被服厂。如桦区区委书记王尊相，在自家小棚子开办被服厂，由爱人李秀臣负责。李秀臣是个有正义感的农村妇女，她理解丈夫的所作所为，主动为丈夫分担重担，她不但井然有序地安排家务，照顾好四五个孩子，还把屯内的妇女组织到家里，缝制被服，再由王尊相负责转运到抗联部队。当时大来岗和黑通等抗日救国会秘密开设的被服厂不下十几处，支援抗联战士的衣服大部分都是这些厂子加工的。

当时布匹棉花很紧缺，不好买，有时还没钱买。为了动员一切力量为抗日献物资，各区委都以抗日救国会名义动员大、中商人捐献布匹、棉花。1936年冬，中共下江特委指示桦川县委为东北抗联第三军、第六军赶制一批越冬的棉衣，任务很紧迫。县委书记尹洪元召集各区委书记开会研究时，桦区区委书记王尊相主动承担了任务。他说："我是当地人，熟悉情况，保证叫战士们按时穿上棉衣。"会后，他立即找到了大来岗卖布床子的掌柜赵必武，以抗日救国会的名义说服赵必武为抗日救国出力。赵必武是一位开明的商人，答应了王尊相的请求。他主动到哈尔滨买了一批棉布和棉花，用巴拉斯船运到大来岗码头。可是大来岗伪警察署不让往街里拉，怕群众拿去支援抗联。王尊相想了一个办法，他将各抗日救国会的青壮年都发动起来，扛枪持棒，集中在大来岗南山脚下，然后派人到大来岗街里扬言说抗联要攻打大来岗伪警察署。伪警察们吓坏了，伪警察署长带着一批伪警察连夜跑到佳木斯去躲藏，只留下几个伪警看家。这几个伪警吓得四门紧闭，头都不敢露。趁此机会，王尊相等人组织13辆马车把布和棉花运到大来岗南山里各屯，由各抗日救国会被服厂负责给抗联部队加工出一批冬装，这次任务完成得很出色，王尊相等人受到桦川县委和下江特委的表扬。

在1934至1938年间，桦川县各抗日救国会共给抗联制作被服两万多套，使抗联在严寒酷暑中能够长期坚持斗争。

第三，向抗联兵工厂提供制作枪支、弹药的原料和技术。东北抗日战争时期，抗联所用枪支弹药来源困难，开始只能用农村自造的土武器，有的甚至还用大刀、长矛。在战斗中，靠战士们的机智勇敢缴获敌人的一些武器，使部队装备有所改善，但远不能解决实战需要，大量的武器需由抗日救国会支援，抗日救国会支援抗联武器的方式一是将民间的枪支搜集集中后转运给抗联。二是向抗联兵工厂提供制造枪支弹药的原材料。桦川东部和南部的梨丰、南林、申家店、小五甲、音达木、葫芦芯子、小堆峰、中山、西冯、中安、大堆峰等距七星碇子山较近的村、屯支援得较多。据统计，仅1936至1938年间，全县共给抗联兵工厂提供废钢铁2.5万公斤（1公斤=1千克）、铅1 000公斤、 棉花2 500公斤。 三是向兵工厂提供技术。民间有一些会制造土枪土炮的技术人才，抗日救国会将这部分人才输送到兵工厂， 通过学习锻炼，不但能制造精制的土枪土炮，而且很快掌握了制造洋枪洋炮的技术，成为兵工厂的骨干。

第四，参军参战，为抗联输送兵员。抗联是人民的子弟兵，其兵员主要由抗日救国会会员补充。参加抗联的兵员，一是在地方党组织和抗日救国会中工作的干部，因抗联需要，或在地方工作暴露了身份， 及时转调到抗联工作。这部分人员大都成为 抗联的领导骨干，有的成为师团级干部，如尹洪元、李宗义、韩六等。 二是地下党组织将培养的抗日斗争骨干输送到抗联。这部分人具有丰富的斗争经验，到部队后有的做政治工作，有的做军事工作，工作成绩都很突出，如李廷章、闫会发等。三是大量的抗日救国会中的中、青年积极参加抗联。 这部分人最多，是构成抗联部队的主体。上述人员参加抗联是分别的、秘密地进行，既不能欢送， 也不能有任何举动，如遇日伪当局追查，大都以进关串亲、外出打工混生活，或突然失踪等理由搪塞过去。参军后，家属由抗日救国会负责给予照顾和优待， 1934至1938年间，志愿到抗日前线参军参战的达5万多人。

第五，掩护治疗伤病员。作为革命老根据地的抗日救国会，掩护治疗抗日军伤病员也是一项重要任务。抗联部队经常和日伪军作战，由于敌强我弱，每次战斗都有许多伤亡，一些重伤号需转移到抗日救国会治疗。为使伤员安全、快速痊愈，各抗日救国会都选择一些堡垒户，建立家庭护理站，设专人负责保卫、治疗和接送。为保证伤病员的人身安全，各护理站都挖修了地下室和地道，遇紧急情况可以迅速转移。但由于敌人经常搜查，险情时有发生，凭着群众的智慧和抗日热情每次都能转危为安。

总之，抗日救国会是全面发动、团结广大群众和各界人士的抗日组织，桦川的党组织和抗联以此种组织形式激发了抗日群众的爱国热情，使桦川成为东北抗日战争中的革命老根据地，对全国的抗日战争做出了十分巨大的贡献。

第二节　党领导下的抗日宣传活动

1931年日本帝国主义在沈阳发动了"九一八"事变，一个月以后的10月18日在东北的边陲小镇佳木斯（佳木斯当时隶属于桦川），桦川中学的爱国师生们举行了一场大规模的示威游行活动。

这是一次有组织、有计划的活动，示威游行的总指挥是共产党员唐瑶圃（姚新一），张耕野任副总指挥。下设宣传组，组长白长岭（赵敬夫）；文艺组，组长郑志民（冷云）；募捐组，组长高鸣时；保卫组，组长马成林，各组由组长选择3至5名成员组成。游行时间就定在了1931年10月18日。

1931年10月18日的早晨，天清气朗，秋风送来了阵阵凉意。桦川中学响起了高亢的集合号声，听到号声，各班同学迅速集合在操场上，整齐列队，准备出发。

临出发前，张耕野登上讲台对参加游行的师生进行了简短的讲话，他重点讲了这次游行示威的意义及其影响，说明了游行路线，并提出了具体要求。

就在张耕野的讲话结束后、队伍即将出发之时，桦川县政府的政务秘书陈丞显在十几名警察的陪同下急匆匆地赶到学校的操场。原来他是来阻止师生们的示威游行的。

只见陈秘书快步走向讲台，他是来宣读唐县长的指令的。他讲道："先生们，同学们。敝人陈丞显，受唐县长纯礼①之委托，向大家传达中华民国的命令。"说着从衣兜里掏出一沓纸，翻了一下，一派严肃地念道："国民政府蒋主席命令：国民此刻必须上下一致，先以公理对强权，以和平对野蛮，忍痛含愤，暂取逆来顺受态度，以待国际公理之判断。"又念道："国民政府告全国国民书。现在政府既以此案诉之国联行政院，以待公理之解决，故希望全国军队对日军避免冲突。"摘要念完后，陈秘书开始训话，无非是让学生以读书为本，莫谈国事，不许上街游行示威，一切听从蒋总裁的安排等。

他的话立刻在学生中引起极大的愤怒，被激怒的学生立刻乱了方阵，有的喊口号，有的则涌上前质问于他："陈大秘书，请问你是不是中国人，怎么向着侵略者说话！""强盗要割你的头，难道连反抗的权利也没有吗？"

学生们的质问令陈秘书哑口无言，他在警察的搀扶下，狼狈地走下讲台。

面对这种场面，突然有人高喊："同学们，不要动，我来说几句！"深受师生们爱戴的唐瑶圃迈着稳健的步伐走上了讲台，只见他向大家做了个手势，操场上顿时安静了下来。

唐瑶圃用他那沉稳的嗓音开始了演讲："同学们，同胞们，稍有历史知识的人都知道，日本帝国主义侵略中国的阴谋由来已久，1894年悍然发动了侵略中国的甲午战争。由于清政府的腐败无能导致战争的失败，被日本强迫签订了《马关条约》，强占了中国领土台湾和东北的辽东半岛。为进一步侵略中国，1904年又爆发了瓜分中国东北的日俄战争。日俄两国交

①唐纯礼，字励轩，原为桦川县知事，后改称县长，1926年至1931年在桦川县政府任职。

战，战场却在中国的领土上，东北同胞成了战争的牺牲品。这次战争，帝俄惨败，签订了《朴次茅斯和约》，日本又夺得了帝俄在旅顺、大连的租界地及中东铁路支线长春至大连一段的南满铁路。此后，日本帝国主义继续在东北巩固和扩张其殖民统治。从1906年开始，在东北先后建立了'南满洲铁道株式会社''关东厅''关东军司令部'三个侵略满蒙的大本营，作为进一步侵略东北的重要工具。凭借这三个侵略工具，实行残酷的殖民统治和经济掠夺，并以种种借口设置驻军，多达3万人。由此可见，日本侵略中国是预谋已久，长期准备，彻头彻尾。我们不能抱有丝毫幻想，侵略者的魔爪决不会自动撤回。'国联'是个什么组织？当然，作为国际组织，'国联'应是秉公办事、维护和平的组织。可当今的'国联'，却被英、法、德、意、日等几个帝国主义列强控制。他们在侵略弱小国家的利益上是一致的，对日本侵略者只能是采取纵容和姑息的态度，根本不能主持'公道'。

刚才，陈氏丞显秘书传达之蒋介石的演说和国民政府告全国国民书之言论，是彻头彻尾的卖国投降路线，照此下去中国就要灭亡，几千年的文明史就要遭受奇耻大辱！

当局者要卖国，我们要保国。中华民族素有反抗外来侵略者的优良传统，我们是炎黄的子孙，有责任保家卫国。振奋国人的'五四'运动充分显示了中国青年是一支反帝爱国的重要力量，是中国自立、强大的希望。强盗打来了，当局者麻木不仁，青年同胞们，起来吧！我们的爱国行为是正义的，正义的事业是不可阻挡的。青年们，踏着'五四'运动的脚步前进！踢开一切绊脚石，为保卫中华民族的尊严前进！前进！"

唐瑶圃具有号召力的讲演博得了学生们的热烈掌声，操场上"打倒日本帝国主义""反对侵略中国"的口号此起彼伏。

在师生们的口号声中，陈丞显秘书和十几名警察偷偷地溜走了。

游行队伍浩浩荡荡地出发了。白长岭（赵敬夫）和前导队伍走在前面，打着"桦川中学示威游行队伍"的队标和"打倒帝国主义""反对日本帝国主义侵略东北""支持义勇军的抗日正义行为"的大字横标的游行大队紧随其后。参加游行的师生们以班为单位，挥舞着五颜六色的小旗，高呼"打倒日本帝国主义""团结起来，驱逐日军"等口号，浩浩荡荡地经过县公署的门前，走遍全市的每条大街，声讨日本帝国主义的侵略罪行。张耕野还组织了一支文艺宣传队，在街头讲演、唱歌、演小型活报剧。他连夜编写了揭露日本帝国主义在东北开鸦片馆、诈骗钱财、毒害中国人民身心健康的剧目，在街头演出后，收到了很好的宣传效果。

队伍走出不远，桦川女师、佳木斯西门里小学的游行队伍也加入其中，许多观望的民众也自发地走进了游行队伍。

配合着演讲和演出活动，募捐组的学生将群众募捐的钱物汇集起来，及时支援给抗日义勇军和抗日游击队。

这次由共产党组织和领导的游行，是桦川历史以来的第一次游行，拉开了桦川地区抗日斗争的序幕，在这次游行示威活动以后，无数桦川青年学生或投笔从戎，或加入抗日组织，桦川地区的抗日斗争轰轰烈烈地开展起来。

第三节　马克正、陈芳钧发动矿警起义

1937年1月，桦川地区佳木斯市委为配合东北抗日联军武装斗争，扩大抗日队伍，决定派人打入敌人内部，哗变敌伪士兵，

发动武装起义。

马克正受佳木斯市委的派遣，利用其同族爷爷马仿潜在金矿曾当过主任的关系，打入金矿任文书工作。马克正来到梧桐河金矿后，以金矿局职员（练习生）的身份为掩护，利用工作上的便利条件，主动接近矿警和工人群众，经常和他们在一起谈心，积极开展工作。他采取交朋友、拜兄弟等办法，取得工人们的同情和信任；并利用矿警队员和群众不满情绪，向他们宣传抗日救国的道

马克正

理，很快就在矿警队员和工人中有了一定的影响。为了加快起义计划的实施，他以回鹤立探亲为名，偷偷地返回佳木斯，向地下党组织负责人董仙桥汇报金矿策反的有关情况。市委经研究后，又将佳木斯市委士兵工作部部长、共产党员陈芳钧，以马克正"表哥"的名义派到梧桐河金矿矿警队当矿警，来协助马克正工作。马克正、陈芳钧按着佳木斯市委的指示精神，积极工作，秘密鼓动士兵反抗经济压迫，很快在矿警内部争取了李阶山、张文汉、孙振华、吕盛田等七八个人为骨干，成立了梧桐河金矿党小组，并基本上掌握了伪矿警队，控制了伪矿警队守卫的老局部和东西炮台及农兴沟等地方。

1937年春，佳木斯市委借下江特委书记王山东到佳木斯检查工作时，将此情况做了详细的汇报。在征得下江特委同意的情况下，决定于1937年7月29日举行梧桐河金矿矿警起义，并研究了起义的具体实施方案。决定利用伪矿警队员经常喝酒、赌博到深夜才睡的习惯，将起义时间定在后半夜2时，以鸣两枪为信号，由马克正、陈芳钧等人做内应，抗联第六军做外应。为了不出现意外，陈芳钧再次回到佳木斯和市委详细研究了起义方案，认为

万无一失，才回到梧桐河金矿安排起义事项。

7月29日清晨2时，整个金矿一片寂静，喧闹半宿的矿警们早已进入梦乡。马克正和事先约好的孙振华、张文汉、王大个子等人悄悄溜出营房，开始分头行动。这时，陈芳钧像往常一样主动替人站岗，换下岗哨，随即冲夜空连放两枪，向在外面接应的抗联第六军发出信号；并和张文汉迅速放下吊桥，打开大门，接应抗联六军部队，占据有利地形。与此同时，马克正、孙振华冲进矿长办公室，缴获了金库钥匙。李阶山及其他骨干冲进营房，控制矿警队员，并击毙伪矿警队队长吴子文。随后马克正、陈芳钧分别带人迅速占领东、西炮楼，担任外援的抗联第六军也及时赶到，只用一个小时左右的时间就全部缴了伪矿警队的械，接着马克正和陈芳钧把矿警队员全部集中到院内，向他们宣传抗日救国的道理，号召他们起义参加共产党领导的抗日军队。经过动员，有80余名矿警队员和50多名工人愿意起义参加抗日。这次梧桐河金矿矿警队起义共带出枪80余支、机枪1挺、黄金1 000多两，还有很多大米、白面、马、车和被服等。起义后的梧桐河金矿矿警队在嘎拉基河密营（现鹤北林业局跃峰林场）整训后被改编为抗日联军第六军四师第二十九团，陈芳钧任团长，马克正任组织科长。随后马克正和陈芳钧带领这支队伍在鹤岗、萝北一带开展抗日斗争。

第四节　卢英春与抗联小分队

东北抗联第六军第二师第五团有一个30多人的连队，大多数是赫哲族战士，人们亲切地称他们为"赫哲小分队"。从1936年开始，他们转战于桦川县东部一带抗击日军，小分队的领导者是赫哲族青年卢英春。

卢英春，1907年出生于桦川县万里河通，少年时随父在深山里打猎，练就了百发百中的好枪法。

1936年冬，卢英春、尤国清、傅金山等人到梧桐河畔的古冬林子狩猎，遇见了东北抗联第六军第二师第五团政治部主任那诚宽率领的队伍。那主任看他们忠厚老实、枪法纯熟，就动员他们参加抗联。在那主任的启发教育下，他们的思想豁然开朗，表示愿意参加抗日队伍。那主任见他们诚心诚意，就动员他们先打入伪军内部，动员伪军反正，扩大抗日力量。他们高兴地接受了任务。

当年腊月初，卢英春经过反复研究，决定设法先到桦川县悦来镇伪军中当兵，伺机做伪军的工作。

悦来镇驻守的是于琛澄（于大头）伪军的一个团，叫白团。他们是日本侵略者的帮凶，烧杀抢掠，无所不为。

卢英春、尤国清等人为了尽快打入敌人内部，想尽一切办法靠近伪军，终于通过一黄姓连长的介绍来到骑兵连当上了伪军。由于卢英春枪法好，在伪军中很快有了声望，并被提拔为班长。全班十余人，经他多次启发、开导，阶级觉悟有所提高，都同意去参加抗日联军。

1937年除夕夜晚，卢英春等人利用伪军大摆宴席醉酒之际，全班十余人在卢英春的带领下，携枪20多支，骑上战马，离开了伪军营。当时悦来镇四个城门都由伪警察把守，戒备很严。卢英春以奉团部命令到城外巡查为名，顺利地闯出东门，直奔马鞍山而去。

马鞍山位于悦来镇以东40里处，山势险峻，能攻能守，历来是兵家必争之地。卢英春、尤国清经常到山上打猎，对山势地形非常熟悉。他决定以此山为据点，打一场伏击战。

正月初一拂晓，追击的敌人依靠人多势众，气势汹汹地向山上追击。骄横的敌人没有料到，卢英春已在半山腰设好了埋伏，单等敌人入圈。敌人刚刚进入埋伏圈，战士们一起开火，打得敌人晕头转向，无力还击，最后扔下20多具尸体逃回悦来镇。

打了胜仗的卢英春带着战利品，去投奔东北抗联第六军第二师，其所率部队被编为五团的一个连，卢英春任连长。由于这个连队大多数是赫哲族人，团部同意他们为一个小分队，单独在桦川县一带活动。

1937年秋，卢英春、尤国清带领30多名战士在梧桐河口的老粮台，将敌人的"讨伐队"消灭30多人，使小分队声望大振，深受群众的爱戴，队伍不断扩大。

是年冬，为了扩大抗联队伍，卢英春决定潜入桦川县的北新城，动员伪自卫团反正、参加抗联。

卢英春单刀赴会，通过耐心细致的工作，伪自卫团吴团长决定反正起义，共同抗日。随后，研究了下一步的行动计划。

卢英春带着部下与吴队长来到一处旅店兼大烟馆，特务和伪警察经常来这里抽烟和过夜。这天晚上，旅馆里共住有5个特务（其中1个日本人），正在西屋炕上抽大烟。吴队长领着卢英春等6人来到岗哨前说几个朋友要住宿，岗哨见是自卫队长领的人，没加阻拦就放进去了。他们进屋后，尤福山等很快就把哨兵的枪缴了。而后一起来到西屋，用枪对着吸大烟的特务们，低声喊："不许动！"5个特务还没弄清是怎么回事就被绑了，当即被带到江北并被处决。

第二天，吴队长以追匪为名，将20多名伪自卫队员带到都鲁河畔的黄老巢子。经卢英春他们宣传、教育，20多名队员都同意参加抗日队伍。至此，卢英春的小分队增加到50多人。

1938年春，日本车队从腰林子开拓团往悦来镇运粮食，当卢英春得到消息后，决定袭击开拓团的运粮车队，将粮食截下来供抗联和附近老百姓用。经过侦察，小分队决定由卢英春和吴队长带20名战士在腰林子西边的蔡家山包封住道口打伏击，由尤福山和尤福清带20名战士在王秧子大桥阻击后退的敌人。

上午10时，开拓团的5辆装满粮食的汽车行到蔡家山包前。当时，正值春季，道路翻浆，汽车在山包前陷住了，押车的日军都下车修道。卢英春见时机已到，一声令下："打！"战士们居高临下，一起向日军开枪，打得日军晕头转向，不知所措。第一辆汽车被打坏，10多名日军被打死，其余4辆汽车掉头往回跑，跑到王秧子大桥，又被埋伏的小分队战士打坏。这次战斗，共打坏敌车5辆，打死日军30多人，得枪30多支、粮食若干。战斗过后，卢英春等迅速动员附近群众把粮食一部分运给抗联，一部分分给群众，然后带着队伍转移到松花江以北的"老等山"去了。

卢英春领导的小分队最多发展到60多人。由于他们纪律严明，爱护群众，在桦川、萝北一带的群众中很有声望。1938年冬在攻打乌拉嘎金矿的战斗中，卢英春不幸牺牲，年仅31岁。卢英春牺牲后，队伍在尤国清、吴队长率领下，继续坚持抗日游击战争。①

第五节　佳南地下联络站

1935年春，日伪当局不断从南满调集日军、伪军、伪警察对桦川县佳木斯地区严加控制。在一片白色恐怖笼罩之下，中共地下党员白云龙从饶河来到佳木斯地下党负责人董仙桥家里接受了一项重要的任务。

---

① 本文引用穆华刊载于《闪亮的桦川》的《卢英春大义参加抗联，赫哲小分队奋勇杀敌》章节。

白云龙，1916年出生于吉林省伊通县的一个贫苦农民家庭。1917年春，全家来到桦川县太平镇南山沟落脚谋生。从1923年秋季7岁开始，在姨夫陈景春的资助下，白云龙到离家30里地的四合屯念了6年私塾。一年后，他到吉林省立依兰第五师范就读，但因食宿费不能接济，只念3个月就辍学务农。1933年春，在佳木斯第五小学校长刘宝田的接济下，他到桦川中学二年级插班读书。此间，在班主任董仙桥老师的积极引导下，他懂得了很多革命道理，逐渐坚定了跟着共产党走、消灭日本侵略者、替穷苦人打天下的信心和加入中国共产党的决心。经过党组织的长期培养和考验，于1934年农历二月初七，经杨德金介绍，中共佳木斯地下党组织批准他为中国共产党党员。

1933年，在董仙桥家位于佳木斯西门外道南很深的里弄里，佳木斯西门外党小组成立后就在这里办公，这里是地下党活动的中心。白云龙通过师母李淑云顺利地与董仙桥接上了头。

董仙桥严肃地告诉白云龙："日本侵略者为推行他的大东亚'共荣政策'，进而吞并全中国，乃至占领全世界，采取了最反动、最残酷的法西斯统治。最近从南满地区调集了几十万日伪军和警察特务对三江地区实行'治安肃正'。对民众实行'铁壁合围'，把群众和抗日军分离开，叫你有粮食无法运，有衣服无处送，企图扼杀抗日队伍。党组织指示我们要采取各种措施，粉碎敌人的封锁。日本侵略者是异地统治，地理环境不熟，不得人心，困难重重；我们是当地熟，人心所向。相比之下，只要我们依靠群众、发动群众，有针对性地采取对策，敌人的狂妄野心是不会得逞的。根据抗日斗争的需要，上个月饶河反日游击大队队长李学福派代表和我商谈提出建立联络站问题。我感到很有必要，就同意了。这个联络站设在佳木斯南桦川县境内的太平镇西二里的李祥屯，名字就叫'佳南联络站'联络站的任务是负责哈尔滨、佳木斯及松花江下游党和抗日队伍（重点是饶河抗日游击大队）相互间的通信联络，侦察搜集敌情和敌方枪支分布情况，给就近各抗日队伍筹集少量的物资等。"

董仙桥说："经双方研究，一致同意由你担任联络站站长，你有三个有利的条件。第一，你有文化，政治洞察力强，善于做群众工作，是做地下工作的能手。第二，经过一年的磨炼，你已具有一定的统战、联合经验，敌、我、友情况比较熟悉，有把握做好相互间的通信联络工作。第三，也是最重要的一条，太平镇地方是你的家乡，你人熟、环境熟，具有天时、地利、人和的条件，一定能完成这项任务。当然，不是你一个人去建站，你要把家搬去，饶河抗日游击大队还要派人做你的助手。我已和太平镇小学校长沈作山联系，他同意你在李祥屯当私塾先生，也就是你的公开身份。"

听了董仙桥的话，白云龙紧紧握住老师的手，信心十足地说："请老师放心，学生一定完成任务。"

太平镇是桦川县的一个重镇，位于完达山脉的北麓，镇南部属丘陵漫岗区，二三十里可进七星砬子山，可攻、可守、可退，便于抗日队伍活动，镇北部属松花江平原低地，远眺西北可见佳木斯镇，东北可见悦来镇，居高临下可鸟瞰敌人的活动，便于掌握敌情。更重要的是这里距敌伪盘踞的重镇佳木斯较远，侵略者的势力鞭长莫及，不易引起注意。同时这里周围村庄较多，群众基础好，便于组织起来支援抗日队伍。

白云龙先向太平镇小学校长沈作山报到，又拜会了太平镇伪保长萧栋卿，然后租了一座院落宽阔的三间草房，既是联络站又做私塾学堂。

由于住户少，念私塾的孩子不到20个人，大都是富户子弟，有几个念书欲望很强的穷人家子弟还是白云龙免费收的。当时农村识字人太少，稍有些文化的人，农民就称他是"秀才"。白云龙是从佳木斯来的，又是中学生，屯里人都非常敬重他，家长和学生都称他为"白先生"。

经佳木斯地下党组织批准，佳南联络站由3人组成，白云龙为站长，白芳、李树和做助手。白芳是白云龙的父亲，由于多年在此地居住，对太平镇一带的地理环境很熟。他善交际，跟太平镇几个名望较大的人关系比较密切。这些条件对联络站工作很有利。李树和是白云龙的表弟，是饶河游击大队派来的，原在队里做联络工作，搞联络工作的经验比较丰富。为避怀疑，李树和将全家搬到了李祥屯，装扮成种地的农民。

佳南联络站建立后，白云龙家里经常来人不断，有搞武装联合的，有筹集物资的，有搞情报的，每次来人白云龙总忙个不停，直到把事情办好为止。

1932年日军侵入三江地区时，松花江一带出现了许多抗日武装，这些队伍曾给日本侵略者很大打击，但由于是自发的，缺乏组织纪律和战斗力，很快就被日伪军打散了，变成了小股部队，活动于完达山一带。1933年春，中共河北省委曾派苏梅、李向之来佳木斯收拢松花江一带抗日武装，吉东省委也派人来佳木斯工作，但由于日军的疯狂"围剿"，工作很不顺利。为贯彻中共中央的抗日统战政策，饶河反日游击大队派中队长许资善来和这些小股武装搞联合，团结起来，共同抗日。

首先是如何寻找小股抗日军问题。为此，白云龙和白芳、李树和开会进行研究。白芳说："太平镇伪保长萧栋卿曾参加过谢文东队，搞过谢队与红枪会的联合工作。此人有民族感、爱国心，对山里抗日军的情况比较熟悉，向他打听就行了。"白云龙听后点头表示同意。

两天以后，白芳打听到一些抗日军的情况，太平镇西南山一带有一个报号"战东洋"的抗日队伍，有100多人，虽然也打过伪警察署，取得了一些胜利，但因队小力单，孤立无援，只能在山里活动，不敢出山打击敌人。白云龙将情况向许资善汇报后，许资善决定前去做工作，把这支队伍争取到游击队来。但这支队伍怕被日军消灭，对外界戒备森严，不容易靠近。白云龙又和父亲白芳研究，白芳说："萧栋卿和'战东洋'是朋友，我就说'战东洋'的亲属找他，叫萧栋卿写个信介绍一下就可以了。"白云龙表示同意。

李祥屯距曲家营70多里，全是山野荒路，白云龙和许资善经过一昼夜的跋山涉水，终于来到了曲家营。

曲家营是个小山屯，只有几十户人家。白云龙和许资善在屯头向几个铲地的农民打听到"战东洋"的驻地在北山，他俩道谢后又往北山走，小屯离山很近，走不到二里地就进山了。山越走越高，林越走越密，高大的原始森林遮天蔽日，让人生畏。白云龙和许资善沿着林间的小道正往前走，突然从密林里撺出几个人，端着枪，喝道："干什么的？举起手来！"白云龙急忙回答："老百姓，见你们队长。""好大的胆，何事见我们队长？""有要事相商，耽误了大事谁负责？"白云龙的反问引起了几个端枪人的重视，他们小声商量了一会儿，一个年岁大的人说："请二位先等一等，我们向队长请示一下。"说着一个年轻人迅速往山上走去。

约莫一袋烟工夫，年轻人回来说："队长有请二位，不过得先委屈你们一会儿，把眼睛蒙上。"两个人表示同意，蒙上眼睛后，被人领着往里走。十分钟后他们来到"战东洋"的指挥部。"战东洋"叫人拿下他俩的蒙眼睛布，问："是谁介绍你们来的？"白云龙说："有人介绍。"说着从衣兜里拿出萧栋卿的信递给"战东洋","战东洋"看完了萧栋卿写的介绍信后很高兴,对他俩热情招待。

谈判开始,"战东洋"由于对抗日形势不了解,顾虑重重,他怕联合后没有自己的地位,怕与日军大兵团作战自己的队伍被消灭,怕手下的弟兄不同意去。白云龙和许资善给他讲全国的抗战形势,讲东北抗日游击队的蓬勃发展,讲只要全国人民团结起来,同仇敌忾,就一定能把日本侵略者打败的道理。"战东洋"越听越开窍,最后他表示:为了中华民族的抗日大业,把个人的得失置之度外,同意联合起来,共同抗日,并约定在适当的时机把队伍拉到饶河去参加游击队。完成此项任务后,两个人离开了"战东洋"。

从曲家营回来后,许资善决定去佳木斯拜会地下党领导人董仙桥。白云龙和许资善化装成赶集的农民,从佳木斯城南绕到佳木斯西门外董仙桥家里。正值桦川中学放假,董仙桥在家休息没上班。白云龙把许资善介绍给董仙桥。

许资善说明来意后,双方进行了商谈。首先谈论了抗日形势和任务,继而研究了联络站的任务、工作方式和领导问题,最后确定:饶河反日游击大队与佳木斯地下党紧密联系,佳木斯地下党通过佳南联络站及时向游击大队传递情报,双方紧密配合,扩大武装,争取抗日战争的胜利。

从1935年7月开始,为执行地下党"突破封锁线,千方百计给抗日队伍筹集给养"的指示,联络站积极想办法,为抗联七星砬子兵工厂购买制造枪弹的原材料和为山里各抗日队伍运送衣服和粮食。

当时太平镇一带尚未建立起抗日救国会,买军用原材料和筹集生活用品都是非常困难的,白云龙与支持抗日的伪保长萧栋卿配合,组成了支援抗日军小组,萧保长负责筹集物资,白云龙负责运送。当时日伪当局也在民间收钢铁等金属，萧栋卿利用保长的身份，将收到的钢铁留下一部分给抗联兵工厂，一些粮食、衣服也大部分由萧栋卿负责提供。

由于日伪封山设卡，运送物资非常困难，用车运根本办不到，只能用人背。用人背也只能在夜深人静时进行，否则被日伪军发现就会立即被杀头。为了抗日的大业，联络站人员冒着杀头的危险，用蚂蚁搬山的方法，先后给抗联兵工厂运送5 000多斤钢铁和数十石粮食及若干被服，其中付出了很大的代价。

联络站运送物资的任务主要由白芳和李树和承担，不幸的是白芳在一次给曲家营一带的张凤山抗日队伍送粮食回来时，突然与数十名伪警察相遇，伪警察认定白芳是抗日部队的探子，将他打得遍体鳞伤，昏倒在树下，伪警察们误以为白芳死了，把他扔下就走了。白芳半夜苏醒过来，用了半宿时间才爬回家，回家后卧床不起，20多天后去世，白芳老人为抗日事业献出了宝贵的生命。

白芳牺牲后，给抗日军送物资的任务主要由白云龙、李树和承担。白云龙白天教书，李树和白天种地，到了黑天成宿地给抗日军送物资，担子十分沉重。

佳南联络站最主要的任务还是传递情报。为了做好这项工作，站长白云龙曾多次去佳木斯和地下党负责人董仙桥研究情报来源和传递方式，董仙桥也曾派人去佳南联络站传达中共中央的抗日统一战线政策和抗日战争的形势。当时，佳木斯地下党的情报主要来自两个方面：一是由打入伪桦川县公署当文书的中共地下党员张宗兰从她所管理的文书档案里发现和摘抄；二是由打入伪三江省警务厅当警察的陈芳钧从敌人内部获取口头情报。日伪情报主要由伪保长萧栋卿提供，当地抗日队伍活动的情报则由各抗日队伍派人送到联络站。

佳南联络站的一般情报由白芳和李树和传送，白芳牺牲后主要由李树和传送，有些很急很重要的情报则由白云龙亲自传递，有时和萧栋卿一起去传递。

1936年夏天，佳木斯地下党转来日伪军要进行扫荡的情报。不久萧栋卿也从日伪警察方面得到这方面的情报。这是有关抗日军生死存亡的大事，白云龙、李树和、萧栋卿三人连续用十几个夜晚进行传递。

第一次是到七星砬子山给东北抗联独立师传递情报，他们克服了山高路险、雨雾蒙蒙，终于把情报传递给东北抗日联合军独立师师部和七星砬子兵工厂。

第二次、第三次是到曲家营一带给"天元""五省"两个抗日队伍送情报。从太平镇到曲家营的上百里的路上，有平川、山地、洼甸子，白天不能走，总是在夜间从荒路摸索前行，遇上漂筏甸子，一不小心就会把人沉没。而到了山上，山风鸣咽，野狼嘶嚎，令人毛骨悚然。

历尽艰险，交通站的人员克服了种种困难将情报传递出去。各抗日部队接到情报后，在转移部队的同时还制订了伏击敌人的计划。1936年8月，日伪当局派900多名日伪军到七星砬子山里扫荡；派100多名伪警察到曲家营一带扫荡。进入七星砬子山的日伪军，在山里转了十数日，连一个抗日军也没发现，气急败坏的日伪军只好把山边的民房烧了许多后一无所获地返回佳木斯。到曲家营一带的日伪警察中了"天元"抗日队伍的埋伏，"讨伐队"被击毙击伤7人，缴获机枪1挺，长枪2支，日伪军狼狈地逃回了佳木斯。

1936年11月，东北抗日联军第七军第二师师长李学福，为了准确掌握敌情，派交通员黄海林来佳南联络站通过白云龙搜集情报。白云龙以赶集的名义，亲自到佳木斯探听消息，回来后转告给黄海林。

1937年冬，日军对抗联各部队进行疯狂"围剿"的同时，又在下江一带破坏党的地下组织，形势非常紧张。1938年2月28日，佳木斯党组织负责人张耕野、周绍文和徐连太3人突然来到李祥屯白云龙家。张耕野谈到佳木斯形势紧张，嘱咐白云龙，要密切注意事态发展，对联络站及早做妥善安排，以应付可能发生的意外。

张耕野从白云龙家走后不到一星期，日本侵略者施行了蓄谋已久的"三一五"大逮捕（史称"三一五事件"），佳木斯党组织遭到破坏，佳南联络站的工作也随之终止。为躲避日伪当局的搜捕和避免发生更大的损失，白云龙及时辞去塾师职务，到富锦县兴隆镇族兄家暂避，此后与组织失去联系，成为散在的党员，秘密地做一些力所能及的工作，一直到东北解放。

中共地下佳南联络站，从1935年建立到1938年终止活动，虽然只存在了4年，但在桦川的抗战历史上也留有极其重要的一笔。

第六节　桦川人民的抗日斗争活动

在中国共产党的领导下，中共桦川县地方党组织，团结依靠人民群众，在偏僻的农村和山区，建立密营、根据地和"红地盘"，成立抗日救国会、妇救会和儿童团。人民群众积极主动为抗联筹款筹物，传送情报，破坏桥梁、电信，并伺机袭击敌人。对于松花江下游抗日斗争形势的发展，日伪当局恐慌万状，惊呼"三江省已变为共产乐土！"

一、袭击大来岗伪警察署

中共桦川县委成立以后，领导抗日救国会组织各种武装，随时打击小股敌人和保卫上级领导机关的安全。其主要武装队伍有游击连和抗日青年队，由各区委直接指挥。

中共桦川县委组织的最大武装行动是袭击桦川县大来岗伪警察署。中共桦区区委宣传干事陈二丫叛变后，跟随王锡坤伪警察马队到处追捕党的地下工作人员。为了消除祸根，中共桦川县委决定于1937年2月10日夜间（除夕之夜）攻打大来岗伪警察署王锡坤马队。中共桦川县委书记尹洪元定于2月9日在大来岗万家油坊召开秘密会议，进行部署。中共桦区区委书记王尊相和宣传委员老纪在去参加会议途经山音村党支部书记董老疙瘩家休息时，被王锡坤马队杀害。由于桦区区委领导人不幸遇难，第一次攻打大来岗警察署的计划没有实现。第二次袭击大来岗警察署是在2月25日（农历正月十五元宵节）夜晚。先由桦川大来岗小学教员、共产党员宋绍景将警察署和王锡坤马队的情况调查好，并联络几名内线。此次行动，各抗日救国会有100多人参加，中共下江特委也派一些队伍参加。元宵节子夜后，队伍趁伪警察熟睡之机，摸进伪警察署大院，俘虏了40多名伪警，收缴了署内枪支。这次袭击警察署武装行动震慑了敌人，伪警们再也不敢单独几个人到处横行了。

二、刘志敏（女）在板场子领导地下被服厂

1936年至1937年，距离敖其村15千米的板场子屯曾是下江特委机关妇联的驻地。板场子是个三面靠水的屯子，这个屯子在20世纪20年代还没修通铁道、以水路交通为主的时候，在这个屯子曾修建过汤原县县城，后来因地势低洼，常遭水患而未能立足。因为这个缘故，这里还留有旧城墙、城壕和比较规整的街道，甚

至还有几座砖房和炮台，当时江南、江北的部队经常过往这里。

下江特委机关妇联在这里设有地方被服厂，妇联把棉花和布匹分派到各家各户，妇救会员们到了晚间都很忙碌，在油灯下絮棉花、做棉衣棉裤。

下江特委的妇联主任刘志敏同志当时就住在村西头老王家，老王家院内有三座房子，东厢房有磨和几匹马；西厢房和正房里，聚集着一大帮妇女，屋里还有两台缝纫机，这东西在当时很少见。

原来，这个大院套是妇联临时办起来的地方缝衣队，也叫"地方被服厂"，妇女们正在为前方部队做棉衣。当时才12岁的李敏看到屋里靠墙堆着已做好的棉衣、棉裤，都分别标好了大、中、小记号。另外，还有各村农会送来的棉胶鞋、乌拉鞋、绑腿、鞋绳及各色包脚布等军需物品。

妇救会不仅为部队做军服，还排练节目去各村演出为前线募捐。

李敏在这个村子里，曾看到东北抗日联军第六军第一师马德山（金成浩）的部队。马德山师长是朝鲜族，原籍朝鲜平安道，当年只有25岁左右，因右眼受伤失明而落下"马瞎子"的绰号。部队进村后，老乡们主动帮部队遛马和喂马；在部队同志吃晚饭时，妇救会在两间屋子里分头举行了慰问演出。演出前，特委妇联主任刘志敏同志向部队致辞表示了欢迎和慰问，然后请马德山师长讲话。马师长向父老乡亲表示了感谢，他说老乡们的支援给部队增添了无穷的力量和勇气，部队一定不辜负乡亲们的期望和重托，请大家相信，有共产党的领导，一定能把日本侵略者赶出中国！

三、达木库青年踊跃参加东北抗日联军

为了不断扩大抗联队伍，中共桦川县委从两方面组织兵源：

一是动员地方上的青壮年，积极参军参战，号召广大群众，主动送自己的亲人上战场去打日本侵略者。二是将地方上有实战经验的青年抗日先锋队和游击连送到抗联部队。据统计，1936至1938年间，桦川县有1 000多名青壮年走上抗日前线，有500多名地方武装战士荣升到抗联队伍中去，开展武装斗争。

在板场子的地方被服厂，李敏曾看到从江南达木库村（下江特委组织部驻地）来了几位青年，是由抗日救国会主任领来的，他们请求马德山师长批准他们入伍。这几个青年一个姓葛，一个姓陈，一个姓徐，清一色20来岁。马师长立即表示了欢迎，并向大家做了介绍。

马师长还十分激动地讲了话，他向热情支持抗日的乡亲们和为部队送子送郎的家属们深表敬意。他说抗日救国的胜利之日为期不远了，祖国一定会解放！当时地方上有不少女同志也急着去部队参军，马师长说："姊妹们，我这个部队是骑兵，你们有马吗？人家小葛、小陈、小徐他们是从江南弄到马来的，不然的话，他俩也不能收。所以，请你们不要误解，这里没有男尊女卑的问题。再说，你们妇联在后方为前方抗日将士日夜兼程做军衣，这个工作多么重要啊！我们这些男同志还做不到呢……"（以上均来自李敏《回忆录》）

四、地方组织为抗联部队筹备粮饷

桦川人民在抗战时期，牺牲自己的利益，积极支援抗联部队。

1936年3月，祁致中领导的抗联独立师在桦川县中山屯一带建立"红地盘"（根据地），组织中山、大堆峰、小堆峰、田禄等屯的群众积极支援抗联。

1937年秋，桦川县敖其小学校长、敖其党支部书记李恩举，按照佳木斯党组织的部署，积极组织党员和爱国群众，先后给抗联第三军和第六军购买和转运衣服、鞋帽600多件，油印机4台，还有纸张、油墨等多种物资，有力地解决了抗联部队的物资急需。

1938年的夏末，梧桐河畔集结了大批人马准备西征。为了保证部队能顺利远行，军部安排了六军保安团政治部主任韩景波和宣传科长陈雷同志带领20多名战士去桦川县悦来镇筹集粮食和给养，当时正是割麦子的农忙时节。

筹粮的同志们历经艰险，在桦川县地方组织帮助下，筹集了上千斤的粮食，藏在卧虎力山下的柳树通子里。

张寿篯（李兆麟）政委听说筹集到粮食的信息后十分高兴，立即派教导队过江去背粮，过了松花江就是卧虎力山，山上有古城的遗址，由于日军搞"归屯并户"，当地的百姓已经不多了。

部队在当地渔民的帮助下，在夜间坐船过了松花江来到了卧虎力山下的柳树通子后，把藏在那里的粮食再一趟一趟地装船运回江北军部，各营部再到这里把粮食背回自己的部队。

五、小五甲村民冒死安葬抗联战士

1937年3月，东北抗联第六军保安团团长李凤林在横头山葡萄沟的战斗中不幸阵亡。据他的战友王钧说，那年的雪太大了，虽然进了三月，可地还未开化，没法挖墓地，只好暂时用雪把李团长埋上。他们给甲长留了些钱，请当地的群众买棺材把李团长好好地掩埋起来。

黑龙江省桦川县横头山镇东南边紧靠山区有一个小村落，敌伪时期称为"小五甲"（现新立村）。伪满初期，这里靠山边一带零星散居着20几户人家。1937年日军为了对付抗日武装力量，实行全面封锁，以切断东北抗联与人民群众之间的联系，进行了"归屯并户"，强制实行"集团部落"制度；并在各地实行"保甲连坐法"，小五甲便是在那时集中成屯并以"甲"命名的。

在《桦川文史资料》一书中，曾记述了当地一村民的回忆：

"1937年3月，我老叔张启找我，还有何老板、我二哥、关录子，对我们千叮咛、万嘱咐，说要安葬一个抗联团长，此事要绝对保守秘密，否则让日本人知道了性命难保。然后随同抗联来的同志（抗联来的同志还用车拉着一口棺材）一起，到西山东坡的沟里（胡驼子沟西南二道沟子），挖开一个雪堆，刨出一个穿军服的尸体。据说这个尸体是抗联的一个团长（经核对此人即是抗联六军保安团团长李凤林），不久前在葡萄沟阵亡，用马驮着埋在这里，我们一起挖墓把他安葬了。"

第六章 东北抗日联军在桦川

第一节 东北抗联十一军在桦川活动

东北抗日联军第十一军的前身为东北山林义勇军。1933年2月，桦川县驼腰子金矿工人祁致中带领6名工人举行暴动，打死护矿日军7名，夺取轻机枪1挺，手枪和步枪7支，并号召矿工参加暴动队伍，很快就有20多名青年矿工入队。暴动队伍以桦南县大梨沟为根据地，正式成立了以祁致中为首领的东北山林义勇军，拉起了抗日的大旗。1935年2月祁致中带领东北山林义勇军进入方正县境内，与赵尚志、冯仲云领导的东北人民革命军第三军取得了联系，主动接受第三军领导。在第三军的帮助下，祁致中的东北山林义勇军政治素质和战斗力有很大提高。1936年1月28日，中共勃利县委看到祁致中部达到100余人，已成为一支重要的抗日力量，派共产党员勃利县团委书记富振声去祁致中部工作，帮助改造这支部队。1936年5月20日在依兰县二道河子，祁致中部被改编为东北抗日联军第三军独立师。师长祁致中，政治部主任富振声，指导部主任金正国。独立师成立后经过整顿发展，先后建立了3个旅，共800余人。1937年6月15日富锦县警察大队大队长李景荫率部起义，加入独立师，李景荫任师参谋长。同月中共北满省委做出决定，将东北抗日联军第三军独立师扩编为东北抗日联军第十一军。1937年11月，在东北抗日联军北满总指挥部总政治部主任张寿篯（李兆麟）的帮助下，东北抗日联军第十一军在富锦县二区成立。军长祁致中，政治部主任金正国。第十一军下辖1个师，师长李景荫。第十一军有1 500多人，在富锦、桦川、依兰和同江一带开展游击战争，打击日伪军。1939年5月30日，第十一军编入抗联第三路军建制。1940年4月，第三路军取消军一级建制，第十一军分别编入抗联第三路军第三支队和第九支队，第十一军番号取消。

第二节　东北抗联十一军政治部主任金正国

金正国，原名金相周，又名金相奎、金振国，1912年生于朝鲜庆尚北道礼泉郡虎鸣面山合洞；1916年迁到中国辽宁省宽甸县一个偏僻山村，以租种地主土地为生；1922年，迁到黑龙江省汤原县古城岗定居。在学习期间，受进步老师的教育和影响，他阅读了一些革命书刊，思想进步很快。特别是受崔石泉等革命者在通河、汤原等地进行革命活动的影响，他积极投身于革命斗争，参加撒传单、贴标语等革命宣传活动。1929年，他在家乡当教师，继续进行革命活动，并于1930年加入中国共产党。

1932年初，金正国任中共汤原中心县委秘书，经常到格节河、亮子河、黑金河等地进行抗日救国宣传。

1933年，他和县委成员一起，奔走各地，开展建立抗日群众组织工作，同时发动群众，筹款买枪，收缴地主武器，于1933年末，建立起汤原反日游击队。1934年冬，汤原反日游击队改编为汤原反日游击总队，金正国任指导员。

1936年夏，在中共勃利县委协助下，祁致中的"明山队"改编为东北抗日联军独立师，金正国任独立师第一旅政治部主任，后任师政治部主任。1936年秋和旅长张治国率领100多名战士，在桦川县西部活动时夜袭伪大队，打死敌人20多名，俘虏敌人170多名，缴获各种枪200多支和许多弹药。

1937年秋，在桦川县孟家岗后背长石砬子山脚下打死10余名敌人，截获4辆运送黄金和给养的汽车，缴获步枪百余枝、黄金数百两。不久，又在桦川县孟家岗诱敌骑兵黑石部队700多人到五道岗大道，激战一天，歼敌百余名，打死战马200多匹，缴步枪200多枝、轻机枪10挺。同年10月，独立师改编为东北抗联第十一军，祁致中任军长，金正国任政治部主任兼第一旅政治部主任。队伍发展到1 500多人，主要活动在桦川、富锦、同江一带。

1938年春，东北抗日斗争进入更加艰苦时期。日本侵略者企图消灭抗联部队，在下江地区集中重兵进行"讨伐"。日伪军共动用千余名骑兵和伪军第四教导队500余人，向十一军活动区域发动"围剿"。在敌强我弱的情况下，他和旅长张治国率第一旅战士边打边退，从桦南的永平岗退到山里。当退到大锅盔山前时，被敌人重兵包围。在激战中，张治国等80余名指战员壮烈牺牲。他率余下几十人打开血路，冲出包围圈，转移到七星砬子山里。

金正国墓碑

1938年5月下旬，金正国不幸于富锦县李家粉坊（现桦川县李贵屯）活动时被叛徒杀害，时年26岁。

第三节　抗联独立师袭击悦来镇伪军

1936年4月中旬，祁致中率独立师本部骑兵100余人活动在桦川县葫芦芯子等地。另有三旅在桦川县柳树河子一带活动。两部分队伍会合后，人数达300余人，都是骑兵。

4月19日，他们在桦川县悦来镇西南约15千米处的拉拉街，与驻屯的日伪军警展开了激烈战斗，时间长达6小时，给敌以重创后迅速撤走。这时在富锦县活动的二旅也赶来会师，组成500余人的队伍，于4月21日深夜，向北移动，进攻悦来镇。

悦来镇地处佳木斯东北40千米，是从佳木斯到富锦的交通要道。镇上驻有伪军二十六团，还有60名伪警察、30名自卫团成员。独立师与拉拉街伪军战斗时，悦来镇伪军就做好了防御，与抗联对峙。独立师30名战士经过英勇奋战，趁自卫团子弹用尽换班之际，从南门割断铁丝网，冲入中央十字大街，给敌以严重威胁。由于佳木斯日军出动支援，独立师向太平镇方向撤走。此次战斗给佳木斯的日军以很大震动。

第四节　东北抗联第六军保安团激战葡萄沟

1937年春，日军派重兵封锁了通往小兴安岭以及汤旺河的主要通道，以断绝抗联和外界的联系，使其得不到人民群众的物资供应和其他支援。妄想将抗联围困在小兴安岭，不能发挥抗日的作用。抗联部队为了保存抗日力量，决定"化整为零"冲出敌人的封锁，转战在三江平原。

三江平原的汤原、桦川、依兰、宝清、富锦等地，虽然都是老抗日根据地，可是敌人已逐步地实行了"归屯并户""集团部落"及"十家连坐法"等，几乎使抗联与群众割断了联系。平原地带大山林较少，不是青纱帐起的时候，很难隐蔽作战。敌人妄图集中兵力在三江平原进行"围剿"，将抗联一举消灭。

在这一艰苦的时期，东北抗联第六军保安团团长李凤林同志带领东北抗联第六军保安团，趁冬季封江，由汤原进入了桦川西部的山区。由猴石山、草帽顶子到松木河，逐渐向大青背一带转移、活动。

李凤林是一名骁勇善战的指挥员，曾带领游击队攻打过竹帘镇，拔掉过盘踞在汤旺河沟里的森林警察据点，战斗中他表现出卓越的军事才能。1936年初，党组织调他到东北抗联第六军工作。在抗联部队，他先后担任六军四团二连连长、六军保安团团长等职务。

同年3月，李凤林的战友王钧同志带领抗联六军二师的部队，也在桦川的南山边子及太平镇至七星砬子一带活动。为躲避敌人由太平镇一带派出来"围剿"的日伪军，部队快速行军，由太平镇西南插向横头山。这支部队本想向南进入追分（现桦川申家店）山里，再到庙儿岭，大、小青背山。可是走到卢家窝棚时碰到了军部首长和李凤林所率领的抗联六军保安团。李凤林告诉王钧敌人在追分有骑兵驻扎，为的是拦截部队入山的去路。情况的突变，使他们不得不临时改变行军路线。

王钧的部队经过了半夜和大半天的急行军，同志们都走得又渴又饿，便分散开在卢家窝棚和葡萄沟一带，准备吃点饭，略作休息，趁天黑之前绕道进入南山里。部队停下来不久，敌人的骑兵便由北边的长发屯和南边的追分两路同时夹击过来。留在大道边的哨兵发现了敌人的骑兵，已经来不及报信了，只好鸣枪报警。听到枪声的王钧同志知道有紧急情况，也顾不得吃饭，便和李凤林同志命令部队抢占葡萄沟的西山。

葡萄沟的西山，满山都是柞树、桦树和榛柴棵子。部队一边阻击，一边向山坡上退，当通过一段开阔地进入了树林子时，因为目标明显，人也较为集中，部队有些伤亡。等到退入西山树林子时，地形较为隐蔽，又占领了制高点，基本控制了敌人的进攻，同时打死了一些敌人。

为了保存抗日力量，也为防止敌人的大部队"围剿"。经研究，决定突围，部队即刻向西南山转移。李凤林同志坚持带领保安团留下来阻击敌人，以掩护部队撤退，首长们只好给他留下两挺轻机枪和一些弹药。

当天下午，敌人疯狂地发动了几次冲锋，他们想在天黑前拿下山头，可都被李凤林同志带领战士们居高临下打退了。在山下，敌人留下一些尸体和死伤的战马退了下去。这时，日军的指挥官气得暴跳如雷，继续组织冲锋。这样持续了几个小时，敌人又增援了一些步兵，并且带来了轻重机枪和迫击炮。他们准备集中火力掩护步兵，对山头进行强攻，并且从两翼包抄，形势非常危险。

就在这危急时刻，李凤林同志在山峰的高处探出身子，以便观察敌人的行动进行指挥，不想却暴露了目标，被敌人从望远镜中发现，他们立即校正炮位，对准他所站立的山头，集中炮火，猛轰了一阵，密集的炮火下，李凤林同志不幸中弹牺牲。

看到自己的团长牺牲了，战士们悲痛万分。他们决定坚持到底，浴血奋战，他们要为团长报仇，他们想让部队走得更远、更安全。在战士们顽强地阻击下，敌人一直没能占领葡萄沟的西山。天黑了，日军怕夜间抗联的大部队会出其不意地把他们包围，便仓促地撤退了。

敌人撤退后，警卫员小丁用李凤林所骑的白马驮着他的遗体，撤出了战场。战士们坚持扛着轻机枪，又从敌人的尸体上搜出一些弹药，以作补充。在黑夜的掩护下，由一个熟悉道路的战士带路，从葡萄沟退往小五甲（现桦川横头山镇新立村）。找到甲长后（这里都是两面政权），战士们说明了情况，暂时将李凤林同志的遗体埋在小五甲西山东坡的一个獾子坑里。李凤林牺牲时年仅27岁。[①]

1933年，党组织任命李凤林为中共鸭蛋河区区委书记。李凤林任职后，经常深入农村，广泛发动群众，积极宣传抗日救国思想，组织抗日救国会，不断吸收抗日斗争中的先进分子入党，在他的努力下，中共鸭蛋河区委建立了4个党支部，发展党员30余名。

王钧，1914年生于黑龙江省汤原县一贫苦农家。1933年10月，参加汤原游击队。同年冬参加了对东二堡和萝北县鸭蛋河自卫团的缴械。王钧经受战争的锻炼，由战士逐步提升为班长、排长、连长，于1935年加入中国共产党。1937年6月，六军保安团政治部主任王钧率部队开始第一次西征。1938年7月，任六军二师十一团政治部主任兼团长和西征部队党委委员。1940年1月末，王钧在呼盟境内坚持斗争。1941年7月，王钧率队第三次进入呼盟开展游击战争。1945年8月15日，王钧受命飞赴北安，担任红军卫戍司令部副司令。同年12月，王钧任黑龙江省军区副司令员兼参谋长、黑龙江省议会参议长、省剿匪总指挥，率领英勇善战的人民子弟兵，清剿了盘踞在省内各股土匪。1954年

王钧

———————
① 本文根据《桦川文史资料》中王钧的回忆文章整理。

9月王钧任黑龙江省军区副司令员，被授予大校军衔。1958年8月王钧任黑龙江省体委主任。1964年8月王钧任省人委视察室副主任、省委视察研究室副主任。1983年7月王钧任黑龙江省顾委委员。2000年7月23日病逝于哈尔滨。

隋德胜，中共党员，1913年生于黑龙江省宾县。1935年在黑龙江省桦川县参加东北抗联独立师，在第二旅第四团当战士、排长；1938年秋任东北抗联第十一军第一师九团团长。1940年东北抗联第一师九团改编为第六支队，隋德胜任第十六大队队长。1941年12月，隋德胜在黑龙江省铁力县凌云山附近作战中英勇牺牲。

第五节　乌龙岗战斗

1937年"七七"事变以后，日本关东军调动了三个师团的兵力，准备在松花江封冻以后进行"大讨伐"，扬言要毁灭三江抗日游击根据地，肃清共产党，消灭抗日军。在此严峻的形势下，同年12月初，东北抗联第六军第三师从汤原境内松花江渡口进入桦川境内，经西火龙沟、西湖景、猴石山、大堆峰，由悦来镇东部直奔新城镇，想到富锦西部开辟新区。12月10日，经侦察，新城镇内增有大批日伪军，直接东行有困难，于是直转南下，想经乌龙岗南行奔梨树园子，进入富锦花马区。

乌龙岗距新城镇十余里，从四合屯往南延伸，起起伏伏的漫岗如传说中的乌龙，此岗也因此而得名。由于我军人数多，目标大，所以在刚进入乌龙岗时，就有300多名日伪军乘坐马爬犁从东、南、西三面向我军包围过来。第六军第三师副官长王明贵和政委周云峰当即决定准备战斗，给敌人以严厉惩罚。

战斗打响后，敌人的机枪架在九五高地上向我军猛烈射击，我全体指战员利用乌龙岗上地窝棚的破墙、草垛做掩体沉着应战，但因地势不利，全师处于危急之中。

在十分紧急的情况下，王明贵与周云峰商定，由周云峰指挥第七、第九两团坚守阵地，顶住敌人的进攻，由王明贵率领第八团绕到敌人扼守的高地背后，对其形成夹击之势。

战斗进行得很激烈，双方各有伤亡，由于我军对地方形成夹击之势，敌人的伤亡更大些。

战斗从午间开始，一直打到天渐渐黑下来。由于此地是敌占区，周围有数处日本的开拓团，各开拓团都有守备武装，敌人不甘心自己的失败，一定会有援兵前来助战。于是王明贵决定在夜幕掩护下，迅速撤出战斗。由于敌人弄不清楚我军的虚实，在其援兵未到的情况下也没敢追击。我军的大部队顺乌龙岗南端的荒道疾速东行。

王明贵，吉林省磐石县人，1910年出生；1934年参加东北人民革命军。1936年成立东北抗日联军第六军，王明贵历任第三师连长、团长、第三师代师长，以及第三路军第三支队支队长。

1942年，他任东北抗联教导旅暨远东红旗军第八十八独立步兵旅第三营营长。

1945年，苏联对日宣战后，王明贵随苏军反攻东北，在齐齐哈尔担任中共嫩江

王明贵

地区委员会书记、齐齐哈尔警备司令部副司令员、嫩江军区司令员、东北野战军骑兵师师长、独八师师长。新中国成立后，王明贵担任黑龙江省军区副司令员。1955年，王明贵被授予少将军衔。2005年6月22日，他因病在哈尔滨逝世，享年95岁。

第六节 桦川县七星砬子兵工厂

七星砬子群山位于桦川县东南部，山中有哈达密河蜿蜒流过，方圆百余里的原始森林枝繁叶茂、幽深隐蔽，是易守难攻之地。1936年夏，在抗联独立师师长祁致中的提议下，部队决定在这里建立兵工厂。地址选在七星砬子山，是因为七星砬子群山多原始森林，地形隐蔽，以少数兵力把守山口，敌人很难侵入。

兵工厂建厂之初很是艰难，没有机器，缺少技术人员。后在地方党的协助下，在佳木斯一家铁工厂买到了一台能用的旧机床，用马车运到夹信子村（现集贤县胜利村）后，装上马爬犁送进山里。过几天，又通过集贤镇商业救国会在东北火磨厂买来两台零件不全的机床，其配件经过一番周折终于配齐。三排镇（现集贤县兴安乡）东北有一个开铁匠炉的赵师傅，此人会修枪，工具也整齐。在向他们说明了兵工厂的重要意义和难处后，赵师傅说："我们不会别的，只有这么点技术。抗日救国人人有责，只要信得过，人和工具一块去！"几天后，他和几个伙计携带全部工具，高高兴兴进山了。刘世发屯（现集贤县红联村）的徐大锯匠、张大锯匠都为兵工厂建立做过很多工作。地方组织多次发动群众捐款，购买了大量的铁料、铜料，为修理枪支提供了原料。

独立师的领导人还通过关系，找到原奉天兵工厂的工人作为技师，从清华大学搞来图纸，进行武器研制。他们分别在3处密林深处建起了3个车间。第一是造枪车间，第二是弹药车间，都在老道沟；第三是修械所，在小白砬子。为解决动力电，他们在山里修筑了一条小水坝，以水轮带动发电机发电。水源不足时，就把大铁轮安装到木架上，挂上皮带，4个人轮换着摇动，来带动机床运转。

七星砬子兵工厂的工人们经过反复研究，成功试制出一种手枪——带机头的撸子，俗称"匣撸子"。枪面上的漆是用豆油烧烤的，黑亮如老鸹翎，一开始就生产出100多支。抗联独立师师长祁致中为此开了个庆功会，鼓励大家再接再厉。他还亲自拿起枪测试性能，连发数弹均射中靶心。工人和战士都很高兴，抗日情绪高涨。

此后，工人发挥创造性，又试制出手提式自动冲锋枪。枪梭弯曲细长，打匣枪子弹。这种枪的性能也很好，只是生产效率不高，造一支需要很长时间。工人们在修理缴获的三八式轻机枪时，想到三八式步枪子弹容易解决，就决定用三八式机枪零件研制一架直把轻机枪。这种机枪不久就制造成功。抗联独立师装备了自己制造的机枪，战斗力更强了。

弹药车间主要是制造子弹头和把空弹壳装成子弹。他们试制的一批迫击炮弹也让部队威力大增。

对兵工厂来说，修枪和造枪的原材料最难解决，因为一般钢铁不能用于造枪，需要特种钢材。一次，侦察员得知在长发屯车站堆放着一些钢轨，孟宪贵连长带领几十名骑兵前去夺取。部队从笔架山出发，半夜赶到长发屯车站。孟连长派出一个班担任警戒，其余人搬运钢轨。运走一半时被敌人发觉了，双方展开激烈战斗。战士们一面战斗一面抢运，终于把全部钢轨运到了安全地带。

次日中午，百余名日伪军骑兵循迹追来。抗联战士则在老道沟两侧设下埋伏。敌人进入头道卡子就遭到袭击，死伤很多，不敢再贸然深入，只得收兵。抗联战士把全部钢轨用绳子拴好，再接上马套，拖回了兵工厂。

1937年，敌人发现七星砬子山里有抗联密营，便加紧进行破坏。由于叛徒告密，当年秋天，驻守集贤镇的日伪军400余人向七星砬子进犯。抗联独立师守卫部队与敌人展开激烈战斗。为了防止损失，工人们将机器拆开埋藏起来，或转移到其他地方。战斗结束后，工人又把机器安装好，恢复了生产。他们把从敌人手里缴获的手榴弹打开研究，试制出一种杀伤力很强的新式瓜形手榴弹，供部队使用。就这样，日伪军虽多次对兵工厂进行破坏，但每次都遭到独立师的沉重打击，兵工厂一直坚持生产。

1939年初，日军为摧毁七星砬子兵工厂，调集了3 000多日军向七星砬子发起猛烈进攻。守卫兵工厂的80多名战士、工人同日军进行了顽强的战斗，毙敌百余人。日军靠强大兵力，昼夜不停地从山下向山上进攻。我方守军轮流休息，奋勇反击敌人，战斗持续3天3夜，日军趁抗联战士疲惫之机偷袭，从两面夹击登上了七星砬子山。残暴的敌人最后竟施放毒气，守卫兵工厂的战士、工人在战斗中全部牺牲，兵工厂惨遭破坏。

东北抗联第十一军兵工厂遗址和出土的子弹

金根，原名金光珍，别名金弦，朝鲜族，1903年出生于朝鲜咸镜北道庆兴郡雄基邑的一个农民家庭里。1908年，金根随同全家移居到中国吉林省和龙县光照屯。

1910年，金根入光齐谷小学读书；1916年考入延吉中学，

1917年肄业；1918年考入吉林工业学校。毕业后，他又考入南京大学，终因家庭生活困难，交不起学杂费而失去了继续学习的机会，这使他意识到旧社会的黑暗，开始接受革命思想。

1924年至1928年，金根先后担任了和龙县北獐洞、大扇洞等小学校校长。他热情地向学生们传播革命思想，深受学生们的爱戴和欢迎。他还广泛接触农民群众，揭露地主阶级的反动本质，深入浅出地讲解农民受剥削、压迫的原因，启发农民的

金根

阶级觉悟。他还利用办夜校和识字班等形式，积极向农民宣传革命道理，对农民进行革命思想教育。

1929年，金根同志到龙井镇大成中学任教。他以教书为掩护，和十几名革命青年积极进行反帝反封建的革命活动。他的爱人、妹妹、侄儿、侄媳等在他的革命精神和革命热情的鼓舞下，都积极参加了革命活动。1930年6月，金根同志光荣地加入了中国共产党，从此，他更加勇敢地投入到革命的战斗生活。

1930年秋，金根同志根据党的指示，在汪清罗子沟建立了有40多人的革命武装组织。1931年，他们先后转移到宁安和穆棱的梨树镇等地进行活动。1932年6月，金根同志建立了23人的北满工农义勇队，金根任队长。他率队在穆棱县新成村消灭了一个民愤极大的反动地主分子。

1933年6月，金根同志为建立密山游击队，同金百万同志一起积极筹备武器，先后搞到34支步枪。1934年2月，成立了密山游击队，金根同志任参谋长。游击队成立后，在杨树林子与150多名伪军发生了激战，击毙伪营长、连副各一名，杀伤伪军10余名。

1934年10月，金根同志任东北抗日同盟军第4军参谋处长兼经济委员会主任。1935年3月，金根同志代理4军2团团长。他率队伏击了恶霸地主分子组织的反动自卫团，打死自卫团长等18人，缴获步枪18支。

1936年8月，金根同志被调到第八军第一师任政治部主任。新组建的部队，情况比较复杂，纪律松弛。他根据部队的实际情况，抓紧进行政治思想工作，进行部队的宗旨教育，做出了"要遵守群众纪律，不准抢老百姓东西，不准吸鸦片"等规定，使部队的组织纪律性有了加强。

1936年10月，日军从佳木斯派来了由10多人组成的"治安工作班"，到8军进行政治诱降活动。金根同志立场坚定，旗帜鲜明，同敌人进行了针锋相对的斗争，并以灵活的策略和果断的措施，将劝降人员全部消灭。

1937年12月3日，在日军的勾结下，第八军警卫连中出现了少数叛变投敌分子，两个叛徒手持枪支突然闯入了桦川七星砬子山金根同志的住处，对金根同志进行威胁、恐吓，金根同志坚贞不屈，惨遭杀害，牺牲时只有34岁。

柴阴轩，中共党员，1937年2月任东北抗联第八军第四师十三团政治部主任，后任东北抗联第八军第四师政治部主任，同年底在黑龙江省桦川县七星砬子抗联密营的一次战斗中壮烈牺牲。

崔振寰，1936年6月东北抗联独立师成立后任经济部主任，在双鸭山西建立被服厂，又在七星砬子建立了修械厂（即兵工厂），有20余名工人由崔振寰负责。1937年10月，独立师改为东北抗联第十一军，他任经济部主任。1938年2月兵工厂被敌人破坏，几十名战士被敌人放毒气毒死。同年冬，十一军教导队和三旅残部由崔振寰领导在黑龙江省富锦、桦川地区活动。1939年冬，崔振寰带领20余名学员在黑龙江省萝北县梧桐河上游山里遭到日伪军袭击，崔振寰和全体学员壮烈牺牲。

第七节　五道岗伏击战

　　1937年8月20日，东北抗联八军与五军警卫旅一、二两个团，以及独立师部队，决定在桦川五道岗（今桦南县境内）伏击敌人。这次伏击战中，东北抗联八军与独立师担任诱敌任务。当东北抗联八军政治部刘曙华主任与独立师金正国主任率兵前去

桦川县五道岗伏击日军
黑石部队战斗遗址

诱敌时，孟家岗的日本黑石部队中计而出。当他们到五道岗东南大道时，立刻遭到东北抗联五军警卫旅的猛烈攻击。这时，东北抗联八军与独立师的骑兵部队也从南面进行包抄。战斗从上午10时开始，一直打到下午4时，给敌人重大杀伤，共击毙敌人300余名，伤50多名，打死战马200余匹，缴获四四式马枪220支、轻机枪10余挺，致使日军长时间龟缩在据点内不敢出扰。

第八节　抗联二支队孟家岗炸日军

　　抗联第二支队支队长王效明率领50多人的小部队奉命到佳木斯附近进行侦察活动。当时中共佳木斯地下党的人员将日军一辆运载500余人的军列将从佳木斯市出发，经佳图线南下的情报转

给王效明后，王效明决定在佳木斯市南的孟家岗（现属桦南县）伏击日军军列。他们事先用从苏联带回的烈性炸药埋放在桥墩上，当日军军列行驶到孟家岗58号桥时，引爆炸药将七节军用列车全部炸毁，日军死伤500余人。小分队女报务员李在德将此次伏击战情况发报给抗联教导旅。此役创下了东北抗日战争中，一次消灭日军最多的战绩，受到东北抗联教导旅和苏联远东军区的表彰。

负责执行长期潜伏任务的原东北抗联第五军干部王亚东及冯淑艳夫妇于1941年冬奉命秘密返回穆棱县泉眼河，以生产做掩护广泛结交朋友，陆续弄清了八面通日军的飞机场、军用仓库、兵营的位置及铁路运输等情报，及时通过电台将这些情报发给周保中同志。这些小部队经常破坏日军控制的交通线和军事设施，袭击日军和伪满军的小股部队。野营和教导旅小部队的军事行动，虽然付出了伤亡、牺牲和失踪200余人的代价，但极大地鼓舞了东北人民的抗日斗志。小部队的侦察员用自己的青春年华，用自己的英勇战斗，用自己的热血牺牲，配合苏联红军解放东北，加快了抗日战争最终胜利的步伐，他们的功绩永彪史册。

远东苏军总司令华西列夫斯基元帅给东北抗联教导旅发来感谢电："第八十八旅英勇的中国战士们，感谢你们用生命和鲜血换来的情报，为我们远东军进攻中国东北起了重大的作用。特别是对日本关东军戒备森严的要塞堡垒进行的侦察和营救活动，高度体现了中国战士的优秀品格和顽强的战斗精神。我代表苏联人民感谢你们并向你们致以崇高的敬意。"

华西列夫斯基元帅

第九节　东北抗联在桦川县的历次战斗

1935年9月26日，抗联某部在桦川县横道河子袭击日伪军运输队，打死打伤敌人司机3名，敌车队狼狈地逃回佳木斯。

1936年春，抗联某部火烧桦川县西格木伪警察分驻所，带走所内全部伪警人员和枪支弹药。

1936年2月5日，抗联某部150多人在佳木斯南桦川县境内包围了日本三浦部队佐藤工作班，与随同保卫的桦川县伪警务局搜查班发生了激烈的战斗。佳木斯敌伪马队、步兵闻讯相继前来增援，战斗持续了两个小时。在敌人增援部队越来越多的情况下，抗联部队撤离。敌军伤亡很重，佐藤工作班狼狈地逃回佳木斯。

1937年3月，抗联第六军参谋长王钧带领六军二师的部分战士在桦川县南部山区一带活动，和佳木斯日伪军发生战斗。我军首先抢占了葡萄沟西山的有利地形，打击敌人一次次的攻击。战斗相持两三个小时，各有伤亡。为了保存实力，部队决定突围。傍晚，保安团团长李凤林掩护大部队撤退，在战斗中不幸牺牲。警卫员小丁用马将李凤林的尸体驮到葡萄沟东南的小五甲屯（现称新立村），找到甲长说明情况，将李凤林尸体掩埋在小五甲西山东坡。

1937年4月21日，在桦川县葫芦信子一带活动的抗联独立师本部，由师长祁致中率领500多人于深夜攻打桦川县悦来镇，重创日伪军。

1937年冬，抗联袭击桦川境内的伪火龙沟警察分驻所，打死了伪所长，缴获所内的全部枪支。

1937年12月10日，抗联第六军第三师在桦川县的西宝山附近，与日伪军发生了激战。战斗中，指挥员王明贵腿部受重伤，不能随军行动。师部将其委托在宋家油坊的群众王悦家养伤。王悦将其安排在南林屯西山包窝棚里，请医术较高的王大夫为其治疗。20天后，王明贵伤愈，被六军三师接走。

1938年1月初，抗联十一军一旅在大锅盔山前被敌军重重包围，伤亡很大。金正国带领几十人奋力冲出重围，转移到七星砬子山里。同年5月上旬，金正国不幸于李家粉坊（现为桦川县永贵屯）被叛徒杀害。

1939年3月17日，抗联第九军某部，在桦川县南部山地伏击日伪军，毙敌百余人，缴获装甲车4辆，给敌人以很大打击。

1940年5月28日，东北抗日联军第二路军总指挥部派出的小股部队，在林口至佳木斯铁路沿线的桦川县弥荣（孟家岗）附近，袭击敌金矿护矿队，击毙伪军7人，俘虏10人，缴获轻机枪1挺、步枪15支、子弹2 000发。

1940年8月25日至9月26日，抗联第二路军某部教导队，在姜信一带领下，30多名战士两次爆破桦川县境内追分到弥荣间的铁路桥梁，使火车脱轨，抗联教导队缴获大批物资。

第三编 ★ 支援解放战争
建设巩固后方根据地

第一章 中共桦川县委的恢复与建设

第一节 桦川县抗日战争胜利后初期的政治局势

一、苏联红军出兵东北，桦川县日伪政权土崩瓦解，桦川县光复

1945年8月8日，苏联政府对日本宣战。8月9日，百万苏联红军进入中国东北，歼灭日本关东军主力67万余人。此时，毛泽东主席发表了《对日寇的最后一战》的重要文告，号召中国人民的一切抗日力量应举行全国规模的大反攻，扩大解放区，缩小沦陷区。8月10日，八路军总司令朱德代表中共中央命令人民军队举行全国进攻，彻底消灭拒绝投降的日伪军，摧毁日伪组织和反动势力，建立人民政权。在中共中央的号召下，各解放区人民军队向日伪军开展了强大的全面攻势，使华北、华中的日伪军陷入重重包围之中，日伪统治政权濒临覆灭。

1945年8月15日，日本政府正式宣布无条件投降。至此，中国人民经过十四年艰苦抗战，终于赢得了抗日战争的最后胜利。

在地处松花江下游的桦川县，自苏联红军进入东北后，日伪政权的日本人就开始潜逃。1945年8月10日，伪桦川县公署及四乡伪街公所开始焚烧文件、档案、账目和书刊，销毁侵略中国的罪证。8月13日，伪桦川县公署及日伪机关的日本人已全部

撤离潜逃。8月15日上午苏联红军舰艇沿松花江途经桦川县悦来镇进驻佳木斯港，桦川县的日伪政权土崩瓦解，彻底垮台，桦川县光复。

桦川人民从1932年5月16日佳木斯镇沦陷至1945年8月15日伪桦川县公署垮台，经历了近十四年被压迫、被残害、被奴役的苦难岁月，面对日本法西斯的血腥统治，走过了漫长的、艰苦的、流血牺牲的斗争历程，与全国人民一道赢得抗日战争的全面胜利。在神圣的全民族抗战中，桦川县涌现出冷云、敬夫、张耕野等无数可歌可泣、彪炳史册的英雄人物，他们的爱国行动和壮举，他们的鲜血和生命，为抗日战争胜利，为中华民族的解放事业作出了积极而宝贵的贡献。同时，长达十四年的反侵略抗日斗争，也深刻地影响、教育了桦川县的广大民众，让桦川人民接受了革命道理，认识到只有共产党才能救中国的真理，极大地激发了桦川人民推进桦川县革命老区的建设与发展的革命热情。

二、国民党反动派倒行逆施，趁乱抢权，建立国民党桦川县党部

1945年8月15日，桦川县日伪政权垮台后，桦川县社会秩序一片混乱，政治局面十分复杂。日伪的残余势力乘乱成立了桦川县临时政府，伪县长谢俊山担任了临时县长，伪官吏夏歧山担任了临时县公安局局长。桦川县悦来、苏家店、长发、黑通、大来、田禄、湖南营、孟家岗、腰林子、小石头河子等地纷纷建立了维持会，原伪街长粉墨登场出任了维持会会长。在桦川县乡村，土匪蜂起，打家劫舍，危害百姓，搞得城乡人心惶惶，不得安宁。国民党的反动分子叶天林、韩光伟也潜入桦川县拼凑国民党县、区党部，乘乱抢权，收编和扩大反动土匪武装，成立"铁血爱国青年团"，暗杀我党政工作人员，威胁恫吓革命群众，制

造政治混乱，破坏、干扰我党建立革命根据地，为蒋介石反动集团发动全面内战效忠。

国民党桦川县党部是在国民党吉林省党部主任石坚和国民党佳木斯市党部张人天的授意策划下，经早来佳木斯的国民党上尉军官叶天林和国民党吉林省党部派遣的国民党特务韩光伟在激烈的争权夺位斗争中建立起来的。1945年10月18日，叶、韩经过吵吵闹闹的谈判，达成了共识，在红万字会礼堂召开了国民党桦川县党部成立大会，叶天林担任书记长，韩光伟、刘树屏、关树华、刘洪题、徐树栋等分别担任组织科、总务科、训练科、宣传科和调查统计室的科长，韩国秀等9人担任常务委员、执行委员和监察委员。国民党桦川县党部成立后，进行一系列反动活动，一是创办《先锋》刊物、印刷散发反动标语和传单，大搞反动宣传，大造反革命舆论。二是举办三青团骨干班，网罗效忠蒋家王朝的反动骨干分子。三是收编和扩大反动的土匪武装。四是成立"铁血爱国青年团"，暗杀我党政工作人员，制造了"佳木斯市政府凶杀事件"，杀害了副市长孙西林和市公安局局长高英杰。五是组织国民党的基层党部，建立了悦来镇、湖南营、驼腰子、闫家、孟家岗5个镇区党部，发展了一批反动骨干，进行了反动宣传、侦察、暗杀活动。

国民党桦川县党部倒行逆施的猖獗活动，使战后初期的桦川时局极不稳定。1945年11月5日，三江人民自治军进驻佳木斯后，国民党桦川县党部由城市转入乡村，进行地下活动。不久，叶天林、韩光伟等国民党反动分子落网，国民党桦川县党部彻底消亡了。

第二节　抗战胜利后初期，中共地下党员在桦川县的活动

1938年3月15日，日伪军和警察，大肆逮捕共产党员和抗日群众，制造了"三一五"大逮捕事件。随着董仙桥、张宗兰、金凤英、李恩举、李树昌、杨秀钟等中共桦川县地下组织的领导骨干100多人先后被捕，陈雷、张耕野、冷云等一批共产党员转移到抗联部队，中共下江特委领导的桦川县委及桦区、通区、景区、龙区、金区5个基层党组织遭到严重的破坏，停止了活动。

但是，共产党人是不会屈服的，抗日革命老区的人民是吓不倒的，他们在日伪政权的白色恐怖下，面对穷凶极恶的日伪法西斯统治坚持斗争，继续开展抗日活动。1945年8月15日，桦川县光复后，散居于桦川县城乡的中共地下党员和抗联战士自觉地组织群众开展抗日活动，协助进驻桦川县的苏联红军，清除日伪残余势力。

从1945年8月8日苏联政府对日宣战后，在桦川县的中共地下党员就组织桦川县群众做好迎接苏联红军的准备，自发性地组织反日伪分子破坏小组，严防日伪分子溃逃时进行破坏活动。他们积极协助进驻桦川县的苏联红军，抓捕流亡逃跑的日伪分子，清除日伪政权在桦川的残余势力。桦川县西宝山群众打进了日本开拓团驻地，夺回了被日本人侵占的土地和粮食；东宝山、大堆丰截住了企图逃窜的日本人军车和马车。星火灌溉站工人组织了护站小组，制止了日本人拆卸、破坏灌溉机器和设备。大来岗群众配合苏联红军堵截抓获了伪三江省省长陆

之淦、伪第七军管区司令吕衡、伪军少将旅长王嘉善等一批日伪官吏。悦来镇群众给驻佳木斯苏联红军司令部送交了伪警察署长日本人横田。

1945年8月，桦川县光复后的一段时间里，桦川县仍在伪官吏组成的桦川县临时政府及各镇区维持会的掌控下。伪县长谢俊山担任了桦川县临时县长，继续施行欺压人民群众的统治。桦川县人民在中共地下党组织的引导下，积极与其进行斗争，揭发检举其反革命行为，在苏联红军的支持下，罢免了谢俊山临时县长职务，夺回了被其篡夺的权力。悦来区谷大屯百余群众冲入悦来镇兴农合作社，清算伪兴农合作社主任郝一德的剥削账，沉重地打击了悦来镇维持会和区公所维护桦川县伪政权组织的嚣张气焰。

1945年8月15日后，在苏联休整的抗联战士陆续取道回国，协助苏联红军解放东北。1945年9月3日，中共东北委员会决定，由彭施鲁任中共佳木斯市委书记率刘雁来、高英杰等40多名抗联战士组成工作组从苏联哈巴罗夫斯克飞抵佳木斯建立中共在佳木斯地区领导机构。彭施鲁以苏联红军佳木斯卫戍司令部副司令员身份开展工作。在苏联红军司令部支持下，桦川县人民在中国共产党的领导下，开始有组织地清除日伪残余势力，稳定桦川县时局，建设东北巩固的根据地。

第三节 东北人民民主大同盟的兴起与作用

1945年"八一五"光复后，随着日伪政权垮台，桦川县社会上迫切需要建立一个制止内乱、维护社会秩序、安定民生的政权组织。中共佳木斯市委及苏联红军驻佳木斯司令部也需要有一个革命的群众组织协助掌控桦川县的政治局面。

1945年8月10日，中共地下党党员赵子学、景田在佳木斯海林木场以伐木厂工人为主体，联系运送木材的马车工会工人，召开了海林木场全体工友大会，成立了以赵子学为首、景田为辅的中国人民解放委员会。中国人民解放委员会成立后，领导工友砸开日本储存军用物资的佳南仓库，从日本人手里夺枪、夺粮、夺物资，武装自己，成立了东北人民解放委员会领导下的自卫总队，赵子学任总队长，景田任副总队长，下设四个分队，王波文、陈希武、陈富贵、刘治国分别任四个分队队长，分片管理地方治安。中国人民解放委员会自卫总队是中共地下党员组织领导的桦川县第一支武装队伍，得到了在苏联红军司令部任副司令的中共佳木斯市委书记彭施鲁的重视和支持，经联络，苏联红军驻佳木斯司令部承认了"三江地区中国人民解放委员会"。三江地区中国人民解放委员会指挥部公布了中国人民解放委员会"抗日救国，铲除汉奸，消灭胡匪，保护治安，解放人民于倒悬"的纲领，开展了抗日活动，吸引了很多抗日爱国人士参加这个组织。佳木斯市周边的富锦、汤原、宝清、依兰、集贤、虎林、鹤岗、通河、饶河、萝北、方正、桦川等共12个市县也纷纷建立了中国人民解放委员会分会，桦川县悦来分会会长为赵怀振。中国人民解放委员会还在佳木斯市到周边县市区建立了由上而下的人数达6 000多人的武装队伍，形成很强的政治力量和军事力量。

1945年9月3日，中国人民解放委员会按苏联红军司令部副司令彭施鲁的建议改名为东北人民民主大同盟（简称"大同盟"），并派中共干部高大钧、李海光、曹林、王炳坤等加入大同盟，担任重要职务。1945年11月，按中共合江省委的指示，大同盟改组，由委员长制改为主任制，赵子学任主任，高大钧、景田任副主任。组织部部长高大钧兼任，景田兼任副部长。大同盟下设组织部、宣传部、军事部、教育部、民运部、总务部。

高大钧等大同盟中的中共成员协助赵子学、景田整顿改组大同盟，审查清洗出有严重历史问题的大同盟委员长罗庆本、宣传部部长邹捷飞、教育部部长李馨华、总务部副部长冷松宾、富锦分会副主任刘玉喜等日伪分子。

大同盟在整顿改组中，在中共党员、大同盟组织部部长高大钧的领导下，重新建立了党组织，全面审查了党员，净化了大同盟的中共组织，发展了新党员，加强了中国共产党在大同盟的领导力量，把这个在当时可以公开与国民党反动派进行斗争的一支武装力量牢牢掌握在共产党手里并发挥出积极的作用。

1945年11月末，中共合江省的三江人民自治军进驻佳木斯市，摧毁了国民党在佳木斯市的组织，接收了复兴委员会及原有的维持会，成立了合江省政府，建立了人民政权。大同盟主任赵子学被委任为三江人民自治军副司令员，兼任合江省编练司令部副司令；大同盟副主任景田被派到鹤立县任县长；富锦县分会主任兼自卫大队长陈锡珍（杨兴武）任合江军区五支队第九团政委；汤原县分会主任邢建被委任为汤原县县长；集贤县分会主任徐化民被委任为集贤县县长，副主任许铁民被委任为集贤县兴隆区区长；佳木斯大队大队长史春儒部被编入合江军区第五支队，被委任为十二团团长；东大队政委赵凯良被调到三江人民自治军东安大队任政委。

东北人民民主大同盟自1945年10月兴起建立至1946年初改编加入三江人民自治军进行了为期三四个月的活动，对创建、巩固后方革命根据地发挥了积极的作用，做出了积极的贡献。具体如下：

第一，大同盟成立后积极清剿匪患，设防保安，派出巡逻队巡查，巩固了佳木斯市及周边县镇防务，维护了社会治安秩序，保护人民群众。

第二，积极配合苏联红军清扫日伪残余势力，收缴敌伪枪支，收集敌伪情报，支持苏联红军解放东北。

第三，与国民党反动派做直接的斗争。在政治上，不承认国民党佳木斯党部，公开摘掉国民党佳木斯党部的牌子，扣押国民党复兴委员会头目段宝坤、刘铁迪等人；在军事上，缴除国民党插手的佳木斯维持会的民警团，监视控制国民党地下军，抓捕处决了与国民党土匪谢文东、张黑子勾结的日本翻译李义臣，剿灭了土匪王福匪队，清剿了土匪李宗祥匪队和李华堂匪队的残匪。

第四，大同盟张贴标语、编印小报、组织宣传队，利用在街头、娱乐场所进行各种形式的革命宣传，宣传中国共产党所领导的东北抗日联军三、四、五、六、十一军在佳木斯及附近各县的抗日功绩，以及中国共产党中国革命的道理。大同盟的副委员长景田还编写了"中华、中华、万物新中华、多亏毛主席他把大兵发，打倒日本，解放东北，人民把身翻……"等许多歌词，使沦陷在日军铁蹄下十四年的三江人民对中国共产党和东北抗日联军有了较深刻的认识，这为以后我党在佳木斯、桦川建立革命根据地和支援解放战争打下了良好的思想基础。大同盟还积极开展中苏友好活动，宣传苏联红军帮助解放东北，驱逐日本侵略者，清剿胡匪，巩固、稳定社会治安等功绩。

第五，大同盟为中国共产党在东北建政建军培养输送了一批政治、军事领导干部，有力地支持了后方根据地建设和全国解放战争。

第四节 抗战胜利后，中共桦川县委的恢复与发展

一、中共合江省工委领导下的桦川县工委

1945年桦川县光复后，中国共产党派出的干部和军队尚未来到桦川县，桦川县的人民政权还未建立。依据苏联红军按国民党政府同苏联政府签订的《中苏友好同盟条约》确定了以伪县长谢俊山为县长的桦川县临时政府，伪县长谢俊山担任县长后继续与人民为敌，维护地主豪绅的利益，最终被桦川人民赶走。苏联红军司令部又任用了国民党右翼分子郭际清接任了桦川县县长，把持桦川县的政局，继续进行反共反人民的活动。

1945年9月，中共中央派出大批干部和部队进入东北，开辟根据地。同年11月17日，李范五、李延禄率领的20名干部在佳木斯成立了中国共产党合江省工作委员会（简称"中共合江省工委"）。同年12月，中共合江省工委派干部接管了由旧伪职人员成立的桦川县临时县政府，开始改造旧政权。

1946年3月，中共合江省工委批准成立中共桦川县工委，由孙双连任工委书记，隶属于中共合江省工委领导。中共桦川县工委不设工作机构，由县政府政务秘书郝力宁兼做党务工作。中共桦川县县工委的主要工作是改造旧政权、剿匪、反奸除霸、减租减息。从1946年3月至1948年10月，党组织未公开，中共桦川县工委对外称桦川县民运工作委员会。

二、中共合江省委领导下的桦川县工委

1946年5月11日，张闻天等领导同志到达佳木斯。同年6月20

日根据中共中央东北局指示，将中共合江省工委改为中共合江省委。同年7月，省委以桦川县为试点，开展"土改"运动，先后派出四个工作团进驻桦川县的长发、太平、悦来、大来等区，开展反奸清算斗争。工作团深入农村，深入群众秘密发展党员，建立党的组织。

1946年10月10日，中共合江省委将进驻桦川县的"土改"工作团交由桦川县工委领导。为加强领导力量，中共合江省委对桦川县工委进行了调整和充实，决定由蔡藜、孙双连、刘长波、陈勉、侯华、鲁村、白晓光担任工委委员，蔡藜担任工委书记，工作机构设立了秘书室、组织部、宣传部、民运工作部。

三、中共合江省委四分区地委领导下的桦川县委

为了加强领导，深入开展"土改"运动。1947年2月9日，中共合江省委决定成立四分区地委（汤原中心县委），领导鹤立、桦川、汤原3个县委。分区地委委员有杜文敏、程启光、吕清、寇有信、王伯瑾、蔡藜，鹤立县委书记杜文敏兼分区地委书记，分区地委机关设在鹤立县。1947年2月，中共桦川县工委改组为中共桦川县委。县委工作机构设秘书室、组织部、宣传部、民运部。1946年7月"土改"工作团进点后，每进驻一个区，就在那里建立区委，截至1947年3月，先后建立了长发、会龙、太平镇、营子岗、悦来、大来岗、永安、黑通、蒙古力9个区委。

四、中共合江省委领导下的桦川县委

1947年7月，中共合江省委撤销四分区地委，中共桦川县委直属中共合江省委。1948年6月，经省委批准县委实行常委制，县委工作机构设秘书室、组织部、宣传部、党训班、妇委。

1947年8月，成立苏家店区委；同年11月，新城区委划入，

列为第11区。1948年12月，四区营子岗撤销，新城区列为第4区。全县设立10个区委。

中共桦川县委书记先后由王伯瑾、富振声、寇有信、刘英勇、刘思聪担任，机关驻地佳木斯市内。

五、中共松江省委领导下的桦川县委

1949年5月，合江省与松江省合并为松江省，中共桦川县委隶属于中共松江省委领导。县委书记先后由刘思聪、肖梦担任。工作机构设政务秘书、组织部、宣传部、党训班、妇委和中共县直机关总支委员会。下辖10个区委。

第二章　桦川县剿匪斗争

第一节　桦川县组建保安大队，开展剿匪斗争

一、公安局长顾烽组建县保安大队一中队

日本侵略者投降后，桦川县境内的土匪蜂拥而起，多数是受国民党收编和加委的建军土匪。他们十分猖獗，不可一世，烧杀抢掠，骚扰百姓，是建立东北根据地的最大障碍。

1945年12月25日，合江省工委派丁长青任副县长，顾烽任公安局长，郝力宁任政务秘书，党外人士张伯然任县长，接管了桦川县临时政府。

桦川县民主政权建立后，决定由县公安局局长顾烽组织地方武装，开展剿匪斗争。顾烽是桦川县大来岗人，其母徐自贞（人称"顾老太太"）是桦川县大来岗的开明地主。抗战时期，她积极支持其子顾烽参加了抗联。顾烽于1936年5月加入了中国共产党，抗日战争后期由苏联回国参加了新四军。1945年12月18日，顾烽按照组织的安排，从关内来到佳木斯参加创建和巩固根据地的工作。

大来岗有一支由地主崔景山和曲德堂（外号"曲八"）建立的武装自卫队。经顾老太太说劝及各方面的工作，崔曲二人接受改编。顾烽以这支自卫队为基础，组建了桦川县保安大队第一中队，由崔景山任中队长，曲德堂任副中队长，共40多人。但曲德

堂地主阶级本性不改，又受建军匪首李宗祥的高官厚禄引诱，叛变投靠了李宗祥。1946年2月4日，李宗祥派匪兵和曲德堂里应外合，将民运工作团缴械撵走。

二、顾烽重建保安大队

顾烽组建桦川县保安大队一中队失败后，到汤原县向县长刘铁石借了一个班的兵力，又向戴鸿宾副司令借调任国忠任参谋长。1946年3月初，他重返大来岗，召集不跟曲八当土匪的原一中队士兵30多人，重新建立了桦川县保安大队第一中队，葛长山任中队长，齐军任副中队长。同时，按省工委书记李范五积极发展自己基本武装的指示，建立了以翻身贫雇农30多人为主体的第二中队，李万祥任中队长，张文启任副中队长。

桦川县保安大队从成立到1946年9月，进行了十几次战斗，剿灭了桦川县境内的李宗祥、田九江、李文志等多股土匪，消灭土匪2 500多人，完成了省工委、省军区交给的剿匪任务。在以顾烽领导的桦川县保安大队完成了剿匪任务并被编入了省军区独立团后，桦川县又重新组建县大队，以区为单位建立了10个区中队，兵力达到500多人。

第二节　剿灭桦川县境内土匪

一、歼灭李宗祥匪队

活动在桦川县西部的较大的建军土匪是李宗祥匪队。1946年2月，桦川县保安大队在苏联红军的配合下将其歼灭。匪首李宗祥于1902年出生于辽宁省海城县，后迁入桦川县火龙沟村。李宗祥从1929年到1945年间，曾因抢劫银行被判刑，当过伪军班长、伪保长,参加过谢文东匪队,并单独拉出30多人自立山头,报号"四季好"。不久后他拉队投降日伪军,被编入伪警察队,烧杀抢掠,无恶不作。1937年,他再次参加谢文东匪队,当上了团长。1940年他离开匪队回乡。1945年8月日本投降后,他在大来岗、西格木、永安等地组织地主、富农、伪职员、伪警察及地痞流氓100多人,收缴了乡下民间散存的枪支,建立了李宗祥匪队。

1945年10月,李宗祥接受佳木斯民主大同盟的改编,被编为三江人民自卫军西大队。11月,国民党收买委任李宗祥为东北第一挺进军第五旅旅长,王尊铭被委任为副旅长。

1946年3月上旬,桦川县保安大队在苏联红军司令部的支持下,顾烽带领苏联红军、汤原县大队和桦川县保安大队共700多人在匪队驻地火龙沟一带围剿李宗祥匪队,抓获了化整为零地潜藏在老百姓家中的匪队副旅长王尊铭等一批土匪。此后,桦川县保安大队名声大振,兵力增加到100多人。不久匪首李宗祥在依兰县宏克力暖泉子村被抓获并处决。

二、田九江匪队覆灭

活动在桦川县东部的较大的土匪绺子是田九江匪队,县保安大队经过三个月的迂回作战,将其剿灭。

田九江原名田荣,桦川县新城镇人,在日本侵略者投降后插杆为匪,有七八十人的马队,活动在桦川、富锦、绥滨、萝北四县的交界一带。

1946年4月下旬,田九江匪队发展到1 700多人,特别是袭击萝北县城后气焰十分嚣张,打起国民党"中央先遣军"的旗号,伙同骑匪刘山东等,从古城岗开到绥滨县城,对县城形成包围之势,狂叫"缴绥滨县大队的枪支,进绥滨县城过五月节"。

刘雁来副司令员亲率老五团进兵绥滨县。在老五团和绥滨县大队的打击下，田九江匪队溃不成军。田九江带着30多名匪兵逃往萝北县，在我军的追击下又分散逃到桦川县东林、南林、东岗等几个屯。

1946年4月下旬，二中队副队长齐军获悉田九江匪队的一个分队在新城镇西十多里靠山东边的一个屯活动。大队长顾烽亲率队伍连夜奔赴新城镇，生擒了土匪分队长和十几个匪兵，缴获大枪12支、战马数匹。

奇袭结束后，顾烽布置加强警戒，严密封锁消息，指挥步兵从南山由西向北压下去，直奔田匪驻地，骑兵由北山直插过去，断其后路。部队迅速地冲进村，毫无准备的田匪被打得措手不及，伤亡十几人，向东北方向仓皇逃窜。

1946年5月中旬，县保安大队得知田匪在新城一带活动。顾烽立即派中队长李万祥带骑兵赶到新城剿匪，在江边渡口打死打伤了几个匪兵。

1946年7月中旬，据侦察兵报告，田九江和曲晓胡带领土匪又在新城骚扰。顾烽亲率两个中队的100多名战士前去围击。田匪闻讯向新城的东南方向逃跑，凭借熟悉的地理环境妄想和县保安大队周旋。县大队决定不再给敌人喘息之机，展开步步进逼的追击战。进驻新城的"土改"工作团也配合县大队从军事、政治两方面围剿土匪。随着曲晓胡缴械投降，田九江匪队人心涣散，纷纷缴械投降，匪首田九江落入了法网。桦川县大队从1946年4月至7月，历经三个多月，连续征战三次，将田九江匪队歼灭。

三、收降李文志等群匪

李文志，桦川县太平镇人，在日本侵略者投降后，在佟加勤匪队当中队长，后拉出几个人建立了匪队，自任大队长。匪队有40多人，与小股土匪苟合串通，抢掠骚扰，经常活动在桦川县太平镇、达子营、悦来镇、苏家店、新城镇一带。

　　1946年7月，县保安大队得知李文志、杨荒子、刁占一等三股匪队100多人在苏家店一带骚扰。顾烽兵分两路，从南北两面进行钳击式围攻。在县保安大队的猛烈打击和政治攻势下，匪兵士气低落，军心涣散，既打不下去又守不住。李文志想利用假投降求得喘息之机。顾烽将计就计将李文志及其十几名土匪收降，缴获轻重机枪2挺、长短枪八九十支、战马数匹，李文志、杨荒子、刁占一三股匪队同时瓦解。至此，桦川县境内的股匪基本肃清了。

第三节　清剿残匪，桦川县剿匪斗争胜利结束

一、清剿残匪

　　军事上的连续作战和猛追猛打使桦川县境内的大股土匪基本被消除，但仍有一些残匪做最后的挣扎。遵照《中共合江省委关于彻底消灭土匪的指示》，中共桦川县委在剿匪的最后阶段对零星残匪展开政治攻势，号召当地群众把他们亲朋中有当土匪的招回来，向政府坦白自新。

　　长发区工作团进点后，把剿匪和发动群众结合起来。1946年6月13日。张俭、黄守田等带领百十名土匪在牡佳线黑背车站以北截击合江省军区方强司令员乘坐的火车。车上800多名战士在方强司令员的指挥下当即反击，将匪队团团包围，经激烈战斗消灭大部分，张俭、黄守田仅带十几名匪兵逃窜。"土改"工作团针对匪兵对政府的政策不明、怕投降受到惩处等问题，印发传单宣传政府的宽大政策，并发动匪兵家属做工作，动员匪兵回乡自首。经过政治攻心，匪兵纷纷自首，张俭匪队被彻底瓦解了。匪首张俭、黄守田、徐聋子被抓获和被依法镇压，匪患被消除了。

1947年夏，桦川境内的股匪都被击溃了，一些零星残匪仍在山间水域旁流窜。为彻底肃清土匪，桦川县政府积极开展政治宣传攻势，将群众中流传的《劝夫歌》印成传单散发，起到了积极宣传和劝导作用，许多土匪携枪自首。新城区政府公安助理韩永才孤身入匪穴说降土匪的事迹比较突出。1947年8月的一天，新城区政府接到江北老等残匪的一封信，大意是他们是"占江"绺子上的三股残匪，有100多人，在自己家人的劝说下，想放下武器投案自首。但对共产党的政策仍有顾虑，想让韩永才和他们面谈。区政府怕土匪是亡命徒，心狠手辣，担心韩永才落入他们的圈套。韩永才认为这是关乎上百人命运的大事，也关乎党在群众中的威信，决心孤身入匪窝，收降土匪。韩永才到了土匪窝，晓之以理，动之以情，向土匪展开了政治攻势。韩永才的大智大勇震慑了土匪，也感动了土匪，赢得了土匪的信任，不费一枪一弹就降服了100多名惯匪。

二、击毙匪首姜大巴掌

根据省委动员各地警卫队和民兵向各地小股土匪积极行动、跟踪穷追的指示，县委决定由悦来区中队对顽固不化的残匪姜大巴掌进行彻底围歼。

姜大巴掌名姜荣方，是新城一带人。姜匪身高体胖，奸猾狡诈，双手使枪，是个土炮手。日本侵略者投降后，他参加过王福、田九江、李宗祥、张俭等匪队。1947年春，县内的大股土匪基本被消灭，姜大巴掌和10多个炮手组成了匪队，抢掠老百姓的粮食，绑架村干部，杀害渔民。1947年5月3日，悦来区区长兼中队长张杰在进行侦察后，请来汶澄岗的炮手刘玉和战士们隐藏在姜匪附近的小岛上监守。拂晓，姜大巴掌和七八个匪徒坐船向下游搬家转移。刘炮手一枪击毙了姜大巴掌，其余匪徒见势不妙，举手投降。

经过一年多的剿匪斗争，桦川县境内的土匪基本肃清。土匪势力一倒，地主威风扫地，这些保证了桦川县"土改"运动顺利进行。

第三章 桦川县土地改革运动

第一节 桦川县土地改革初期的形势和任务

日本侵略者投降后，中国共产党在东北的工作方针是放手发动群众，建立巩固的后方根据地。当时的形势是敌强我弱，土匪、地主武装和敌伪残余势力很大；共产党的干部少，武装力量薄弱，处在敌人四面包围之中。为了创建东北革命根据地，党在剿匪的同时，在所控制的城镇和郊区发动群众，开展土地改革运动，反奸清算，将敌产土地分给无地、少地的农民，实行减租减息，争取群众，扩大影响，巩固所控制的后方根据地。

桦川县属佳木斯近郊，是中共合江省工委直接派驻工作团的重点县。

1946年1月下旬，桦川县副县长丁长青带领民运工作团进驻悦来镇，解散了地方维持会和区公所，成立了第三区政府。民运工作团抓捕了土匪头子战一、海宽等匪徒，枪毙了罪大恶极的伪满参议员小老头（绰号），从而使悦来镇的群众解除了思想顾虑，打开了桦川县民运工作的局面。

1946年2月，中共合江省工委派王受宽、黄建平带领民运工作团进驻桦川县黑通区，解散了地方维持会，成立了第四区政府，发动群众，开展减租减息运动。

1946年3月28日，中共合江省工委派王炳坤和收编的警卫排进驻桦川县太平镇，解散了临时区公所，成立了第二区政府，发动群众开展减租减息运动。但太平镇公安分局局长兼自卫团团长佟家勤、区长董一益（地主）、油坊经理孙孔良、大地主孙兴歧等买通了民运团警卫排长李文治，李文治叛变并扣押了工作团队员，使太平镇民运工作遭受挫折。

此时，桦川县的民运工作仅在4个区开展，时间也只有4个多月，尽管出现了这样或那样的问题，但土地改革运动还是向前推进的，一些经验和教训也是值得借鉴和吸取的。

第一，群众对共产党有了初步的认识，共产党在群众的心目中开始占有位置。但由于群众的传统观念和地方残余势力排挤，一些群众对共产党及其主张的认识还不够深刻。因此，要扩大宣传，增强共产党在群众中的威信。

第二，为穷苦农民初步分配了敌产土地，实行了减租减息，受到了广大农民的欢迎。但由于受到以地主阶级为代表的封建势力的抵制，群众思想有顾虑。因此开展"土改"运动，让广大农民彻底觉悟，势在必行。

第三，解散了地方维持会和临时区公所，成立了区政府，初步建立了地方政权。但一些政权仍被大地主和伪官吏把持，一旦触犯了他们的利益，他们就会动用所掌握的武装反叛作乱。因此，派驻武装工作团开展民运工作是当时形势所必需。

第四，初步发动了群众，有些群众很愿意参加工作团的活动。但由于工作做得不深不透，有些斗争不是群众起来做的，而是"官办"的，走过场的。因此，只有彻底发动群众，将"土改"运动变成广大群众的自觉行动，创建根据地的成果才能巩固和扩大。

总之，这段时间的民运工作虽然规模较小，又有波折，但却拉开了大规模彻底发动群众进行土地改革的序幕。

第二节 开展土地改革运动

1946年5月4日，中共中央发出《关于土地问题的指示》，亦称《五四指示》，将中国共产党在抗战时期实行的减租减息政策改为没收土地分配给农民的政策。当时，解决解放区的土地问题是中国共产党最基本的任务，是一切工作的最根本环节，要求各级党委必须以最大的决心和努力，放手发动与领导群众完成这一任务。

1946年5月11日，张闻天到合江省任省委书记。按照中央《五四指示》精神，以佳木斯市近郊的桦川县为中心（省委直接抓桦川、东安点），以东安、富锦、勃利、汤原为据点，集中力量一片片"吃掉"，在全省开展了大规模的"土改"运动。

1946年7月4日，省委向桦川县派驻4个工作团，进驻4个区：彭梦庚团在长发屯区，韩天石团在太平区，孙双连团在悦来区，蔡藜团在大来岗区。工作团认真学习中央《五四指示》、东北局《七七决议》、毛泽东《湖南农民运动考察报告》和党中央关于划阶级成分的规定等文件。同时省委对工作团工作作风做了严格要求，如与贫雇农同吃、同住、同劳动，不许贪占斗争果实，不许和地主女儿恋爱、结婚，严格遵守"三大纪律，八项注意"等。

工作团进点后做到扎根串连，访贫问苦，做调查研究，发动群众，组织积极分子队伍，清算地主，分地分浮，建立农会，组织农民武装，巩固斗争成果。整个"土改"运动分两步走，第一步从清算入手，清算的对象是恶霸地主、汉奸、特务、伪警察、土匪头子、反动会道门头子等。在政治上把他们打倒，对罪大恶极的清算对象给予镇压；在经济上实行减租减息，退还农民的土地和青苗。第二步全面发动群众，深挖财宝，平分土地，彻底改变农村的封建土地制度。"土改"运动中的阶级政策是依靠贫雇农，团结中农，争取富农，中立小地主，集中力量打击大地主。斗争的口号是"反奸清算，防匪自卫，反对恶霸，反对窝主，分配敌伪逆产，土地还家，实行耕者有其田，拿住枪杆子，保卫斗争果实"。

长发屯工作团进驻长发屯把剿匪和发动群众结合起来，改编了驻防的自卫团，清除了自卫团内部与土匪有勾结的人和屯里暗藏的土匪，处理一些通匪的地主分子，切断了对土匪的经济物资供给。工作团向群众宣传交代政策，动员土匪家属找回在匪队的亲人。政府对主动投降的土匪宽大处理，给予生活出路；对招降或检举土匪有功者给予奖励。在政治和军事攻势下，长发屯土匪队伍有的自动解散，有的主动投降，有的被彻底消灭。剿匪的过程充分显示了共产党政策的强大威力，工作团取得了群众的信任，为深入发动群众打下了基础。

太平区工作团从清算债谷粮入手发动群众开展斗争。当时太平区、村的政权掌握在地主分子手中，民运工作团吸取被敌人撵走的教训，韩天石、王后山、鲁村带队的"土改"工作团武装进驻长发屯，队员们穿着军装、带着枪，深入到农户工作，震住了敌人，争取了群众。工作团了解到债谷粮让大户分了，小户一粒也没得到。大户分足后，剩下的债谷粮又以250元（东北币）一斗的价钱卖给群众。工作团抓住了这个关系到农民切身利益的问题，决定重分债谷粮。工作团让群众选代表登记缺粮户，开始时群众不敢当代表，也不敢登记。工作团逮捕了自卫团长佟家勤，清洗了坏分子，重新组建了自卫团。此外，还撤销了董一益的区长职务，接管了区政府，成立了清算委员会，限期分到债谷粮的大户把债谷粮交回来，按每户80斤公平分配。工作团分债谷粮的行动争取了群众，教育了群众，鼓舞了群众，还逮捕了群众最痛恨的伪村长董一益、伪兴农合作社主任赵士嘉、配给店主任林树森，并从佳木斯押回了外逃的伪警尉崔仲权（外号"崔阎王"）。工作团还召开群众大会，许多受害的农民登台控诉地主阶级的残酷压迫和剥削穷人的罪恶。在群众的强烈要求下，经上级批准，枪决了罪大恶极的崔仲权。这次斗争大会严惩了坏分子，震慑了敌人，大长了群众的威风，太平镇农民运动轰轰烈烈地开展起来了。

悦来工作团和大来岗工作团也在原来的工作基础上打开了局面，全县的"土改"运动健康地向前发展。

第三节　反奸清算、"砍挖"斗争与平分土地

一、开展反奸清算活动，推动全县土地改革运动深入开展

在发动群众工作中，各工作团主要采用反奸清算的方式，清算地主阶级的罪恶史。主要算清两笔账：①清算政治账。清算那些卖身投靠依附外敌，成了日本侵略者鹰犬走狗的，在日伪政权里替日本人干事的，以日伪统治者做靠山发国难财的大地主、大汉奸、大特务的罪恶账。全县通过清算政治账镇压了欺压百姓、干尽坏事的、民愤极大的大地主、大汉奸、大特务、土匪头子、反动会道门头子共49人。②算经济剥削账。让广大农民群众明白地主不是靠劳动起家的，而是靠剥削穷人起家的。解决发动群众斗争地主的思想阻力问题。全县各工作团都选择一两个大地主进

行经济清算，揭露地主发家的罪恶史，教育群众，提高群众的认识。长发屯工作团发动群众清算了大地主刘升的剥削账，其剥削手段主要有以下几种：一是用马工换人工。农民没畜力，用他一个马工需还三个人工。用他的畜力种地，一年要半年还他的工。二是拖赖工钱。对于凡给他家打短工的人，从不给现钱总是拖到粮价上涨时卖了粮才给工钱，还常有拖到最后不给的现象。三是叫工夫跳行市。以高价把工匠拉过来，但开工钱时却按低于市价给，欺骗穷人。四是重利盘剥。穷人向他借粮，春借一斗秋还一斗半。五是白占小学生的劳动。每逢农忙季节，刘升借伪村长的势力强迫屯里的小学生到他家地里劳动，白尽义务，连饭都不管。六是借权势克扣农民。他借伪村长的威势将义务工都摊到小户头上，他家从来不出工。还将工人的配给品克扣一半。他家有260垧（1垧=1×10^4平方米）地，出荷粮只出三四十垧的。七是依附日本人势力发洋财。1939年时，他依靠日本人成为陆军御用达商，以此开豆腐坊、油坊、磨坊、煤场。到1942年时，他便成了暴发户，拥有土地300多垧，牛马80余头（匹），成了当地头号大地主。

在反奸清算阶段，全县共清算恶霸地主204户，初步消灭了地主阶级的威风，农民分得了部分土地和财产，生活有了很大改善，各级农会和基干队组织都相继建立，较好地完成了生产和支前任务，有力地推进土地改革运动的深入开展。

二、中共桦川县工委领导农民重煮"土改""夹生饭"

1946年10月10日，中共合江省委调整和加强了中共桦川县工委的领导力量，蔡藜、孙双连、刘长波、陈勉、侯华、鲁村、白晓光7人组成中共桦川县工委，蔡藜任书记。省委决定桦川县的

"土改"运动由桦川县工委直接领导。中共合江省委十分重视桦川县的"土改"运动，省委书记张闻天曾亲临这个省委试点县进行视察。视察中，张闻天发现有的村、屯群众还没有发动起来，地主也没有真正斗倒，权力还没有真正掌握在贫雇农手里。张闻天将此情况汇报给中共中央北满分局。时任中共北满局书记的陈云形象地把这种现象概括为"半生不熟"的"夹生饭"。他们认为这也是"土改"运动中普遍存在的问题。为此，中共中央东北局下达了关于解决"土改"当中"夹生饭"的问题的指示。

按照中共东北局的指示精神，中共桦川县工委对全县"土改"运动按照合江省委总结"夹生饭"的4种表现进行对照检查，分类排队。反奸清算阶段，工作团进驻基点村30个，带动非基点村95个，共125个点。经复查，一类21个，占16.8%；二类58个，占46.4%；三类37个，占29.6%；四类9个，占7.2%。除一类点外，其余二、三、四类点都属"夹生饭"，占83.2%。

中共桦川县工委经调查分析产生"土改""夹生饭"的原因有5点：一是斗争目标不够集中，没有集中全力把恶霸地主彻底打倒、斗臭。二是群众路线执行得不够彻底，工作中有包办代替和强迫命令现象。三是对斗争的长期性与复杂性认识不足，有急于求成的思想。四是对积极分子只看一时表现，缺乏本质分析。五是县工委对工作团的指导不够。

"夹生饭"是不容易煮熟的，也不是短时间所能完成的。"土改"运动是一场大规模的群众运动，每时每刻都有可能出现反复，补课工作应贯穿运动的始终。为把运动搞深搞透，中共桦川县工委在1946年11月至1947年4月这段时间，集中力量解决"夹生饭"问题。

全县"夹生饭"比较严重的是悦来区和长发区。中共桦川县工委决定对这两个区重点补课。

悦来区是日伪的重点区，各种势力互相勾结，形成了厚厚的反动网络。工作团进点后，由于人手少、素质差、时间短、急于求成等因素，全区21个街、村中只有3个村做得较好，其余18个街、村都不同程度地存在"夹生饭"现象，主要表现是地主阶级的政治势力没有被彻底打倒，公开同贫雇农抗衡，明目张胆地抵制"土改"运动。如解放街大地主魏荣公然散布"变天"思想，造谣并威胁群众。陈家围子大地主陈洪洲利用亲属和狗腿子组成假农会，仍控制陈家围子。解放街大地主隋金山在清算斗争中没有清出多少浮产，没有伤筋动骨。

产生这些问题的症结是群众发动不够，地主势力没有被打倒。因此悦来工作团把补课的重点放在彻底发动群众上。他们首先抓住姜鹏年村和西大桥村两个点，以点带面。在这两个点上主要做了四项工作：一是工作团工作人员深入走访，进一步掌握地主阶级的罪恶史；宣传党的政策，解除思想顾虑，发现和培养积极分子。二是初步划分阶级，召开贫雇农大会，诉阶级苦，算剥削账，使贫雇农明白地主的家底子都是穷苦人的血汗。三是选举产生新的农会。入会的人员一律经过审查，委员一律经过选举，农会干部一律宣誓就职，建立经农会贫雇农选举满意的贫雇农自己的农会。四是将点上的经验推广到面，掀起全区的补课运动的高潮。悦来街群众被发动起来后，千余人上街，扛着扎枪、短棒、洋炮，参加斗争伪街长侯兆锡和伪警察署长横田（日本人）的大会，会后将二犯处决，并将侯兆锡的粮食分掉。很快大地主魏荣也被彻底斗倒，同时打倒了埠头村水霸"三江一海"。贫苦农民扬眉吐气，悦来区真正成了人民的天下。

长发区在会龙山村重新发动群众，再斗地主洪玺亮，追回旧照，重分好地。长发区在补课中镇压了经群众检举揭发的混入区农会的假会长"暗胡子"李焕章。

苏家店区工作团在中安屯慢火重煮"夹生饭",翻出地主刘廷秀的"黑地",要出全部青苗。

通过补课,全县"夹生饭"逐渐"煮熟",地主阶级的威风扫地。农民的觉悟普遍提高,积极地抓坏蛋、起浮产,"土改"运动真正变成了广大贫苦农民的自觉行动。

三、中共桦川县工委领导的"砍挖"斗争

1947年3月,桦川县工委改组为桦川县委,由蔡藜任县委书记。此时全县行政区划由6个区划为10个区。1947年4月,县委重新组织工作团,继续开展"土改"运动。从1947年4月10日开始,"土改"运动进入"砍挖"斗争阶段。

反奸清算阶段主要是清算镇压恶霸地主、汉奸、特务、警察头子、匪首和反动会道门头子。对地主阶级的政策是令其献地献物,减租减息,在政治上斗倒他们的威风,使他们在经济上退到中农水平。

"砍挖"阶段是彻底斗争打垮地主阶级,在政治上挖断他们的根基,在经济上摧毁他们的基础,使之再也不能为非作歹、剥削和压迫人民群众。

"砍挖"阶段的任务比反奸清算阶段的任务更为艰巨。反奸清算阶段主要是在政治上把地主斗垮,而"砍挖"阶段的目的是要挖断地主阶级赖以生存的经济基础,是一场你死我活的决斗。因此,地主阶级的反抗极为激烈。

为进一步发动群众,各工作团都选择一两个大地主的发家史进行剖析。如长发工作团解剖了达子营大地主刘升的发家史;会龙区工作团剖析了公胜村大地主肖汉臣、徐贵臣的发家史。

通过剖析使群众认识到:地主不是靠自己的劳动起家,而是靠剥削穷人起家的,地主的家底是穷人的血汗,地主的财产归还

给穷人是理所当然的。

"砍挖"斗争是很激烈的，地主阶级要保住赖以生存的经济基础，不断地施展各种手段和群众对抗。如施行小恩小惠，诉苦哭穷；假投降，装开明；挑拨离间，软硬兼施；埋藏东西，转移财产；制造流言蜚语，谣言惑众等。

各区工作团积极组织群众识破地主阶级的手段，并以这些花招为反面教材，教育群众认识地主阶级的真面目。同时工作团还通过做知情人的工作、开诉苦会、做阶级教育展览、算剥削账、开小会引导等，提高群众的阶级觉悟，使群众和地主阶级划清界限并坚决斗争到底。

群众被发动起来后，"砍挖"斗争很快掀起高潮。经过斗争，共"砍挖"斗争对象2 139户，其中大地主204户、中地主291户，小地主696户，富农593户，其他355户。挖出的斗争果实有土地25 196.2垧、牲畜4 420头（匹）、粮食13 235.8斤、大车1 225台、房屋6 018间、浮产折价4 529万元（东北币），挖掉了地主阶级的根基，摧毁了地主阶级赖以剥削农民的经济基础。

四、贯彻《土地法》平分土地

1947年9月，中共桦川县委书记王伯瑾参加了中共中央在河北省西柏坡召开的全国土地工作会议。同年10月10日，中共中央公布了《中国土地法大纲》。王伯瑾亲自深入到各区、村，向干部和群众讲解和宣传土地法大纲的内容和意义，得到广大农民的拥护，通过学习，广大群众都一致要求重划阶级、平分土地。

1947年11月5日，中共桦川县委召开全县干部大会，贯彻实施《中国土地法大纲》。随后，桦川县人民政府发布《关于彻底平分土地的布告》，桦川"土改"运动进入平分土地阶段。

1947年12月18日，全县开始丈量土地和清点浮产。平分土地采取"中间不动两头动"的原则，即只把地主、富农和贫雇农的土地打乱平分，中农土地不动，富裕中农的土地"抽肥补瘦"，即基本保留不动，只对其多余部分打乱平分。

在总的原则下，群众还不断创造出分地新方法。桦川会龙区是省委平分土地的试点区，他们创造的"个人要，大家评"的方法被推广到全省。

分浮产主要分给贫雇农，对错斗中农给予少量的退产，地富则没有。具体分配由贫雇农代表和农会干部组成的评委会决定。1948年2月末，桦川县分地分浮运动基本结束。共分土地25 617坰，除几个镇子及靠近佳木斯附近地区每人分3~4亩外，其余各村每人均分到一坰左右。没收牲畜4 438头（匹），大车1 235辆，90%的贫雇农分到了牲畜和车辆。起出浮产价值12亿元（东北币），没收房产600间，14 107户农民分到了浮产，绝大多数贫雇农搬进了新居，浮产变成了家产，一改过去贫穷落后的面貌，真正像个人家了。

分地分浮结束后，各地都进行了重划阶级、定成分工作。全县总户数19 948户，划为雇农的5 126户，占25.7%；划为贫农的9 016户，占45.2%；划为中农的3 730户，占18.7%；划为富农的938户，占4.7%；划为地主的918户，占4.5%；其他220户，占1.2%。

1948年3月末，开展近两年的土地改革运动基本结束。翻身的农民以消灭地主、封建势力激发出来的革命精神，积极开展大生产，支援前线，为解放战争的胜利做出了贡献。

第四章 张闻天在桦川的土地改革试点工作

第一节 张闻天一下会龙山，发动群众土地改革

在桦川县的整个"土改"运动中，中共合江省委书记张闻天经常来县蹲点、调查研究、总结经验，指导全省的"土改"运动。

桦川县是合江省"土改"的试点县。张闻天为了取得第一手材料，正确指导运动，在桦川县会龙山村蹲点。

1946年11月，在桦川县"土改"运动发动群众阶段，张闻天在桦川县工委书记蔡蓁的陪同下来到会龙山村。到村后他主持召开了两次座谈会，讨论地主应不应该斗的问题。第一次参加会议的有农会会长曲景春和积极分子杨德山、唐文志、阎德林、张俊武等。当时经蔡蓁再三引导，仍没人发言。张闻天打破僵局，平易近人地笑着说："介绍一下吧，我叫洛甫（在中央工作时化名），大家就叫我老洛好了。最近党中央和东北局都有指示，叫我们组织起来，打倒封建势力，实现土地还家。我们合江省已经开始了，你们桦川县要先走一步嘛，这是个艰巨的任务，几千年的封建势力要我们短时间内扫除，困难能没有吗？可是只要大家团结一心，形成一股强大的力量，就会取得"土改"运动的胜利。今天咱们讨论一个问题，你们村不是有4户地主吗，他们

应不应该斗？应该斗是啥理由？不应该斗又是怎么个原因？大家怎么想的就怎么说，好不好？"在张闻天的引导下，这段平易近人、循循善诱的话使农会委员们拉近了距离，都谈了自己的看法，还提出了会长曲景春的思想倾向地主，斗争地主不积极的问题。张闻天在会龙山调研中发现了农会领导成员中有地主阶级代表人物的存在和影响，阻碍了"土改"工作。他对全省"土改"运动中带有倾向性的问题，及时做出具体指示，消除"土改"工作的障碍，保证整个"土改"运动顺利进行。

张闻天做出的两点指示如下：

第一，明确运动开始阶段是否有地主阶级的代理人到农会组织中来。要调查研究，多做具体分析。特别是李焕章、于坤的问题要尽快调查，搞清到底是什么性质的问题。对属于"两面光"的干部要立足于教育、使用；对确实属于地主的狗腿子、坏蛋，要坚决斗争清除。

第二，群众还没有觉悟起来，还没有明确地主的家底子是谁给他挣的。工作队要通过调查多做一些地主发家史的剖析，让群众懂得地主是靠剥削穷人起家的、地主的家底子是农民的血汗，实现土地还家，把地主的家底子变成农民的家底子是理所当然的事情。

第二节 张闻天二下会龙山，镇压"暗胡子" 李焕章

1946年12月22日，会龙山村召开四乡群众大会，审判混入革命队伍内的"暗胡子"李焕章。张闻天亲自到会为群众撑腰。

张闻天第一次到会龙山，经调查发现该村几任农会会长都不

是正派人，靠不住，指示蔡藜组织人力对其进行审查，发现李焕章是敌人安插在农民组织中的"暗胡子"，对"土改"运动有很大破坏力。经省委研究，决定镇压李焕章，拔掉这颗"土改"运动的"锈钉子"。

公审大会前，张闻天来到会龙山村找了农会干部和群众了解对李焕章的处理意见。张闻天教育群众时指出："革命队伍中混进坏人是不可避免的，是不足为怪的。关键是我们领导要有政治嗅觉，及时洞察出革命队伍中的蠹虫，来个'亡羊补牢'！"经桦川县由区、乡、村三级贫雇农代表组成的临时人民法庭经审判，认定"暗胡子"李焕章罪大恶极，根据李焕章的犯罪情节和广大群众的意愿将其处决了。张闻天在总结前段"土改"运动情况时说："凡是破坏'土改'运动的坏人，一定要严加制裁！对人民群众的正义运动，坚决给予支持！一定要把伟大的'土改'运动进行到底！"

第三节　张闻天三下会龙山，煮熟"夹生饭"

会龙山农民公审"暗胡子"李焕章后，张闻天发现"土改"运动有"夹生"状态，便于1947年1月7日第三次深入会龙山村蹲点调研。张闻天挨家挨户地调查访问，得知会龙山原会长被撤掉后，由群众自发地选了几个"公道人"当干部。会长曲景春是个佃贫农、老好人，怕得罪地主；村长卢学峰则是个佃农，他和基干队长杨殿生都是李焕章的磕头弟兄。杨殿生虽然是贫农，但曾当过"胡子"，是村长卢学峰的小舅子和雇工，听从村长指挥，其他几个干部都是中农。这样的农会班子对地主的反把活动不闻不问，搞和平斗争，不能领导群众翻身。

　　张闻天在会龙山的蹲点调查中，还总结出运动中出现"夹生饭"问题，表现是假分地、瞒黑地；转移浮产，利用坏干部征收青苗、"果实"；组织"假农会"，由地主的亲戚或"狗腿子"掌权。地主没从政治上和经济上被彻底打倒，仍在猖狂活动。张闻天分析产生"夹生饭"的原因主要是贯彻阶段政策上存在偏差；执行群众路线不够，工作方法、作风上存在包办代替和强迫命令等问题；对斗争的长期性、复杂性缺乏认识；对积极分子培养不够，群众没有被真正发动起来。

　　为了取得解决"夹生饭"的办法，张闻天带桦川县委书记蔡蔾深入会龙山村发动群众重煮"夹生饭"，培养典型，总结经验，推动全省"土改"运动。在张闻天的指导下，桦川县重新发动群众，再次斗争地主洪玺亮，迫使他交出90多垧好地和全部青苗。斗争地主杨老五、曲永春瞒黑地的问题。通过审查，改选了村干部，成立了新农会和自卫队。把斗争中得到的191垧地，按三等重新分配。其中，一等单身户，每人分1.4垧；二等赤贫户，每人分5亩；三等贫农，每人分4亩。群众在重新清算中得到利益，他们烧掉旧照，领到新照，情绪更加高涨，地主的威风被彻底打倒，农民真正当家作主。

　　张闻天调查研究，培养典型，提出了解决"夹生饭"的方法、步骤和"熟饭"的4条标准，发至各工作团执行，使"土改"运动中的"夹生饭"问题得到了解决。

第四节　张闻天在桦川县的工作实践和榜样作用

　　张闻天三下会龙山，走遍桦川各区，培养典型，总结经验，指导合江省全省的土地改革运动。在两年来的"土改"工作中，张闻天多次来桦川蹲点、视察，他的高尚品格和实事求是的工作作风体现了我党的优良革命传统。他通过言传身教为全县干部和群众树立了光辉的典范，深深地教育了广大"土改"干部，保证了"土改"运动健康地发展。在张闻天的正确领导下，合江省整党建政，建设了巩固的革命后方根据地，为全国解放做出了重大的贡献。

第一，张闻天是执行政策的模范。"土改"是一场翻天覆地的大革命，正确执行政策尤为重要。张闻天在领导合江省的"土改"工作中十分注意政策问题，特别重视团结中农的政策问题。他反复强调，必须坚决实行紧密团结中农的政策，以树立和形成以贫雇农为主体的革命力量优势，组成农村的革命大军，斗倒封建势力。他在工作视察中，非常注意了解党的"土改"政策的贯彻和执行情况，一旦发现违反政策的苗头就及时提出纠正。1947年10月，在传达全国土地会议精神之后，桦川县第三区的几个村、屯，把支持贫雇农翻身曲解为有浮产就斗，一夜就分了几十户中农的农具和浮财。张闻天得知后，连夜把这个区的负责人找来，反复向这个区负责人讲不许侵犯中农利益的道理。桦川和佳木斯毗连，一些离佳木斯较近的村、屯经常到佳木斯市内揪斗工商业者，侵犯工商业者的利益。张闻天发现这个问题后，立即召见桦川县委负责人，研究解决这个问题，并亲自起草了《发展工商业的若干政策问题》的文件，发至全省。在反奸清算和"砍挖"斗争中，张闻天以坚定的政策观念武装了桦川县的干部和群众，许多地方对地主斗争都废除了体罚，通过政策攻心，迫使地主交出了转移到外地的浮财和埋在地下的财物。张闻天赞许地说："看来斗争地主是一场说理斗争，通过说理可以提高贫雇农的阶级觉悟，才能真正使地主低头认罪。打骂办法是解决不了这个问题的。"

有一次，张闻天突然来到桦川县第六区姜鹏年屯参加斗争地主大会。因为这个村只有两户小地主，没有大地主。张闻天要看看斗争小地主的场面。他没有事先告诉这个屯，悄悄地走进会场听会。他看到会场简单、朴实，村里的群众大都参加了，没有要打骂的架势，而是心平气和地和地主进行说理斗争，群众用地主剥削穷人的大量事实把地主说得哑口无言、无理反驳。张闻天对这种斗争方式很满意，表扬了掌握会场斗争的孙臣、蔡少先等农会干部，认为桦川干部的政策水平已较高。

第二，张闻天调查研究的里手。张闻天是马克思主义理论家，是以马克思的唯物主义史观做指导，注意调查研究，不做唯心的估量。张闻天在"土改"中通过调查研究正确地解决处理问题，指导工作开展。

桦川是省委的"土改"试点县，省委直接派四个工作团进驻。孙双连、张闻天经常找干部谈话，了解"土改"情况。

为了掌握第一手材料，他亲自到桦川县的会龙山村蹲点。"土改"运动每到关键时刻，他就亲自到点上找农会干部和贫雇农开调查会。他边问边用笔记录，对群众的话总是认真听，即使是一些小事也不放过。遇到重要问题，他就和群众研讨清楚，及时提出纠正措施。

1946年12月，在反奸清算斗争阶段结束后，为了掌握运动的发展情况，张闻天亲自到桦川县走访和调查研究，他发现陈家围子的地主没有被打倒，群众有顾虑，不敢要地要浮产。他认为这个村子的运动走了过场，指示悦来区组织工作队重新发动群众，对地主阶级进行彻底斗争。

张闻天通过蹲点和视察得到大量假分地分浮产、转移浮产、农会被地主的狗腿子把持、地主阶级的威风没有被打倒等情况。他感到运动搞得不深不透的不是一个屯、两个屯，而是至少在50%以上。陈云要求要煮"夹生饭"。随之，桦川"土改"运动首先进入煮"夹生饭"阶段。

为了正确指导煮"夹生饭"工作，1947年1月7日，张闻天又下乡到桦川县会龙山村蹲点，亲自调查研究，培养典型，寻求解决煮"夹生饭"的办法。通过蹲点，他进一步了解到，群众缺乏阶级觉悟，尚未掌握政权，造成"夹生饭"状态。因此，必须重新发动群众，培养积极分子，彻底解决土地问题。1947年2月，省委召开群众工作会议，总结交流了煮"夹生饭"的经验，分析了"夹生饭"的表现和产生的原因，明确了"熟饭"的标准和消灭"夹生饭"的根本方法。

第三，张闻天是联系群众的榜样。联系群众、依靠群众、关心群众也是党的工作作风，张闻天用自己的实践行动彰显了党的优良作风，是联系群众的榜样。他常对干部说："我们革命的目的就是为了解救劳苦大众，使他们当家作主，过上好日子，因此我们要联系他们，关心他们，依靠他们，帮助他们，做他们的知心朋友。"

张闻天对在封建势力的压榨下过着穷困潦倒的生活的穷苦农民有深厚的无产阶级感情，他到桦川县会龙山村蹲点时，经常走到群众家里访贫问苦，帮助群众解决生活困难。有一户雇农家里夫妻俩换着穿一条裤子，张闻天听说后立即叫警卫员尽快找几件衣服送去。

他爱憎分明，对于破坏农民翻身的行为，一经发现，严肃处理；对于支持和参与让农民翻身的人，他大加赞许。在平分土地开始时，省政府警卫大队在桦川县会龙区葫芦芯子村驻防期间，混进了坏分子马海青和郭九成，他们包庇地主、砸监纵敌、武装行凶、干涉农民翻身。张闻天对此案非常重视，亲自参加葫芦芯子村临时人民法庭公审处决马、郭二犯大会，并在会上讲话。

"土改"运动刚刚结束，张闻天就迅速把党的工作重心转移到恢复和发展生产上来。他号召各地发展互助合作，插犋换工。

他说："翻身农民有的还没有大牲畜，有大牲畜的农户也是只有一头牛或一匹马，套不起一副犁杖，必须组织互相合作和插犋换工，才能套成一副犁杖进行耕种。"在他的号召下，桦川的互助合作发展很快。1948年，桦川县中70%的农户都开展了插犋换工，进行互助合作。互助合作使粮食产量成倍地增长，极大地改善了农民群众的生活。张闻天还注意发展供销合作社，经营农民必需的生产生活用品，方便群众。

第四，张闻天是爱护干部的长者。干部是党的宝贵财富，是党的政策的贯彻执行者和党联系群众的纽带。在中国革命的长河中，张闻天如长者一样爱护干部，培养了许多政治素质过硬、工作能力强的优秀干部，为革命做出了重大的贡献。

合江省"土改"运动的顺利完成，也是同张闻天爱护干部，大胆使用、精心培养干部分不开的。在"土改"运动中，出现"左"倾错误思想，在使用干部问题上反映得比较突出。当时在桦川县参加"土改"工作的有一批东北大学的学生，这些人的家庭出身多数是剥削阶级，有的人不愿意让这些人参加"土改"，怕他们同地主、富农划不清界限。张闻天坚决反对这种思想，他说："只要他们不在本村本县，参加"土改"是可以的。如果是本县的知识分子，家庭出身又是地主、富农的，可以调到别的县去，回避一下有好处。我们不能完全看出身，一个人的表现是最重要的。对于这些剥削阶级家庭出身的知识分子，参加"土改"是一场考验，看看他们能不能站在贫雇农的立场上来，同他们的剥削阶级家庭决裂。对于能决裂的人，就要相信使用他们。我们对他们进行阶级教育、国家前途教育和社会发展史教育。我们相信他们大多数是会改造过来的。"实践证明，由于大胆地使用了这些干部，这些人中的绝大多数在"土改"工作中都能立场鲜明地积极工作，成长得也很快，许多干部入了党，有的被提到领导岗位上来，成为"土改"运动的重要骨干。

张闻天对东北本地新干部的成长特别关心。他经常对老干部说："你们老干部，除了领导'土改'、生产、支前外，还要培养大批新干部，最后要把印把子交给他们。没有大量新干部成长，根据地是不可能巩固的，你们老干部的任务也不能算完成。"在张闻天正确的干部政策指导下，桦川的新干部的成长是比较快的。在1947年的夏天以后，许多新干部走上区领导的岗位。张闻天下乡调查时，经常找这些新干部了解情况，并耐心教育、精心培养他们，使这些新干部迅速成长起来。

张闻天很注意对干部进行文化知识和马列主义理论的培养和提高，举办省委党校轮训班，他也经常亲自给干部讲课、指导干部学习。当时桦川各工作团的干部经常写一些工作报告和地主阶级的发家史，他总是仔细阅读，亲自修改，并表扬一些生动的、简明扼要的报告，有的还送到《合江日报》上发表。有一次他看到桦川会龙山村的农民在"土改"胜利后给省委写的一封感谢信，十分高兴。这封信是由几位翻身农民口述、干部代笔起草的，基本按农民的语气整理而成。张闻天说："这确实是用农民语言写的，说明我们干部的写作水平也很强了。我们需要的是反映农民的心里话，不要空洞的大文章。"

第五章 发展壮大党组织 巩固后方根据地

第一节 建立、发展中共桦川县基层组织

一、中共桦川县委在农村发展党员，建立村屯支部

1938年"三一五"事件后，抗战时期组建的中共桦川县委因敌人的破坏而停止了活动。1945年8月15日，桦川光复，建立东北革命根据地，中共桦川县地方党组织得到了恢复和发展。

1946年3月，中共合江省工委向桦川县派驻民运工作团，同时决定成立中共桦川县工委，从此桦川县又有了党组织的活动。在"土改"清算和煮"夹生饭"两个阶段，发展党员是在慎重而秘密的情况下进行的。工作队到一个屯子里，在发动群众中发现和考察积极分子，待斗争初步告一段落时，着手发展党员建立党的组织。

当时，在农村发展党员的要求是历史清白，在群众斗争中表现坚决勇敢，遵守群众革命团体的决议与纪律，拥护民主政府与人民军队。入党手续是了解考察后，由工作团党委个别吸收，候补期为6个月。接收党员须举行入党仪式，新党员在举行入党仪式时宣誓。誓词如下：

我志愿加入中国共产党，从事无产阶级的革命事业，并在此

宣誓。

1.终身为共产主义事业奋斗到底。

2.坚决执行党的决议。

3.遵守党的纪律，严守党的秘密。

4.积极学习，做群众的模范。

5.牺牲个人，对党有信心，永不叛党。

如有违背，受党纪严厉制裁，谨此宣誓。

工作团进点后，经过两三个月的培养考察，发展了第一批党员，建立了第一批党支部。长发区工作团在东朝阳村建立了全县第一个党支部。悦来区在埠头村（今悦江村）建立了全县第二个党支部。太平、大来两个工作团也在主要基点村建立了党支部。到1946年末，全县共发展党员200多名。

二、中共桦川县工委改组，成立中共桦川县委

1947年3月，县工委改组为县委，健全了工作机构。从1947年9月开始，县委按照省委指示加强了对建党工作的领导，做到发展党员与群众运动紧密结合，把经过"砍挖"斗争涌现出来的真正可靠的积极分子迅速发展到党内来，党员数量有所增加。同年12月，省委召开的各县领导会议传达了东北局新的建党方针，提出了各地要慎重地、有重点地发展党员，并强调要有重点地先在贫雇农已充分发动并有民主意识的村子来做这一工作。中共桦川县委以会龙区公胜村为试点，积极慎重地在贫雇农中发展党员，总结经验，指导全县。1948年2月以后，各区选择一个群众基础好的村子做试点，通过宣传教育，公开发展党员，建立党支部。

在这一时期，全县党组织发展很快，到1948年10月，全县10个区137个行政村，建党支部63个，公开50个，农村党员705人，机关党员131人。全县有党员836人，占全县人口总数的0.76%。

自1948年10月开始，支部和党员逐步向群众公开。经过几个月的局部公开后，县委于10月份将党组织完全公开，并发展一大批党员。农村党员由705人发展到1 240人，农村党支部由63个发展到95个。全县69.3%的行政村建立了党支部。各区较大的行政村都有了党支部，各主要自然屯都有了党员。全县各地方生产、支前等工作，基本做到了以党支部为核心，党员发挥了骨干带头作用，党的各项任务基本都有了保证。

第二节　解放战争时期，桦川县政权建设

一、桦川县临时政府

1945年8月12日，桦川县临时政府开始执政。在日本侵略者投降、伪桦川县公署遣散后，部分伪职人员成立临时县政府，伪县长谢俊山、国民党人员郭际清先后担任临时县长。全县各区则成立了临时维持会和临时区公所。各村则由区公所临时指定人员担任村长。临时政权的特点：一是各级政权都是由原伪职人员掌控的伪政权。二是起维持地方秩序作用，其职责是控制地方局面，等待国民党和中央军前来接收。三是这些掌权人都抱有投机心思，妄图在权利之争中乱中取利。

二、中共合江省委接收改造桦川县旧政权

1945年12月至1946年7月是接收改造旧政权阶段。1945年12月下旬，中共合江省委派3名党员干部接收了桦川县临时县政府。1946年初民运工作团进驻各区解散了临时维持会和区公所，成立了区政府。当时桦川县政权的特点：一是临时政府机构庞大，人员达800多人，经费开支困难，加重地方负担。二是人浮

于事，缺乏服务观念。县政府人员虽多，却没有干事的。三是各级政权仍由一些旧职员把持。如县长张伯然是日伪时佳木斯伪农会会长、大地主，暗中与国民党分子相互勾结，串通一气。全县大部分区、村把持政权的人都是地主、富农和伪职员。

三、摒弃旧政权，建立桦川县各级农会组织

1946年7月至1948年3月是打碎旧政权、建立新政权阶段。此阶段包含了"土改"反奸清算、煮"夹生饭"、"砍挖"斗争、平分土地四个阶段。桦川县新政权的特点除县、区政权外，村一级政权则为领导运动的群众组织所代替。

在反奸清算阶段，工作团进驻桦川后成立了县、区、乡和村农会，自然屯建立农会小组。农会的主要工作就是搞"土改"运动，包揽行政事务，被称作农村的"苏维埃"。贫雇农、中农、富农及小地主都可以入会。农会组织设会长、副会长、基干队长、组织委员、宣传委员、财粮委员、土地委员、生产委员、教育委员、妇女委员等。此时，农村的行政组织基本丧失作用。

"土改"运动后期，即平分土地阶段。桦川县的农民组织的贫雇农代表大会，入会的是"清一色"的贫雇农，不允许中农参加，提出了"贫雇农打天下"的错误口号，搞斗争扩大化。但时间不久后这种现象很快得到了纠正，没有造成严重的后果。"土改"结束后，桦川县的贫雇农代表大会被农民代表大会代替，允许中农参加，团结面扩大，形成了很强的生产力量。在此时期，随着"土改"运动的基本结束，农民群众组织的任务基本完成，工作中心已由摧毁以地主阶级为代表的封建势力转到开展大生产和支援前线上来。作为领导生产和支援前线的各级行政机构的组织建设又被提到日程上来，开始建党建政工作。

四、桦川县民主选举村政权组织

1948年3月至1949年末，桦川县政权建设进入成立农民代表大会，是民主选举政权阶段。

按照合江省委发布《农村政权组织与保障民权条件》的规定："除地主、富农与反动分子外，农村中凡满十六岁以上的贫雇中农、工人、手工业者及其他反封建分子均有选举权与被选举权。"对村民公民权的审查一般是经过党支部审定，通过选委会根据村民的历史、出身、政治背景、社会地位等具体情况提出名单，采取重点审查的办法确定。对经确定有公民权的农民由选委会发给公民证。

举行有公民权的农民大会，选举村、区代表。在农民中每7—9人选1名村代表，每21—27人选1名区代表。村、区代表中要保持一定数量的中农代表。农民代表大会为村、区政权最高权力机关。经代表大会选出村、区政府委员会，组成村、区政府。村级代表选举大体有3种办法：口头选举、投票选举和投豆选择。大多数都采取"投豆"选举办法。村代表每10天至半个月召开一次会议。会议内容主要是选举和补选村、区干部和研究生产等事宜。至1949年末，桦川县133个行政村和10个区建设工作全部完成。

五、农村干部的产生及培养使用

村代表会议选出村政府委员7—9人，留村处理日常事务者为主任和文书，村政府委员会5—7天开一次会。区代表会议选出区政府委员21—23人，从中选出5—7个常委，留区政府处理日常工作。村、区两级政府委员中，除主任和副主任外，根据工作需要设生产、武装、文教、财粮、妇女、民政等助理和办公室，屯代表组成代表小组，选代表主任1人。

在建党建政过程中，干部是起决定作用的因素，因此各级政权机构都非常注意选拔、教育和使用干部。一是按标准选拔干部。新政权的干部一部分是关内来的老干部和从军队转到地方的干部，一部分是从当地农民中选拔、培养的出身好、工作能力强、有思想觉悟的新干部。1946年至1949年，桦川全县干部从859人增加到2 500人，每年以20%的数额递增。二是举办训练班，提高干部的政治素质、业务素质。在"土改"和大生产期间按不同工作重点共举办训练班50多期，培训干部1 000多人次。三是把干部放到重要工作岗位上锤炼。"土改"运动是和封建势力的一场殊死斗争，是锻炼干部的好时机，各级政权都注意把新干部放到艰巨的岗位上工作，培养其独立工作能力。四是对干部严格要求。各级政权对干部都订立规章制度进行约束，奖惩分明，以此调动干部的积极性。在"土改"运动期间，新当选的农会干部上任前必须按下列誓词宣誓：

誓词大意是"我今天当选为村农会干部，做咱们穷人的领头人，我宁愿豁出命来为穷人翻身干到底。我一是办事公正，二是吃苦耐劳，三是和和气气，四是要有错就改。不怕坏蛋收买吓唬；不贪图小便宜吃里爬外；不虚头滑脑瞒上欺下；不耍压力派乱打乱罚。以后我如果违背了自己的誓言，愿受会员全体的纪律处分"。

桦川县区、村还制定了干部制度和干部公约。悦来区在区、村干部大会上制定了5条干部公约，内容如下：

1.豁出命来，给穷人办事；不吃里爬外，不贪图大户东西。

2.吃苦耐劳，大公无私；不怀揣腰掖，不吃喝嫖赌。

3.办事公正，说话实在；不瞒上欺下，不虚头滑脑。

4.和和气气，大家商量；不摆官架子，不乱打滥罚。

5.有错就改，互相学习；不护己，不献情。

6.保卫新生政权，县、区、村建立了地方武装。

桦川县于1945年末成立的县保安大队，是地方民主政府直接指挥的保卫地方政府机关、维持政府法令及地方治安的武装队伍。1946年9月，桦川县保安大队被编入合江省军区保安团，成为独立团后，桦川县政府重新组建警卫队，称为县大队。县大队由县委书记兼任政委、县长兼任大队长，副大队长和教导员由专职干部担任。县大队直属队128人，全部脱产，负责剿匪和保卫地方治安。县大队下辖10个区中队359人。区中队是区级武装组织，从各村基干民兵队中抽调，为30人左右，全部脱产。区委书记兼任指导员，区长兼任中队长，副中队长和副指导员由专职干部担任。区中队主要在区内活动，负责一个区的剿匪和治安保卫。区中队是县大队的组成部分，须服从县大队的指挥和统一调动。

1947年初开始，各村逐渐建立起自卫队组织，任务是站岗放哨、清查户口、捕捉土匪奸细、维护地方治安、担任后方勤务等。自卫队是"土改"时期具有义务性的群众半武装组织，凡16—45岁的男子均编入自卫队。由于是一种不脱产的半武装组织，各村参加人数较多，全县自卫队员达7 000多人。

自卫队队员分为普通队员和基干队员。其中，基干队员一般为18—35岁的青壮年队员。队员大多是贫雇中农，并在"土改"斗争中是积极分子。基干队以村为单位组织，机构设队长1人，下设班、组，队长大都是农会委员，可以脱产。基干队属于义务组织，不享受任何待遇，特殊情况可以酌情给予补助。各村基干队在保卫"土改"斗争和生产建设中发挥了很大作用。苏家店村十几名联防队员打跑了百十名土匪，有效地保卫了"土改"胜利果实。会龙村基干队巧捉"暗胡子"李焕章，粉碎了内奸的破坏活动。悦来区基干队带头翻黑地、挖财宝，使斗争中的"夹生饭"很快煮熟。新城区基干队抓回罪大恶极的伪村长王华堂，为受害群众报仇雪恨。

第三节　巩固后方根据地，支援全国解放战争

一、参军支前，支援全国解放战争

抗日战争胜利后，中国人民要求建立一个独立、自由、民主、统一、富强的新中国。但是，国民党反动派在美帝国主义的支持下，妄图依靠暂时的军事优势，抢夺抗战胜利果实，妄图使中国仍旧成为大地主、大资产阶级专政的半殖民地半封建国家。中国共产党针锋相对，一面揭露国民党的内战阴谋，一面领导解放区军民以自卫战争粉碎蒋介石的进攻。

桦川县是老革命根据地，有着支前参军的光荣传统。抗日战争时期，桦川县广大青壮年曾踊跃参军参战，补充抗联兵员。解放战争中，桦川人民发扬革命老根据地的光荣传统，积极报名参军上前线。每次扩军都出现父送子、妻送郎的高潮，出色地完成扩军任务。

从1946年至1949年的解放战争中，桦川有11 000多名青壮年踊跃参军上前线，参加了辽沈、平津、淮海三大战役和百万雄师过大江的战斗。许多战士在前方杀敌立功，喜报接踵而来。在解放战争中，桦川县有李德厚、孙宝山、孙信发、崔福、宋朝喜、刘俊秀、宋东兴、石景春、李景会、鲍广武、李永林、闵凤海、黄贞山、高有苏、傅君、王善义、姜清文、郑洪亮、阎福、谷秀林、冯志德、隋金财、阎纯、侯祥、张庆和、刘义成、董学文、徐永海、董林、齐家桢、李明山、仲照林、于见水、张永良、刘福、张振忠、于有珍、李春、郑德辉、陈有、李东春、禹有泽、金客勋、金炳林、任元宰、廉元燮、赵海丰、金东日、朴太洙、朴太根、梁汗承、金系哲、金炳念、李秀山、李日范、韩玉明、

高绍裕、孙成义、王少军、曲海龙、刘云阁等青年为建立新中国献出了宝贵的生命。

从1946年冬至1949年冬，桦川县共出了5次战勤，共出民工和干部1 500多人，大车100多辆，马450多匹，完成了上级交代的任务。

民工参战组织，合江全省为一个支队，下设3个战勤大队，由佳木斯市和桦川、汤原、鹤立三县组成合江省战勤第一大队，设大队长、教导员。桦川县为第一中队，设中队长、指导员、司务长、卫生员等。中队以下为分队、班、组，每副担架为一组，5—6组为一班。中队长以上干部由区以上干部担任，中队长以下干部在战勤队中挑选。

在出战勤任务时，每次县接到省分配任务后，都依次分配到区、村，各村按任务和时间进行组织动员。动员口号是"好人好马上前线"。动员过程首先是召开村民大会，号召村民自愿报名，然后选择适合的对象由村干部分别进行个别动员。

战勤民工出发时由村里发给衣服、鞋帽和少许零花钱。由村组织对其进行集中训练直至开到前方，粮食、菜和马草、马料由县供给；到前方后，由部队供给，其标准与部队战士相同。

民工出发前一般都利用一段时间接受政治军事教育。政治教育内容有明确出战勤的意义、如何遵守群众纪律、解放军有哪些对敌政策等。军事教育内容有防空知识，夜行军的联络方式，如何抢救伤员和抬担架、识别地雷、破坏地雷等。

民工出战勤时间少则一个月，随着战争向前推进，路途渐远，故出战勤时间有多至三个月、六个月，乃至一年的。桦川的5次战勤民工，先后分别参加了辽沈、平津、淮海三大战役，每次都能胜利地完成任务，出现了许多战勤模范，为桦川县人民争得了光荣，为全国的彻底解放做出了很大的贡献。

二、发展生产，巩固后方根据地，迎接全国解放

大生产运动是让人民群众通过生产改变穷困潦倒的处境，也是为了发展生产，提高农村生产力，在改变农民生活的同时，通过开展大生产运动，以支援前线为全国解放提供物资保障。

大生产运动靠的是将人民群众组织起来搞生产。平分土地后，农民分得了土地和牲畜，但都是一匹马或一头牛，无法独立耕种，需要换工插犋，搞合伙耕田。从1947年开始，桦川县、区政府派出大批干部深入农村，引导并组织农民开展大生产运动。当时组织形式主要有两种：换工插犋和互助组。当时互助组发展得比较快。1947年，全县有临时互助组45个，常年互助组27个，占总农户的10%；1948年有临时互助组420个，常年互助组380个，占总农户的50%。1949年，全县各种形式的互助组就占全县总农户的70%之多。

在开展大生产运动中，桦川县各级政府还发动农民开展劳动竞赛，激发广大农民的生产积极性。1948年，从春耕开始，全县对区与区、村与村、人与人都提出了条件，开展互相竞赛。县、区干部也都深入农村，从人的思想上和生产技术上做指导工作。这一年，粮食取得了大丰收，全县耕地面积达到86万亩，其中开荒3万亩，总产量达1.5亿多斤。翻身后的农民丰衣足食，桦川县政治形势大好。

农业丰收了，农民的生活好转了，有足够的物资支援前线，支前任务每次都提前完成。

从1946年开始，全县每年都按省委下达的任务积极交纳公粮，公粮征收率为20%。为支援前方打胜仗，各地群众不但交公粮速度快，而且全家昼夜不停地精选（主要是大豆），做到干燥、清洁、无潮湿、无霉烂和脏乱差，切实保证公粮的质量。

交足公粮，群众还把多余的粮食平价卖给国家，以满足前线和各方面需要。1946年至1949年4月间，人民群众共交公粮200多万吨，购粮50多万吨。

在解放战争中，桦川县积极投入人力和其他物资支援。1947年，支前民工225人、大车25辆、马115匹、担架40副、粮食15万斤、禽类1.5万只、干菜10万斤、粉条2万斤、鞋帽6 950套。1948年，支前民工206人、大车20辆、马120匹、担架30副、粮食17万斤、禽类1.7万只、干菜3.9万斤、粉条2万斤、鞋帽0.7万套、武器300支、肥猪139只、乌拉草10万斤。在支前工作中，组织起来的广大妇女起了骨干作用，采集和晾晒干菜，缝制衣服鞋帽，赡养前去作战的战士的父母和抚养其子女，她们在支前工作中立了大功。1949年，由于战事南移，桦川县派出大批干部南下支援大军渡江，以摧毁蒋家王朝。物质支援以被服、干菜为主。全县人民全力投入支援全国解放的战斗中，以实际行动迎接新中国的诞生。

第四编 ★ 新中国成立初期各项事业的恢复和发展

第一章　新中国成立前的 桦川人民的生活

第一节　清末至民国时期桦川县农民的生活状况

桦川县一带古时为满族人的故乡。清初满族人入关后，以渔猎为生的赫哲族人在这一带生活。清光绪八年（1882年），桦川县境内的万里河、苏苏、敖其3屯有赫哲族旗丁82户430人，共领毛荒约4.95万亩。

早在清朝同治末年（1874年），汉族人移入桦川，在音达木河、柳毛河、松花江等桦川境内的江河两岸开发土地。光绪三十一年（1905年），桦川一带开始大量放荒，是为土地开发之始。至1909年4月14日，清朝政府批准设治桦川县，关内大批移民涌入，定居领荒，开发土地。关内移民大多是以农耕为主的农民，他们移居桦川县后人生地不熟，人单势薄，受尽地方官吏、豪绅、商人的欺诈、盘剥，廉价出让了辛劳开垦的土地。还有许多农民因无可抗拒的战乱和自然灾害，丧失了仅有的土地所有权。当时，桦川县的地方官吏、占荒地主等一些少数人，以廉价领荒和低价收买土地等手段，成为垄断大量土地的大地主。桦川县的地主仅占全县总户的10%，却占有全县土地总面积的60%。1921年（民国10年），全县有地户23 245户，不足10亩者2 399

户，占10.4%，100亩以上者5 615户，占24.2%。绝大多数农民没有土地或只有少量的土地，沦为租赁地主土地生活的佃农，遭受地主的剥削。

第二节　桦川地主阶级垄断土地，形成封建统治格局

桦川县建县初期，地主阶级以各种方式垄断土地。

第一，领荒占有土地，成为"领荒地主"。桦川县设治后成立了招垦局，低价拍卖荒地。有钱有势的地主官吏、豪绅以低地价，领执照占有地权，开垦荒地。桦川县保卫团团长张庆纶，于1915年（民国4年）一次在桦川县顺山堡低价领荒1万多亩。桦川县公署第一任知事孟广钧领荒达10万亩，成为桦川县的大地主。

第二，建县初期，桦川县官员的亲属和差役自选一块土地占为己有，成为"占荒地主"。桦川县境内道德屯的马忠显、大来岗的顾有堂等随官员来桦川的差役都选占了大片土地，成为霸占土地的"占荒地主"。

第三，地主靠权势兼并土地。一些依仗官府权势的地主在官府丈量土地时，贿赂丈量土地差役，将小户的土地丈量在自己名下。还有用"盖照"的方式，勾结官府，以新的土地执照取消农户的原有土地执照，夺取农民的土地。更多的是一些地主在小农户家遭遇天灾病孽时，乘机低价收买土地。

桦川县地主阶级巧取豪夺农民的土地，垄断了桦川县大面积土地，迫使农民无地无业，沦为贫苦的佃农，靠租赁地主土地和做长短工为生，过着衣不遮体、食不果腹、没有保障的生活。因此，桦川县贫富两极分化，以地主阶级为代表的封建势力形成，

出现了封建统治的格局。

第三节　新中国成立前桦川人民的苦难生活

1803年，满清政府开禁，允许汉族人进入东北开发土地，关内大批移民涌入三江一带。至1909年，桦川县设治建县，随人口逐年增多，村屯也逐年增多。桦川地区蛮荒原野开垦出万顷良田，改变了"北大荒"的历史面貌。但由于以地主阶级为代表的封建势力的严酷统治，处于社会下层的贫苦人民群众仍是一无土地、二无畜力，饱受地主阶级的剥削、官府苛捐杂税的搜刮和胡匪的骚扰，人民群众生活和财产毫无保障，过着牛马不如的苦难生活。

1931年"九一八"事变，日本侵略者入侵东北，随后侵占了桦川县南部和佳木斯、悦来两镇，拼凑成立了伪桦川县政府傀儡政权，推行日本帝国主义殖民经济政策和血腥的军事统治。1932年5月17日，日本舰艇开进佳木斯港，时属桦川县佳木斯镇被日军占领。1932年5月28日，伪桦川县县公署在佳木斯镇成立，桦川县为丙级县，伪县公署内设总务科（辖密务股、文书股、会计股），财务局（辖征收股、理财股），内务局（辖警务股、特务股、司法股），县长由汉奸担任，副县长（参高官）由日本人担任。第一任伪县长唐纯礼、第一参高官石恒良隆（日本人）于1933年7月到任，掌握了伪桦川县公署权力。

从此，日本侵略者在桦川县实行野蛮的法西斯统治，在军事上野蛮镇压，在政治上残酷迫害，在经济上疯狂掠夺，在文化上奴化教育，采取一系列侵略手段和政策，奴役、压迫桦川人民。日本侵略者推行武装移民政策，派遣大批"开拓团"霸占大片良田，掠夺大量的农副产品；推行野蛮的"三光"政策，制造无人区，致使农民丧失土地和房屋。日本侵略者的一系列丧心病狂的经济侵略和政治压迫，使桦川县广大人民群众雪上加霜，彻底堕入苦难的深渊。

一、军事上的野蛮镇压

1931年"九一八"事变后，日本关东军凭借武力，以大炮开路，侵占东北三省。日本侵略者所到之处，实施杀光、烧光、抢光的"三光"政策，人民群众流离失所，尸横遍野，哀鸿遍地。日伪统治时期，日本关东军在野蛮血腥的"讨伐"中，动辄把数百人、数千人集中到村中或宽阔地带，进行灭绝人性的大屠杀，制造了多起骇人听闻的惨案。1932年10月，在桦川县东南马忠显大桥附近，日本侵略者一次就杀害红枪会、黄枪会人员1 000多名。1934年3月，桦川县土龙山暴动农民击毙日本关东军军官饭冢大佐后，歹毒的日本关东军用重炮猛轰土龙山以北12屯，数万平民死于非命。

1936年，日本关东军司令部制订了1936—1939年的三年《满洲国治安肃正计划》和《三江大讨伐计划》，围歼活跃在桦川及其周边地区的抗日联军。在三江大"讨伐"中，日本侵略者第一军管区司令于琛徵以日本关东军为主，出动关东军第4师团和第8师团一部及伪军混成旅第16、23、27、28旅，伪靖安军4个团和伪兴安军支队，还出动大批日本宪兵、特务、伪警察、自卫团，组成总兵力达5万余人的"讨伐军"。"讨伐军"采取分割包围、"篦梳式"进剿，以"肃清一地、巩固一地"的手段进攻"围剿"东北抗日联军部队，妄图将抗联各部驱于一隅，聚而歼之。"讨伐军"积极推行"集团部落"政策，大力修筑警备道路，架设警备电话线，派出宪兵、特务等到处侦察，搜集东北抗日联军情报，进行欺骗宣传，搞所谓"怀柔、说服"的活动，以配合军事"讨伐"。1936年，日本侵略者强迫农民按户抽丁、派车劈山开路，修建备道，桦川县累死、饿死修道劳工达数千人。除军事"围剿"外，日本侵略者还重点搞经济封锁，割断东北抗日联军与人民群众的联系，凡怀疑与抗联关系密切的村屯，一律清肃屠村。1937年春至1938年秋的"特别大讨伐"中，桦川县有1万多抗日军民死于日本关东军的屠刀之下。

日本侵略者占领桦川县地区后，在东蒙古力、田禄村、太平镇、湖南营、大堆峰修筑了5个飞机场，数十架飞机不断起落升降，空袭抗日武装，镇压反日群众。1934年5月至1936年，日军第3师团29旅团18联队大传田村带队侵驻桦川县。1935至1938年桦川县达子营驻日军守备队小林部有近百名日军。1938年以后悦来镇驻日军藤气部队。

二、政治上的残酷迫害

1932年5月，日本侵略者侵占桦川，成立了伪县政府，直接归伪吉林省政府管辖。由被收买的中国人出任县长、日本人担任参事官掌控政权。1934年10月1日，日本侵略者在桦川县东兴镇（佳木斯镇）建立了伪三江省公署，所属桦川县也按照新《县制》改称为桦川县公署。省、市、县三长由中国人为傀儡，由次长日本人掌握实权。之后，日本侵略者就以此为统治工具，有恃无恐、变本加厉地对桦川地区人民实行殖民统治。

第一，开展"清乡"活动和"保甲连坐"法。1932年10月，日本侵略者开展"清乡"活动，以省、市、县公署三长为委员长，以日本关东军驻军头目和警务长为委员组成"清乡委员会"。1933年6月，改称"治安委员会"。依据日本制定的所谓《暂行惩治叛徒法》和《暂行惩治盗匪法》开展"清乡"活动，将"聚众"与"结伙"的群众视为"匪贼"并严加惩处。日本关东军与警、宪等有"随便枪杀"的无限权力，任意残害平民。在民间强行搜缴武器、调查户口，强行推行"保甲制度"。日本侵略者设立交通通信网、搜集情报、进行反动宣传等，禁止在县城附近3里以内、集镇2里以内、铁路两侧1里以内种植高粱、玉米等高秆作物。日伪政权以《暂行惩治叛徒法》和《暂行政治盗匪法》的名义滥杀无辜。日伪统治时期，桦川县有千名抗日军属、支援东北抗日联军的群众和被怀疑私通东北抗日联军的无辜群众被杀害。被桦川县伪警察局特务股长广野（日本人，外号"阎王爷"）砍杀的有所谓"通匪"嫌疑者多达数十人。

日本关东军用刺刀扶植起来的地方伪政权生怕人民群众反抗，于1933年12月，制定出台了《暂时保甲法》，规定："居民以10户为一牌，村或相当于村的区域为一甲，一个警察区域内的甲为一保"。保设保长、副保长，甲设甲长、副甲长，牌设牌长。如果某一牌出现所谓"扰乱治安"的"犯罪的人"，则各户负有连带责任。他们强迫年满18岁至40岁的男子参加"自卫团"。"连坐法"禁锢了人民群众，给日本侵略者的滥杀无辜制造了借口和依据。

第二，"归屯并户"，制造"无人区"和"集团部落"。1934年12月，伪民政部发布了《集团部落建设》文告，开始全面推行"归屯并户"。桦川地区于1935年实行。"集团部落"一般由100户至200户组成，占地4万至9万平方米。周围设有深沟高墙和铁丝网，四周修建炮楼，安插武装警、特监视，居民出入凭良民证接受搜身检查。"归屯并户"和制造"无人区"是同一过程，即强迫各地小村庄的住户离开居住的土地和家园，迁到指定的"部落"之内。"归屯并户"的目的在于对抗日武装进行政治和经济封锁。在推行过程中，平民百姓深受其害。据统计，1934年至1939年间，桦川地区有3 000多间民房被烧毁，废弃土地3万多亩，形成了荒凉的无人区。"集团部落"生活条件极其恶劣，造成大批平民病、饿、冻死。此期间病、冻、饿死的平民和被日本关东军杀害者占桦川县总人口的20%以上。

第三，推行极其野蛮的劳工政策。伪满洲国的劳工制度开始实施于1937年7月，其主要的内容是"国民皆劳，紧急就劳"。把出劳工定为义务，凡合乎规定条件的人员必须就劳，强行征集。同时，还以抓"浮浪"为借口，到大街小巷或平民家中抓捕。伪桦川县公署治安委员会还在北平、天津等地设立专门机构，骗招关内劳工，将劳工装上闷罐车，将铁门上了锁，劳工在闷罐里大便、小便、吃饭、睡觉，恶劣的乘车环境致使许多劳工闷死、病死在车上。

劳工的生活条件和环境极端恶劣，住的是地窝棚或露宿，吃的是橡子面，重病号得不到医治甚至被扔进万人坑。劳工的劳动时间每天长达14个小时以上，劳动强度被提高到无法忍受的程度。桦川地区的劳工征集主要有3次。第一次是1943年，约1 500人，去鹤岗等地修筑水源地；第二次是1944年，约1 200人，主要在桦川地区挖输水渠道；第三次是1945年，约2 100人，主要在虎林境内修战备工事、到牡丹江挖埋地下电缆和到松花江以北桦阳沟挖松树根炼油。这些劳工累、病、饿死的无数，生还者为数不多。当时有200多名桦川籍劳工在富锦县修筑军事工事竣工后，因日本侵略者怕泄密而被秘密杀害。1944年春，日本侵略者为掠夺桦川县的农业资源，从天津骗招600多名劳工，到桦川县田禄村（建国乡）一带修筑排灌工程（今桦川县星火排灌站）。这些被称为"天津班"的劳工，被迫从事繁重的体力劳动，过着牛马不如的生活，不到两年就全部因累病、饿而死，无一生还。在日伪统治时期，桦川县有1万多劳工被折磨致死。

第四，以法西斯白色恐怖控制平民的思想和行动。日本侵略者以军事镇压占领东北后，在1932年9月公布了《治安警察法》等法令，禁止人民群众"秘密结社、发表议论、张贴图画、散发传单"。把"认为有犯罪危险的人"送进"矫正辅导院"，在对其进行"精神训练"的同时，强迫其从事沉重的劳役。在对可能犯有政治罪行者实行"预防拘禁"，同时也施以劳役。1943年后，桦川县旅店、商店、市场等人们活动的地方都安插便衣特务，只要有特务密告，警察就可以随意抓人，桦川县每天都有人被抓捕。1943年5月8日，桦川县悦来镇伪警察所把市场中的人群围起来，抓到了3名所谓的"浮浪"送到"矫正辅导院"。

桦川县"治安委员会"抓捕的"浮浪"全部被送到鹤岗"矫正辅导院"。被关押的所谓的"浮浪"人员穿着紫色或黄色号衣，吃窝窝头，戴着沉重的脚镣，进行"精神训练"与"矫正思想"，日本侵略者对其施以吊大挂、抽皮鞭、灌凉水、夹手指、举板凳等酷刑。1939年，在伪三江省警务厅特务科长兼三江地方局理事官、侵华战犯岛村三郎的策划下，在桦川县西郊万发屯道北的荆棘丛中修建了一座高围墙、黑大门的秘密监狱。为掩人耳目，门口挂了一块"三岛理化研究所"的牌子。在这座人间地狱里，日伪特务对被关押的平民轻则拳打脚踢、鞭笞棒打，重则施以灌辣椒水、坐"老虎凳"、吃"红枣"、点"天灯"等极其残忍的刑罚。每次刑讯后，被审讯者连同变节投敌分子在内一律秘密处死。即使是被错抓错捕者，也一概就地处死。岛村三郎在一年零两个月的任职期间，还有7人从这座监狱被送往哈尔滨平房"731"部队进行细菌试验。在1945年8月8日，苏联对日本宣战后，这群杀人魔王于同年8月11日深夜将在押的36名"政治犯"全部处死，就连在秘密监狱看门、做饭的4名白俄罗斯人和1名朝鲜人也没能幸免于难。在这所监狱内的西北角，有一个10米×10米见方的大坑，里面横躺竖卧着的14具已经腐烂变质的尸体的手腕和脚踝都戴着镣铐。尸体的下边和周围还有一堆堆的白骨。在日伪统治期间，不知有多少人在这里遇害。坑边还有一堆被火焚烧过的刑具，尚可辨认出是绞刑架、电椅、电床、皮鞭、铁棒。

三、经济上的疯狂掠夺

掠夺东北的资源是日本侵略者侵华的主要目的之一。桦川县的地域辽阔，沃野千里，森林、矿产、水利、土地资源相当富庶，是日本侵略者掠夺资源的重点目标。

第一，日本开拓移民强占土地。1933年2月11日，第一批日本武装移民492人到桦川县永丰镇定居，并于同年3月27日强行规定了屯垦队占地区域。同年7月23日，日本第二批武装移民团493人入驻桦川县千振一带。先后移入桦川境内的日本移民（开拓团）共9批，移入了2 855户8 882人，建立了20个开拓团、96个驻地点和悦来、公心集2个报国农场，以开拓用地的名义共掠夺土地481万亩，占桦川县耕地面积的79%。日本人先后强占荒地866.7万亩，熟地106.6万亩，约占桦川县全部耕地面积的三分之二以上，使全县2 000多人无地可耕，530多人因冻、饿而死。日本侵略者为使东北变成它的殖民地，自1932年起，从日本开始向东北大规模武装移民。

1932年10月14日傍晚，第一批武装移民到达佳木斯，由于担心受到东北抗日武装力量的袭击，他们没敢贸然上岸，当晚在船上度过了一夜。第二天在驻依兰县方面日军的掩护下进入佳木斯镇，便在佳木斯踏上了垦殖生活的第一步。移民团名称定为"吉林屯垦第一大队"，这些屯垦者没有马上去种田，而是将"屯垦大队"下分步兵、炮兵各一个中队和一个机枪小队，协助关东军和"满洲国军"，在佳木斯城里承担了军事警戒任务，并出城镇压东北抗日武装。同年11月3日又和北境警备司令部协商，确立了防卫及警戒区域，以补充关东军一部撤走进攻热河兵力的不足。

"移民团"入侵后，地方民众抗日武装多次进攻佳木斯镇。"移民团"整日处在战斗戒备状态，不敢出城一步，筋疲力尽，好不容易挨过了漫长的冬季，1933年2月，日本武装移民先遣队才到达永丰镇（现佳木斯市，桦南县孟家岗镇）。

桦川县移民村（弥荣村广场），日本皇族在弥荣村（现桦南县孟家岗）检阅武装移民团

1933年2月11日，吉林屯垦第一大队由佳木斯出发，其先遣队由第一中队长熊谷伊三郎，以及大队本部农事指导官山崎芳雄带领，在2 000多名伪军和日军的配合下到达入侵地永丰镇后，当即受到红枪会的抗击，之后又在驼腰子一带不断地受到抗日武装力量的抗击，直到4月上旬才全部进入入侵地。他们到达后抢夺良田，采取用火烧、殴打等暴行驱赶当地中国农民到别处，组成了第一个定居点"弥荣村"。

"弥荣"一词是神道教仪式用语，意思是"繁荣昌盛"，分为"东弥荣"和"西弥荣"（桦南县曙光农场）两部分。

为了将永丰镇的移民团与其他移民团区别开，一直称之为"第一次移民团"。他们名义上是屯垦队，依兰县的中国农民把他们称作"屯匪"。从此开始了日本"武装移民"对中国东北的掠夺与侵占。

一方面，农民大量土地被侵占。1933年3月27日，吉林屯垦第一大队长市川益平，大队本部农事指导官山崎芳雄，以及伪依兰县县长唐纯礼、地方代表油德增，在永丰镇签订了《第一次移民团用地议定书》。议定书强行规定：以永丰镇东北方向67°1 400米孟家岗上为基点，基点正南3 000米高地棱线，东至东

日本武装移民开拓团列队出发

山脉棱，再东至青嘴山，基点西至铁岭河，基点北至北河沿沟上坎山脉，再东至七星碰子，并在向阳山附近设水田一区，占地总面积为668 250亩，其中可耕地面积9 900公顷。在此区域内原来居住的99户汉族居民约500人，限1933年4月下旬全部搬迁终了，并强占农民耕地495公顷。不论荒地、熟地，每公顷作价1元。依兰县先后被日本武装移民开拓团强行占领土地达10万余公顷。屯垦第一中队强占老平岗、曲家营，以及永平岗东南岗；第二中队强占永平岗西北；第三中队强占八里岗、老山平岗、东北角落；第四中队强占孟家岗、八里岗西北角。共设置木村、茨城村、群马村、新潟村、长野村、北大营村、岩手村、青森村、宫城村、福岛村、山形村、秋田村12个

日本武装移民开拓团的少年
也要承担军人的职责，图为
青少年义务队员在站岗

村。

1935年4月25日，永丰镇"吉林屯垦第一大队"设立自治机构，自治机构名称为弥荣村共励组合，组合长为山崎芳雄，副组合长为工藤伊三郎。组合下设使用部、贩卖部、利用部、消费部、事业部、加工部，妄图长期侵占。

1935年，吉林第一屯垦大队根据小队长会议决定，将各小队改为区，总计设有13个区。1939年，又将区改为屯，分为20个屯，到1942年增至23个屯。这种行政组织一直持续到战争结束。

另一方面，第二批武装移民入侵。1933年春，日本第64届临时议会通过第二次移民预算费。同年6月，日本拓务省从东京、千叶、琦玉，山梨、神奈川、富山、石川，福井等1府18个县，严选35岁以下在乡军人。7月，第二次武装移民493人，由前公主岭农事实习所所长宗光彦担任团长，由警备队长日泽廉次郎带领，从日本群马县高崎出发，经大连港登陆，在新京（今长春）对团员进行武装，途径哈尔滨和佳木斯，于1933年7月17日到达依兰县永丰镇南15千米外的湖南营。本部队长为日泽兼次郎（中佐），本部团长为宗光彦，下设3个中队。7月25

日本武装移民开拓团在掠夺的土地上耕作

日，在东宫山（原名长龙山）举行"人植"仪式，然后侵占七虎力和南北两岸附近地区。大队本部设在蔡家沟（现桦南种畜场），第一中队本部设在四道沟（现柳毛河乡四道沟村），第二中队本部设蔡家沟，第三中队本部设在七虎力（现二道沟乡二道沟村），强占土地面积29 700公顷，其中耕地面积792公顷。

1934年3月，开拓团移居到"湖南营"（现桦南县城西郊）。开拓团员每户分给土地25公顷、4匹马、一挂大车。多余的土地归开拓团团部经营。1934年11月25日，开拓团制定《千振屯垦团规约》，改为"千振屯垦团"。团部设团长、副团长、理事、监事、评议员，下设事务所、出张所、消费部、供济部、贩卖部、仓库部、自动车部。

日本武装移民在"千振乡"里建立了神社、小学、医院、服装加工厂、农事试验厂、牧场训练所、铁作坊，俨然像生活在他们自己国家的土地上一样。由此可见，日本武装移民的最终目的就是想永远霸占东北。

第二，采取强制手段搜刮农副产品。桦川县是三江平原的重要产粮区，也是日本侵略者的重点农副产品的搜刮区。东北沦陷的初期，日本侵略者获取农副产品的主要渠道是商业贸易。1937年"七七"事变后，日本侵略者采取"统制"政策，民间不准经营。1939年，日本侵略者全面推行"粮谷出荷"（"出荷"为日语，意为"出售"）。日伪以"粮谷出荷"强制性政策强迫农民售粮。1941年12月7日，太平洋战争爆发后，侵华日军则以武力强迫农民"出荷"。从1943年起，每年都成立所谓的"搜荷督励本部"（"搜荷"是日语，意为"征购"）。日伪的"搜荷"为强行索要。"搜荷督励本部"由伪县长、伪副县长任本部长、副本部长，由日本关东军部队长任顾问，由伪县协和会事务局长、县各科科长、合作社理事长、税捐局局长、商工会长、农产会社社员、粮栈公会会长等人参与。在本部长属下，还设立了"搜荷"工作班、取缔班、情报班、配给班、宣传宣抚班、青年特别工作班、少年特别工作班等。每年入秋，桦川县在交通要道设几十处检查站卡。几十个游动检查班、伪警察和警卫团全部出动，主要检查粮食"走私"和督励"出荷"。1943年，桦川县"出荷"量占全县粮食总产量的40%，1944年增加到50%，1945年高达60%。农民生产的粮食一大半被强迫"出荷"，剩下的还要用于种子、地租、饲料，真正留下作为口粮的数量极少，而且逐年减少，饿死了许多人。不允许百姓到黑市私买粮食，否则以"经济犯"的罪名被处以刑罚。桦川县悦来镇农民李富自家仅有的一点粮食被逼迫"出荷"后，全家无法生活，只好把两个妹妹卖掉。李富和年仅6岁的弟弟吃糠、草根充饥。

第三，强行摊派苛捐杂税。日伪政权除强力"搜荷"外，从1941年8月开始，在已经名目繁多的税种上，接连三次进行战时征税。到了1944年，日伪把税目增加到34种，再加上地方税，平民每人纳税从1937年的6.68元猛增到1943年的16.2元。日伪政权还不择手段地掠夺平民手中与战争和军事生产有关的一切物资，其中包括生铁、钢材、铝、铜、亚铅、锡、锑及其合金等53种，后来又增加到97种，以至于连一把金属汤匙也不准平民拥有。桦川县伪兴农合作社等机构迫使平民进山采集山葡萄和白桦油等，利用松树、白桦树根提炼工业原料。

据不完全统计，在东北14年的沦陷时期，日本侵略者从桦川地区掠夺了大量的钢铁、粮食、木材等物资，给桦川地区造成的直接经济损失高达80亿美元，间接经济损失500多亿美元。

四、文化上的奴化教育

日本侵略者极力推行奴化教育和愚民教育。1932年5月，日本关东军占领桦川地区后，桦川地区中、小学校舍均被占为临时兵营，学生被迫辍学回家。1933年春，日本侵略者限令各学校开学，废除了中华民国政府制定的教材，使用日伪政权编的新教材。学生日语不过关的，一律不能升级或升学。1937年开始，学校实行新学制，增设一门"国民课"和"建国精神课"，讲"日满一德一心""日满亲邦""大东亚精致共荣圈"之类的内容，灌输奴化教育的日伪当局还强迫学生在每天的"早礼"时向日本的天皇遥拜，用日语集体背诵伪满皇帝溥仪的《即位诏书》《回鉴训民诏书》《时局诏书》等，违者遭受毒打。其目的就是让中国人俯首帖耳，充当日本侵略者任意驱使的亡国奴。

第二章　新中国成立后的老区人民的生活

第一节　开展"土改"运动，桦川县革命老区农民分田分地，开始新生活

一、贯彻中共中央《五四指示》，开展"土改"运动，摧毁以地主阶级为代表的封建势力

抗日战争胜利后，中共桦川县委认真贯彻中共中央建立巩固的东北根据地战略决策，按中共中央"五四"指示精神，积极开展以反奸清算、减租减息为内容的群众运动，没收地主土地，实行"耕者有其田"，初步摧毁以地主阶级为代表的封建势力。桦川县广大农民分田分地，拥有了自己的土地，翻身解放，开始走向新的生活。

从1946年6月开始，中共东北局改组中共合江省工委、建立中共合江省委，广泛发动群众，深入开展以反奸清算、"砍挖"斗争、平分土地为内容土地改革运动，至1948年8月胜利完成了土地改革运动，彻底地变革了封建的农业生产关系。桦川县广大农民群众从地主阶级手里夺回土地和生产资料，许多农民有了车马和土地，自成一体，全家合力，生产有余。桦川县政府派工作组到村帮助农民组织生产，解决生产和生活困难。农民种地到

秋只交极少数量的公粮（农业税），生活达到了自给自足。1949年，桦川县全县人均收入达50元。从这个时候起，桦川县人民在中共桦川县委领导下，从旧社会饥寒交迫的困境中翻身，得解放，生活得到逐步改善，过上衣食有着落、生活有保障的新生活。

二、开展大生产运动，改善人民的生活

1945年12月，在土地改革运动期间，中共中央东北局确定了解放区开展生产运动，改善人民生活的中心任务，提出开展解放后第一次大规模的生产运动，发展生产，改善人民的生活。

1946年3月27日，中共东北局又发出了《关于开展生产运动的指示》，要求各地各级党组织和政府在以"农业为主"的发展总方针指导下，用一切办法增产粮食和其他农产品，使广大农民的生活得到改善，有能力支援前线。当时的桦川县由于日伪政权的统治，日本武装移民开始侵占土地，良田荒芜，生产设备遭到破坏，农业生产逐年衰退。抗战胜利后，土匪蜂起，社会秩序混乱，民心涣散，人民生产和生活相当困难。1948年3月，桦川县土地改革运动胜利结束，广大农民分到了土地和牲畜，占有了农业生产资料，生产积极性得到极大的鼓舞，发展农业生产，改善民生的愿望十分强烈。中共桦川县委在中共合江省委的领导下，认真贯彻中共中央和东北局的指示，发动和组织群众，以农业生产为重点，以改善人民的生活为根本目的，开展了一场全县性的大生产运动。

中共桦川县委早在1947年就组织派出大批干部深入村屯，深入田间以生产运动的形式开展农业生产活动。在此基础上，1948年春，桦川县委按"认真贯彻中央东北局和合江省委关于开展大生产运动，改善人民生活"的指导精神，组织发动了一场全民总

动员，城乡人民群众齐上阵的大生产运动。在桦川县大生产运动中，在加强组织领导、派出大批县区干部深入农村指导开展农业生产活动的同时，还结合农业生产实际，制定与完善了有利于生产的政策和措施，出台了产权政策、奖励政策，公开合理且公私兼顾的负担政策、扶助政策等一系列调动农民发展生产、改善生活积极性的政策。如在扶助政策方面，桦川县委、县政府尽最大努力筹措资金，发放农业贷款和农贷粮，扶助农民发展生产。1948年，桦川县发放农业贷款662 323万元（东北流通券），买车马贷款2.3亿元（东北流通券）。

为促进生产力的发展，不误农时，桦川县委、县政府遵循"农民自愿互利"的原则，引导农民换工插犋，组织互助合作的生产组织。互助合作组规模形式可大可小、可分可合，有利于农业生产，很受农民的欢迎，在发展农业生产上起到了积极的作用。这种生产上互助合作组织在桦川县最早始于德胜村陈珍等3户农民自愿插犋的全县第一个农业生产互助组。之后还有会龙山村互助组、西火龙沟村赵魁武互助组和红星村常凤舞互助组。这些农民自愿组成的农业生产互助合作组，使农民优势互补，生产积极性很高，效果十分明显。会龙村在1947年秋收时，全屯七天收割完大田四分之三，展现出互助合作生产优势，受到了合江省委的通报表扬。1947年，桦川县共有互助组72个，其中有临时互助组45个，常年互助组27个。1948年有临时互助组420个，常年互助组380个，总数达到800个，占全县农村总户数的50%。1949年，全县多种形式的互助组占全县总户数的70%以上。

桦川县还组织动员妇女参加全县大生产运动，使她们成为大生产运动的一支重要力量。桦川县出现了党男女老少齐心协力发展生产的热潮。1948年春耕开始，桦川县开展了区与区、村与村、组与组、人与人的群众性劳动生产竞赛活动，树立表彰先进，倡导农民积极劳动、努力生产、兴家立业，营造了勤劳致富的深厚氛围，有力地推动了大生产运动的开展。

桦川县在大生产运动中认真总结农业生产经验，改良耕作方法，推广农业生产技术，制定并实施了精细耕作、多铲多趟、增施粪肥、提高粮食单产和开垦荒地、扩大耕地面积、发展水田、增加产量、改良农具、兴修水利、推广种植优良品种等农业生产措施。这些农业生产措施为推进农业大生产运动开展起到了积极的作用。1949年春耕时，桦川县推广了"满仓金"、"元宝金"大豆和"大金顶"玉米、"黑克棒子"高粱、"大粒穗"谷子、"农林三号"麦和"兴国"水稻等十几个优良品种，大大地提高了粮食生产的单产和总产。

桦川县的大生产运动取得很大的成功，发展了农业生产，繁荣了地方经济，改善了农民生活，巩固了老革命根据地。1948年桦川县垦荒3万亩，耕地面积达到86万亩，农业生产获得大丰收，总产量达到1.5亿多斤。桦川县大生产运动扭转了桦川县贫困混乱的政治局面，呈现了良好的发展趋势。

第二节　新中国成立后党领导桦川县人民发展、生产、建设新生活

一、新中国成立初期至"文化大革命"前，中国共产党领导人民发展生产，扶贫致富

1949年10月1日，中华人民共和国成立，我国开始进入由新民主主义向全面建设社会主义转变时期，以人民解放和幸福为己任的中国共产党领导广大人民群众在日本侵略者和国民党反动派残酷统治的废墟上把一个"一穷二白"的国家建设成一个民主、

幸福、光明的新中国。

黑龙江省是国家重要的农业地区。桦川县是革命老区，也是一个农业县。在新中国建立初期，桦川县农业总产值占全县工农业总产值的99.6%，农业人口占全县总人口的87.5%。桦川县农业生产发展、农民生活情况集中反映了桦川县革命老区国民经济发展水平和人民生活水平。在新中国建立初期恢复和发展国民经济中，桦川县的首要任务是恢复和发展农业生产，改善和提高农民的生活。

1950年6月，中共中央召开七届三中全会，毛泽东在会上做了《为争取国家财政经济状况的基本好转而斗争》的报告，号召全党和全国人民团结起来，争取国家财政经济状态的根本好转。中共桦川县委在中共松江省委领导下，积极响应党中央的号召，认真贯彻党的七届三中全会精神，带领全县党员和人民群众在开展抗美援朝、镇压反革命、"三反"和"五反"、增产节约各项政治运动的同时，以农业为重点地对桦川县农业、手工业、资本主义工商业实行社会主义改造，争取财政经济好转，为桦川县进入社会主义经济建设打下坚实的基础。

桦川县农业的社会主义改造始于1949年。中共桦川县委按党中央的要求，从办农业合作社开始，逐步将农民组织起来，走合作社的道路，实现生产资料公有制。在农业的社会主义改造中，桦川县顺应广大农民在"土改"中获得土地而缺乏其他生产资料，自愿地组织各种形式的生产互助组织的实际，在新中国成立前农民组织临时互助组的基础上建立了常年互助组。从1952年试办初级农业生产合作社，到1953年全县发展到612个初级农业生产合作社，入社农户占全县总农户的95%，开始走上农业合作化的道路。试办的初级农业生产合作社多打了粮食，增加了农民的收入，初步显示了农业合作社在发展农业生产、增加农民收入上的优越性。

1955年12月，中共桦川县委根据毛泽东《关于农业合作化问题》的报告精神，整顿初级农业生产合作社，成立了高级农业生产合作社，建立了社会主义性质的生产组织。从1956年至1957年末，全县以村为单位成立了276个高级农业生产合作社，入社农民220 373人，全县实现了农业生产合作化。

桦川县组织初级农业合作社时，就开始试办高级农业生产合作组织。1951年2月，全国劳动模范金白山、李再根创建了星火集体农庄。星火集体农庄是全国第一个社会主义农业生产集体组织，它的诞生和发展，对推动全国农业合作社发展起到重大作用。

二、新中国第一个集体农庄在桦川县诞生

1947年11月，合江省人民政府决定在桦川县西部、星火灌溉站附近建立示范农场，招募了360户朝鲜族移民垦荒建庄，种植水稻，建立了合江省农业厅水利农场。1948年，共产党员金白山等5户农民自愿组织了第五耕作组，互助合作，发展农业生产。1950年，金白山领导的第五耕作组被命名为"金白山模范耕作组"，不断发展扩大，成立了集体化耕作组。集体化耕作组成立当年获得大丰收，525亩水田收获水稻118 912.5公斤，平均亩产达到226.5公斤，比其他集体化耕作组多收获50公斤，粮食产量创历史最高纪录。1951年，金白山集体化耕作组扩大到36户，添置了畜力和农具，为集体农庄的创立在组织、思想、物资方面奠定了基础。

1951年2月21日，金白山带领36户农民在集体化耕作组创建了全国第一个集体农庄式的高级农业合作社，这是农业生产关系的一个大变革，是中国农民走合作社道路的一个新创举，在推进社会主义建设事业方面发挥了重要的作用，经上级批准，集体农

庄被命名为"星火集体农庄",由金白山任星火集体农庄主席,李再根任中共星火集体农庄支部书记、星火集体农庄副主席。

星火集体农庄农业生产的发展,显示了组织起来走集体化道路的优越性,吸引了周边农户,由建集体农庄时的36户、1 426亩水田,发展到209户、7 900亩水田。星火集体农庄影响辐并吸引了川县当时第十区11个水田庄农民参加各种类型的集体合作化耕作组,起到农业合作化典型示范作用。

星火集体农庄在三江平原出现后,《人民日报》《东北日报》《东北朝鲜人民报》纷纷报道星火集体农庄的情况,中央新闻纪录片厂拍摄了新闻纪录片,震动全国,享誉中外,引起农业专家学者和全国各地农民的关注,被树立为社会主义农业合作化运动的先进典型。星火农庄的创始人金白山、李再根分别获得"全国劳动模范"的称号,获得国务院颁发的"金质勋章",当选为全国人民代表大会代表。

金白山(1921—1962年),朝鲜族,1921年出生在朝鲜咸镜北道城津郡中葛牌村的农民家庭。1947年,金白山当选为敦化市市民会会长,参加并领导当地"土改"运动。1948年初,合江省人民政府实业厅在桦川县境内建立水利农场,发展水稻生产,招募了吉林省敦化市一批会种植水稻的朝鲜族移民,金白山带领80户农民来到桦川县在铃铛麦河畔的荒原上建庄安家,垦荒种稻。在水利农场的领导下金白山组成了有4户农民的"共耕组"。1949年他又组成有5户农民的第五耕作组。这一年第五耕作组在金白山的领导下战胜了严重的虫灾,获得平均亩产230公斤的好收成,被农场命名为"金白山模范耕作组"。同年11月4日,他光荣地加入了中国共产党。1951年,金白山领导的第五耕作组发展到36户。为发展生产,经上级批准成立了集体农庄,即星火集体农庄,金白山任农庄主席。

金白山是一位优秀的领导干部，也是一名水稻种植专家。星火集体农庄建立后，金白山领导群众不断致力于水稻技术的改良工作，水稻亩产不断提高。1952年亩产达550多公斤。从1952年开始，金白山连续三年获得省"劳动模范"称号，并获得了国务院颁发的"金质勋章"。

在重视农业先进技术的研究和推广背景下，他开始使用拖拉机耕田并研制成人工播种机和汽车发动机脱谷及综合性的大型碾米机。1953年，他和李在根共同研究出"细土拌种"和"旱直播"的方法，缩短了播种时间，培养出"星火白毛"抗稻瘟病的优良品种，在全省推广使用。

1953年，金白山参加了中央组织的"赴朝慰问团"，到朝鲜前线慰问了中国人民志愿军和朝鲜人民军。1954年、1959年，他当选为全国人民代表大会第一届和第二届代表。

李在根，1920年出生在朝鲜，1949年11月加入中国共产党。李在根于1948年由吉林省迁到桦川县定居，建立了由4户农民组成的三庄第五组；1951年与金白山等36户农民组成星火集体农庄，任党支部书记。从集体农庄建立起，李在根就致力于技术改革和科学种田方法的研究和实践。1951年，第一集体农庄被国家授予"高产单位奖"，他本人被评为"劳动模范"。1953年，他提出"细土拌种"和"旱直播"的方法，实现水稻机械旱直播法，培育出"星火白毛"抗稻瘟病的优良品种，并在全国推广。1960年，李在根同志被地区授予"农民农艺师""农民育种家"称号。1964年到1984年，李在根任中共桦川县星火乡星火村党支部书记，当选为全国人民代表大会第三届、第四届、第五届人大代表；1984年到1988年任省人大六届常委；1965年当选全国科技代表，并在全国农业科技工作代表大会上发表论文；1973年至1979年连续被评为省级劳动模范，1979年获得全国劳动模范的荣誉称号，并由国务院授予金质奖章。

三、桦川县实行"三大改造"，工农业生产有了新发展，人民生活水平有了新提高

桦川县农业合作化从新中国成立后以互助组、初级农业生产合作社、高级农业生产合作社等组织形式，经历了由低级到高级几个阶段，至1957年12月，以村为单位共成立了276个高级农业生产合作社，全县实现了农业合作化，基本完成了桦川县农业社会主义改造的任务。同时，桦川县从1952年底开始对全县手工业、私营商业进行社会主义改造。到1956年12月，全县210家个体手工业户组成了手工业生产合作社；182家私营商业改造成合作商店，或过渡到供销商业。桦川县建立了33个基层供销社，基本上占领了农村市场，稳定了市场物价，保护了人民群众消费的利益，促进了全县经济发展。

桦川县农业、手工业和工商业"三大改造"，恢复和发展了桦川县经济，提高了人民群众的生活水平。1957年，桦川县工农业总产值达到2 384万元，比1949年增长了147万元。1957年桦川县农民人均收入72元，职工人均收入达到434元，分别比1949年增长了22元、37元，城乡人民过上了基本吃饱穿暖的生活。

四、"二五"计划时期至十一届三中全会前，桦川县经济建设和人民群众生活

1957年后，按中共第八次全国代表大会关于集中力量发展社会生产力的要求，桦川县紧跟全国、全省的工作部署转入全面大规模建设社会主义的新时期（即"二五"计划时期）。这一时期，全国第一个五年计划取得的巨大胜利，极大地鼓舞了广大人民群众，桦川县城乡和各条战线出现了欣欣向荣的新气象，农村

掀起以兴修水利、改革农具和积肥为中心的生产高潮；城镇出现了大办工业和生产致富的高潮；财贸商业出现市场活跃的新局面；人民群众生活得以保障，出现安居乐业的新景象。随之，桦川县于1958年9月将全县21个乡镇279个高级农业生产合作社改建为14个人民公社。1960年，中共桦川县委按照中共中央"调整、巩固、充实、提高"的方针，纠正了人民公社成立初期的"共产风""大锅饭"和"一平二调"的错误。这一时期农民的积极性虽然有所调动，但生产发展受到制约和挫伤，农民人均收入水平有所下降，直到1965年，农民人均收入又上升到79元。桦川县人民在党的领导下，艰苦奋斗，渡过了各种难关。

1966年6月至1976年11月，由于长达十年的"文化大革命"，工厂、企业一度停产；农业生产割资本主义尾巴，限制农民搞副业，造成市场上农副产品匮乏，不仅影响了城镇居民的生活，也使农民收入下降，挫伤了农民生产积极性，影响了桦川县经济发展，全县人民生活水平长期得不到提高。1967年，全县职工人均收入528元，农民人均收入99元。1975年，全县职工人均收入598元，农民人均收入103元。

第三节　党的十一届三中全会后，桦川县开创了经济建设的新局面，人民生活有了巨大新变化

1978年12月，党的十一届三中全会胜利召开，我国进入了改革开放的社会主义现代化建设的新时期。桦川县人民在党的十一届三中全会确定的路线、方针、政策的指引下，在中共桦川县委的领导下拨乱反正，落实党的各项政策，调整经济政策，发展工农业生产，逐步把党的工作重点转移到社会主义现

代化建设上来。桦川县的经济改革首先从农村开始，集中精力把农业搞上去。按党的十一届三中全会精神，摒弃人民公社"政社合一"的组织形式，改生产队为生产和核算单位，实行家庭联产承包制，变革了农业生产关系，解放了生产力，促进了农村经济发展，推动桦川县社会主义事业不断发展，人民生活水平开始逐年提升。1979年全县职工人均收入达到623元，农民人均收入达114元。

1983年秋，桦川县农业生产核算单位全部落实了农业生产责任制，全县农业集体经济从"三级所有、队为基础"的509个基本核算单位变为4万多个家庭联产承包户。这一生产关系的重大变革显示出可喜的优越性和明显的效果。1983年桦川县一带自然灾害颇为严重，但全县粮食总产却达到6.25亿公斤，是历史上第三个丰收年，人均收入达到1 220元，创历史最高水平。

这一时期，桦川县农村商品经济空前发展，农业向农、林、牧、副、渔全面发展，向农工商综合经营的方式转化；商品流通向多层次多渠道方向转化，以农业产品加工的经济联合体已开始出现，全县有各种专业户、重点户和兼业户达7 000余户，占全县农业总户数的18%；新增城乡购销网点70多处，发展个体经商户有2 400户。全县收入超万元的有102户；人均收入超千元的2 400户；卖万斤粮的有1 034户，人均卖吨粮的有600多户，涌现出高海峰、贾明、陈玉等一批由穷变富、勤劳致富的先进典型。梨丰乡粮食专业户陈玉年纯收入32 000元，人均收入2 170元。全县农村各户都留足一年半的口粮和两套种子，出现了"穿新衣、吃细粮、盖新房、娶新娘、四大件换新样、日用家具买高档"的新景象。新城镇永红村实行合作化以来没有分过红、开过工资，是老资格的"三靠队"。1982年承包到组，第二年承包到户，两年两大步，人均增收近400元，一次购回电视机20多台。经过全县实行农业生产责任制，农村贫困面大幅度缩小，由占全县农村总户数的30%缩降到10%左右。

第四节　中共桦川县委带领人民群众建设有中国特色社会主义、实现小康生活的目标

1986年3月18日，在桦川县第九届人民代表大会第三次会议上通过批准了《桦川县国民经济和社会发展第七个五年计划》。这个"七五"计划是根据党的十二大报告中"从1981年到本世纪末的二十年内，我国经济建设总的奋斗目标是，在提高经济效益的前提下，力争使全国工农业的总产值翻两番……使城乡人民的物质文化生活达到小康水平"的战略目标、战略方针确定的。

从1986年桦川县进入第七个五年计划到2000年2月，中共桦川县第十三届四次全委（扩大）会议确定：动员全县人民，以"三讲"教育为动力，抢抓机遇，迎难而上，努力实现"三年解困、五年致富"。到20世纪末，人民生活达到小康水平的目标，以经济建设为中心，坚持四项基本原则，坚持改革开放，加大对农村经济结构调整力度，稳步实施"工业强县"战略，建设城郊型经济强县，使桦川县域经济不断发展，人民收入不断增长。1986年，桦川县农村合作经济总收入13 625万元，农民人均纯收入328元。1990年，桦川县农村合作经济总收入21 585万元，比1986年增长63%；农民人均纯收入567元，比1986年增长57.8%。1995年，桦川县农村合作经济总收入58 965万元，比1990年增长36.6%，农民人均纯收入808元，比1990年增长142%。2000年，桦川县农村合作经济总收入86 765万元，比1995年增长67.5%；农民

人均纯收入1 208元，比1995年增长149.5%。

1986年，桦川县职工总数24 842名，职工工资总额1 987.36万元，职工年平均工资为800元。1990年，桦川县职工总数23 700名，职工工资总额2 143.6万元，比1986年增长了9.3%。职工年平均工资为1 250元，比1986年增长64%。1995年，全县职工总数20 993名，职工工资总额9 548.8万元，比1990年增长44.5%，职工年平均工资为2 988元，比1990年增长239%。2000年，全县职工总数1 570名职工工资总额12 485万元，比1995年增长130%。职工年平均工资4 088元，比1995年增长13.6%。

第三章　改革开放后，桦川县扶贫解困的几次重大实践

第一节　桦川县集贤村"拔病根、挖穷根、扎富根"的脱贫致富实践

一、在党的关怀下，集贤村人民的生活有了新希望

1982年11月，中共合江地委以合发〔1982〕72号文件批转了地委研究室、农工部等单位《关于桦川县集贤大队（村）"拔病根、挖穷根、扎富根"的调查》。桦川县集贤村是地甲病、克汀病（痴傻）的重病区，是远近闻名"傻子屯"，全村1 313口人，地甲病患病率65.4%；克汀病患病率11.4%，7—14岁中小学生地甲病肿大率为94.6%。

地甲病和汀克病给集贤村的人民群众造成"一代甲，二代傻，三代四代无根芽"的深重苦难，几乎家家都有残疾和半残疾的人，有的农民一家四五个孩子全是克汀病患者。人们说集贤村是"痴呆苶傻满街走，聋子哑巴摆划手，粗脖根人人有，大气瘿像个柳罐斗"。那些克汀病患者是目不忍睹，他们不会说话，不知温饱，不懂人事，生活不能自理。由于严重的地方病影响，集贤村农业生产发展缓慢，户户处于贫穷落后的状态。

1978年8月，桦川县集贤村地方病的严重情况得到中共中央政

治局委员、中央北方病防治领导小组组长李德生的重视，他指出："要重视集贤大队（村）的地方病，要加强领导，迅速解决问题，抓好地方病的防治工作"。省委第一书记杨易辰同志、省委书记陈俊生、李剑白先后来集贤村，鼓励农民"不但要拔病根，而且还要挖穷根、扎富根。"要求水吃上，病治上，班办上，树栽上。按李德生同志和省委领导同志的指示，地、县委迅速采取措施，帮助和指导集贤村进行地方病的综合性防治。经过几年的努力，全村已治愈了地甲病患者798人，治愈率达到92.9%；7—14岁中小学生的肿大率已降为14%；1978年以来的32名新生儿没有发现新患，育龄村民对生育子女无后顾之忧了，克汀病患者病情基本得到了控制，年龄较小的患者有了明显好转，广大农民的健康水平不断提高，人们的精神面貌焕然一新。与此同时，村党支部书记许振中带领广大农民努力发展生产，挖穷根。他们改变单一的农业经济，坚持提高粮食产量，大力发展工副业生产，作为"拔穷根"的措施和任务。1979年，在春涝、夏旱、虫害严重的情况下，全村灾年迈大步，夺得了农业丰收，实现了一年恢复，取得了可喜的经济效益。总收入达57.9万元，其中工副业收入达30.6万元；人均集体分配210元，家庭副业收入人均50元；公共积累11.96万元。总收入、人均集体分配、公共积累三项都创历史最好水平。集贤村从1978—1981年的四年中，年平均总收入22.225万元，人均集体分配83元，公共积累17 750元。1982年与前四年的平均水平相比，总收入增长了1.6倍，人均集体分配增长了1.5倍，积累增长5.7倍。粮食总产达123.4万公斤，向国家交售粮食16万公斤。

二、改水育智，集贤村人民获得了新生

在中共桦川县委、县人民政府的关怀和支持下，集贤村迅速落实了以改水工程为主的综合防治措施，建起一座高10米、容水

38吨的水塔，铺设了1 800米的自来水管道，社员家家都吃上了水质符合国家规定标准的自来水，解决了因水生病、致残的问题。为让患病儿童得到良好的治疗，集贤村还办起了育智班，在服碘丸的同时，进行智育训练，经过综合治疗效果很好。十多名患病儿童升入了正规小学读书。一名儿童在入班前走路蹒跚，一名儿童不认识数字。经过综合治疗后，他们能够独立生活，并能熟练计算500以内的加减法，还画了一幅水塔画刊登在《黑龙江日报》上。村里还狠抓了精神文明建设，整修了7条街道，总长度达8 000米，新建砖瓦结构厕所12座。开展了五好家庭活动，表彰五好家庭和卫生之家，村屯面貌发生很大变化，党和政府的亲切关怀使病区群众获得了新生。

三、集贤村发展农村经济扎下了"富根"

集贤村在许振中的领导下，认真贯彻"决不放松粮食生产，积极发展多种经营"的方针，在抓紧粮食生产的同时，大力发展工副业生产，从实际出发，发挥本村黄土层厚的资源优势，建成一座20门的红砖轮窑，年产值25万元，占全村总收入的43%。砖厂建设做到了当年建厂，当年受益，仅此一项使全村农民当年人均收入增加67.5元。

许振中带领全村人民建起了砖厂，又成立了傻邦集团企业，带动村民60多人就业，生产"傻"牌系列白酒打进市场，畅销全国各地。集贤村的村办企业壮大了村集体经济，改善了全村人民的生活。

四、集贤村精准扶贫，建设美丽乡村

集贤村改水"拔病根"，发展农业经济"拔穷根"，兴办村企业"扎富根"，摆脱了贫困潦倒生活的困扰，在改革开放中走上了共同富裕的发展道路。2015年以来，集贤村以建设社会主义美丽乡

村为目标，按照"生产发展、生活富裕、乡村文明、村容整洁、管理民主"的要求，以精准扶贫为着力点，以提高村民生活质量为根本，进行美丽乡村建设，成为全省闻名的美丽乡村建设先进村。

集贤村创建村办砖厂和傻子酒厂壮大集体经济，挖掘优势潜力，推进生产发展，厚植造血功能，有效地实现了精准扶贫，走出一条适合集贤村生产发展的道路，为集贤村建设与发展奠定了坚定的经济基础。2015年以来，集贤村在傻帮集团企业改制重组后，注册资金1 500万元，新建厂区，扩大生产规模，大幅度地增加了企业的经济效益，带动村民就业60多人。2018年借助"中国500强"企业江西双胞胎集团和四川天兆猪业集团落户桦川建设双兆猪业养殖项目的契机，集贤村洪源畜牧养殖专业合作社筹建了占地面积1 000平方米、年育肥猪6 600头的"公司+合作社+农户"产业化养殖模式的双兆生猪代养场。双兆生猪代养场当年获纯收益60多万元，投资收益为22%，打造了苏家店镇生猪"新技术示范基地、新模式推广基地、产业扶贫示范基地"，推动了苏家店全镇生猪产业提档升级快速发展，集贤村以此作为实现产业扶贫第一层全覆盖，带动包括本村及周边村的40多户贫困户，人均增收3 000多元。集贤村实施的产业精准扶贫的第二层全覆盖是开发了洪源畜牧养殖专业合作社乌鸡养殖项目，50户贫困户受益，户均增收300元。产业扶贫第三层全覆盖是集贤村兴果蔬种植专业合作社小杂粮种植产业项目，覆盖51户贫困户，户均受益增收500元。产业扶贫第四层全覆盖是电商项目和光伏发电项目，受益贫困户33户，户均增收分别为1 200元、2 600元。

集贤村实现产业扶贫四层全覆盖不仅有效地使贫困户增强了"造血功能"，保障了经济收益，而且有力地推进全村农业产业化健康迅速发展。与此同时，集贤村还支持村民创办企业，原村党支部书记创办了"酒哥"鸵鸟养殖场，年创经济效益15万元，支持贫困户就业增收，在农丰农资现代农机合作社安置39人，人均收入1 000元。

集贤村产业发展促进了精准扶贫，也推进了美丽乡村建设。从2015年开始集贤村投资247万元，扩展建设了5横6纵共11条2公里的水泥村内道路，12 000米边沟，铺设人行道11 000米，安装路灯60盏，植树6 800棵，草坪绿化12 000平方米，实现了道路硬化、灯光亮化、环境美化的新村容。

集贤村从精神文明建设入手，结合党建"六个一"活动，丰富了农民的文化生活，打造美丽乡村文化品位，树立了文明高尚乡村风貌。集贤村的"六个一"党建活动，带动并促进了美丽乡村建设。集贤村维修800平方米的村委会办公室，构筑了一个党员活动阵地，设置了党务室、党建活动室、村务室、为民代办室、综合文化室和图书馆，为村民提供了文明办公和村民文化娱乐活动场所；打造了一个村史馆，展示了集贤村在党的领导下，经过改革开放40年发生的巨大变化，建设一个4 000平方米的"中国梦"主题文化广场，组建了35人的广场舞队，带动全村群众休闲健身活动。同时，集贤村还开展了"发挥一名老支书作用，开展一系列党建活动"，推动全村文明活动上了一个大台阶。

五、全国劳动模范许振中

许振中，1943年6月出生，桦川县苏家店集贤村人，先后任小学教员、小队会计、大队会计兼副大队长。1969年，加入中国共产党。1971年6月，担任集贤村党支部书记。

1986年以来，许振中治愚、治穷、致富，成为全国扶贫开发的先进典型，荣获"全国优秀共产党员"称号，当选为党的十四大代表、全国人大代表、全国劳动模范、黑龙江省特级劳动模范和佳木斯市、桦川县劳动模范。1989年10月1日中华人民共和国成立40周年，许振中作为全国劳动模范登上了天安城楼参加国庆观礼活动，受到中央领导的接见。中共黑龙江省委、中共佳木斯市委、中共桦川县委分别做出《向全国优秀共产党员许振中学习的决定》，号召全省、全市、全县共产党员向许振中同志学习。

1991年，许振中当选县人大常委会副主任。1996年，任中共桦川县委副书记。

第二节　桦川县扶困脱贫热潮

1985年7月，桦川县部分山区、洼地发生了山洪和内涝灾害。时任县委书记的张文树在领导全县抗灾救灾、走访受灾农户时了解到悦兴乡中和村受灾十分严重，立即组织县、乡、村联合调查组，在政研室副主任李庆范带领下，深入中和村进行了调研工作。经调研发现，中和村全村330户由于连年的自然灾害，贫困户占全村总户数52%，户均欠国家贷款2 075.75元，缺粮赊欠粮食户92户，户均赊欠粮食870斤，年人均收入150元，83%的农户尚没有解决温饱问题，联合调查组经过调研写出了一份题为《这里还没有解决温饱》的调查报告。县委召开了常委扩大会议，专题讨论、剖析了这份调查报告，县委认为全县有贫困村29个，贫困户5 120户，还为吃穿问题而发愁，这是一个严重的问题，让贫困农民摆脱贫困、走上富裕道路是当前全县农村的一项紧迫任务。一定要把扶贫工作抓实抓好，力求在短期内落实好党的扶贫政策取得明显实效。中共桦川县委以桦发[1985]32号文件下发了《关于抓好扶持贫困村、贫困户工作的决议》，同时转发了这篇调查报告，动员全县人民举全县之力千方百计做好抗灾扶贫工作。

这份以县委文件发出的调查报告，掀起了全县扶持贫困村贫困户、抗灾脱贫的热潮。

第三节　开展"3+1"活动，推动全县扶贫致富

1997年，中共桦川县委宣传部按县委扶贫致富的要求，在全县农村开展了一名致富带头人，一名党员，一名致富能人加一户贫困农民，成为种植、养殖、加工、运输等致富活动小组的帮扶致富活动，形成"你帮我进步，我带你致富"，三人合力带动贫困户脱贫的帮扶致富热潮。在"3+1"致富合作小组的基础上，把同类产业小组合并成产业协会，按"产、加、销""农、工、贸"模式，组建了"3+1"扶贫致富联合体，这个联合体的产业联合优势互补，由龙头牵动，有效地提高了产业生产的组织化程度，推动了全县扶贫致富，至2005年，全县有"3+1"致富联合协会30个，会员6 537人。建立了13个党支部，全县农村95%的有劳动能力党员加入了联合体，1 596名协会党员成为致富带头人，带动农民22 480户。

第四节　"走近百姓"活动，推动扶贫解困

2002年2月2日，中共桦川县委下发《关于印发〈桦川县党员干部"走进百姓"主题系列活动实施方案〉的通知》。在时任县委书记刘宽德的主导下，以"知百姓事、解百姓忧、急百姓急、想百姓想"，采取每一位科级干部包一户贫困户，为贫困户寻找致富途径和项目，帮助贫困户脱贫为主要任务，具有创新意义地践行了江泽民"三个代表"重要思想，进一步改善了党和群众的

关系，推进了桦川县经济建设和社会发展。这次活动规模之高、范围之广、影响之大是前所未有的。全县党员干部紧急行动，走村驻户，深入农户访贫问苦，了解农民备耕生产和脱贫致富的计划。全县党员干部按统一要求，住百姓家，吃派饭，出实招，办好事，见实效。时任县政协主席周坤也带领全县政协委员响应县委号召，动员县政协常委和政协机关干部，走入苏家店镇桦树川村，每人联系一个贫困户，与农村贫困户结成对子，送一头后备母猪，扶持贫困户发展养殖业，带动了桦树川全村畜牧养殖业的发展。

中共桦川县委开展的"走近百姓"主题系列活动历时3年，直至2005年12月结束。在活动中，全县党员干部及各界爱心人士为农村贫困户送仔猪1.5万头、建民房350间共2 650平方米，提供资金支持420万元。桦川县"走进百姓"主题系列活动架起了机关与基层之间、干部与群众之间的桥梁，使党与人民群众的联系更密切，卓有成效地践行了"三个代表"重要思想，进一步推进了桦川县扶贫解困工作，为桦川县革命老区脱贫致富、改变贫穷落后面貌奠定了基础。

第四章　新世纪以来，桦川县革命老区的扶贫开发

第一节　开发式扶贫阶段的成就

2001年，桦川县开始实施桦川县国民经济的社会发展第十个五年计划。2002年2月，国务院批准桦川县为国家级扶贫开发重点县。从这时开始，在中共桦川县委的领导下，桦川县认真实践"三个代表"重要思想，围绕"农业提质增效，工业扩展升级，建设城郊型经济强县"的发展思路，加快农业经济结构调整步伐，纵深推进企业改革，加大城镇基础设施建设，推进全县各项事业长足发展。2003年，桦川县生产总值实现4.56亿元，比1999年增长9.4%；本县财政一般预算实现2 906万元，比1999年增长9.3%；城镇职工平均工资9 088元，比1999年增长4 768元。农民人均纯收入实现了2 645元，比1999年增长406元。

桦川县被确定为国家级扶贫开发重点县后，中共桦川县委于2002年2月开展了以扶贫开发为主的桦川党员干部"走进百姓"主题系列活动，进一步掀起全县开发式扶贫的新高潮，推动了桦川县新世纪的整村推进的开发式扶贫工作。从2002年至2010年，中共桦川县委认真贯彻正确实施国家《扶贫开发规划》《黑龙江农村扶贫开发管理条例》，以贫困村为主战场，大力实施扶贫开发整

村推进工作，以贫困人口的脱贫为主攻方向，集全县人力、物力和财力，进村入户实施项目，共对全县73个贫困村37 323户134 901人进行了整村推进扶贫开发和贷款贴息等资金扶持。争取国家和省累计投入6 277.9万元扶贫资金用于贫困村项目实施和贫困人口脱贫致富。经过不懈努力，贫困人口人均纯收入达到1 096元，73个实施村的贫困面貌发生明显改观，取得了阶段性的成果。

第一，实施了人畜饮水工程。投入扶贫资金1 245.9万元，为70个贫困村实施了自来水安装工程，解决了贫困村饮用地表水的问题，29 436户农户吃上合格的饮用水。

第二，实施了贫困村道路建设工程。桦川县投入234.12万元，为贫困村修建砂石路113公里；投入扶贫资金1 880.2万元为43个村修建白色水泥路面70.4公里，大大改善了贫困村的村容村貌，优化了贫困村生活环境，解决了村民行路难、运输难的问题。

第三，加强了贫困村村容村貌建设。桦川县投入扶贫资金553万元建设村级活动场所40个。投入扶贫资金102.5万元为12个村建设休闲广场16 980平方米，解决了贫困村办公难、群众娱乐活动无场所问题，为美丽乡村建设奠定了基础。

第四，贫困村实现了"村村通"。桦川县投资590.46万元，为73个贫困村进行了有线电视线路改造，受益农户达到28 486户；投资7.2万元，为12个贫困村安装了"村村通"广播设备，使5 920户农户受益。

第五，实施了农作物阳光保险工程。为使贫困户抵御自然灾害，桦川县投入12.97万元，为第五批整村推进的12个贫困村中的43 008亩土地购买了农作物阳光保险。贫困农民参加了新农合参保工作，桦川县投入15.05万元，为贫困村的4 980人缴纳新农合医疗保险费用，使这些贫困户实现了就医有保障。

第六，桦川县投入1 256.3万元。实施了养殖业扶持到户项目，为73个贫困村实施了养殖业扶持到户项目，提高了贫困户脱贫致富的"造血"功能。十年间，桦川县发展农业产业化的龙头企业16家。桦川县星火米业公司被国务院扶贫办认定为国家级产业化扶贫龙头企业、付士米业有限公司被认定为省级产业化扶贫龙头企业。通过产业化"反哺"扶贫惠民政策的实施，让贫困农户实现了增产增收。

第七，桦川县以市场需求为导向。以提高转移就业率、增加农民收入为重点，桦川县实施了"雨露计划"，推进农村劳动力转移。桦川县投入培训资金171.08万元，开展走乡到村培训，采取课堂讲解、深入农家、地头指导等培训方式，开展种植、养殖、普法、维权等知识培训，大大提高了贫困村劳动力技能素质，拓宽了农村劳动力就业渠道。

桦川县进入新世纪，从2001年到2010年，以建设充满活力、和谐富庶新桦川为奋斗目标，以强县富民，改善民生为根本，全面落实科学发展观，不断加快农业产业化、工业园区化，县域经济实力跨上新台阶。桦川县革命老区扶贫开发取得了显著的新成就。

2011年，桦川县地区生产总值完成24.1亿元，年均递增16%；财政一般预算收入完成1.2亿元，年均递增5.8倍；固定资产投资完成22.1亿元，年均递增56.9%；工业总产值36.5亿元，实现农业8年连丰，创历史新高。城镇人均可支配收入实现9 743元，年均递增15.6%；农民人均收入实现6 127元，年均递增11.5%。

第二节 "十二五"期间扶贫开发的主要成就

2011—2015年是桦川县实施"十二五"规划期间，也是桦川县由开发式扶贫阶段向桦川县精准扶贫的过渡阶段。在这一期间，中共桦川县委在实施"十二五"规划中，认真贯彻落实国家和省市有关扶贫开发政策，实施整村推进、产业化扶贫和中央彩票公益金等项目，扎实开展老区建设、扶贫培训、互助资金试点、扶贫贷款贴息和社会帮扶等工作，共投入财政扶贫资金6 176.19万元，完成了25个贫困村的整村推进任务，为进一步精准扶贫进而打赢实现小康社会的脱贫攻坚战奠定了坚实基础。

第一，实施了人畜饮水工程。桦川县投资74.4万元，先后为8个贫困村实施了自来水入户、自来水主管道改造项目、水处理设备安装等项目，解决了人畜饮水难、水质差的问题。

第二，实施了道路桥涵建设工程。桦川县投资639.5万元为18个贫困村修建水泥路面25.1公里；投资537.3万元为22个村修农田沙石路51.59公里；投资186.3万元为9个村修路边沟9 670米；投资29万元为1个村修建桥涵1座；投资47万元为13个村铺设水泥管1 330节，改善了贫困村的村容村貌，优化了贫困村的生活环境，解决了贫困村行路难、农副产品运输难的问题。

第三，实施了人居环境与生态建设项目。桦川县投资110.6万元为12个村安装栅栏3 477米；投资38.1万元为6个村安装路灯65盏；投资4万元为1个村建设垃圾处理厂，改善了贫困村人居环境。投资16.7万元为21个贫困村安装"村村通"广播设备21套，9 620户农户受益。

第四，实施了社会事业建设项目。桦川县投资109.6万元为9

个村修建休闲广场10 800平方米；投资102万元为6个村建综合服务室1 135平方米。

第五，实施了增收产业培育项目。桦川县投资88万元为2个村建饲养房舍600平方米；投资98.5万元为1个村建民族食品生产车间1个；投资21万元为1个村实施旱改水项目170亩，投资53.6万元为1个村实施现代日光节能温室700平方米，促进了贫困村培育产业项目和贫困群众增产增收。

第六，实施了农作物阳光保险工程。桦川县投资7.3万元为第五批12个贫困村的24 100亩土地购买了农作物阳光保险，为贫困户抵御自然灾害筑起了一道坚实屏障。

第七，实施了新农合参保。桦川县投资7.5万元为第五批12个贫困村的1 630人缴纳了新农合医疗保险，使广大贫困农户就医有了保障。

桦川县在"十二五"期间经济总体保持较快的增长，人民生活水平全面提高，至2015年"十二五"规划收官，全县地区生产总值实现53.63亿元，年均增长12.6%；固定资产投资完成49.7亿元，年均增长25%；公共财政预算收入实现2.3亿元，年均增长27.8%；工业利税额实现5.3亿元，年均增长44.4%；农业总产值达到45.8亿元，比2010年增长111.7%，粮食产量达到9.8亿斤，比2010年增长26.8%；城镇居民人均可支配收入18 320元，年均增长7.7%，农村人均可支配收入5 051元，年均增长14%。

第三节　桦川县农业和农村经济的发展

一、土地治理

桦川县自1989年农业综合开发土地治理，改善中低产田以来，在国家项目资金的扶持下，在悦来镇、新城镇、星火朝鲜族乡、创业乡、东河乡、四马架镇等乡镇建成了一批高产、稳产、节水、高效农田，使农业基本条件有了显著改善，抗御自然灾害的能力有了明显增强，提高了农业综合生产能力和综合效益。

二、开发农业小区

桦川县于1993年至2003年，十年间先后争取国家农业综合开发办公室和黑龙江省农业综合开发办公室的农业小区开发项目投资2 943万元，实施了洋草川、悦东、沿江、新河宫等农业小区开发工程项目，新增土地面积109.12万亩，旱改水面积150万亩。悦来镇、苏家店镇、新城镇、四马架镇、梨丰乡、东河乡、创业乡和星火朝鲜族乡8个乡镇55个村3 907户受益，增加粮食产量2 728亿公斤，农民人均增加收入1 023元。

三、推进农业产业化

国家从1994年开始，根据农产品供需形势的变化，扶持多种经营项目，发展种植业中的经济作物、畜牧养殖和农产品加工业，支持产业化发展，有效地促进了农民增收，桦川县是水稻大县，国家投资加扶持的农业产业化农产品加工项目是水稻加工项目。2008—2018年，桦川县争取国家水稻加工扩改建资金和贷款贴息项目18项，总加工能力98万吨，项目直接带动农户上万户，安排农民就业上千人，户均增收1 000~1 800元。国家对桦川县农业产业化建设项目资金扶持还有油脂加工扩建、大豆油加工扩建、黑豆果深加工、蛋白饲料加工、肉牛繁育改建等产业项目。

四、推进水利工程项目

桦川县位于松花江下游，松花江干流桦川的总长54.688公里。新中国成立后，国家对桦川县水利工程十分重视，给予防洪治涝、排灌等方面的资金扶持，推进了桦川县水利工程建设。1986—1994年，桦川县水利工程投资10 525.39万元。进入21世纪以来，国家加大对桦川县水利工程建设项目投资力度，2001—2005年桦川县立项11项，包括松花江干流达标工程，悦来灌区续建配套与节水改造工程，安邦河涝区提高标准工程，星火灌区续配套与节水改造工程，安邦河灌区续建工程，人畜饮水，国家水田节水灌溉示范区，旱田节水灌溉示范区，大型泵站改造试点新河宫灌区水利骨干工程。总投资6 801.5万元。

五、建设高标准农田建设示范工程和示范园区

2013年国务院批复了《国家农业综合开发高标准农田建设规划》。桦川县积极贯彻国家建设高标准农田建设，稳步提高农业综合生产能力的战略，努力推进高标准农田建设示范工程和示范园区建设。2006—2018年，桦川县争取悦来镇、创业乡、东河乡、创业乡谷大村优势水稻示范园区，星火乡、东河乡高标准农田建设示范工程，桦川县生态高标准农田，桦川县重点区域高标准农田，桦川县高标准农田蔬菜基地，桦川县黑加仑经济林栽培基地，桦川县梨丰乡水稻标准化科技示范等高标准农田建设示范工程、示范园区项目。

第五章 精准扶贫，打赢实现小康社会的脱贫攻坚战

第一节 精准扶贫阶段

桦川县大规模扶贫开发工作始于1994—2000年的"八七扶贫攻坚"。特别是桦川县于2002年和2012年连续两届被确定为国家级扶贫开发重点县后，十几年来，中共桦川县历届县委和县人民政府团结带领全县广大干部群众，不断加大脱贫攻坚力度，为桦川县实现脱贫目标，不懈努力，做了许多打基础、利长远、惠民生的工作。2002—2013年全县开展了开发式扶贫，通过实施整村推进，积极扶持乡村发展致富产业，使扶贫开发由"输血"向"造血"转变，取得了显著效果。2013年桦川县投入资金835万元，完成产业开发项目28个。农村居民享受最低生活保障7 861户，18 700人。2013年11月3日，习近平总书记在湖南省湘西州长垣县排碧乡十八洞村考察时，提出了"精准扶贫"的重要理念，随之，大规模的扶贫攻坚工作在全国范围迅速展开。桦川县紧跟党中央的战略部署，从2017年起，先后派出253名干部与省、市派出的扶贫干部组成了扶贫工作队深入全县9个乡镇105个行政村，开展轰轰烈烈的扶贫攻坚活动。与此同时，桦川县开始实施桦川县国民经济和社会发展第十三个五年计划。这是桦川县全面

建成小康社会的决胜期，是桦川县脱贫摘帽的攻坚期。中共桦川县委县政府面对新时期的新机遇、新任务、新挑战，按中央脱贫攻坚的部署，开展了更深入、更广泛的精准扶贫攻坚，至2018年桦川县的45个贫困村全部出列。建档立卡贫困人口从3 685户8 084人减少到594户1 240人，贫困发生率为0.78%。在精准扶贫中桦川县在2016、2017连续两年在黑龙江省脱贫攻坚成效考核中被评为"A"等次。

2018年桦川县脱贫退出初审核查，经佳木斯市贫困县退出检查通过，圆满地完成了精准扶贫的"三级决策部署"，取得了扶贫攻坚战的辉煌成果。

第二节　桦川县精准扶贫的主要做法与成效

一、精准部署，确保"三级决策部署"落地落实，打赢精准扶贫攻坚战

坚决打赢脱贫攻坚战，是以习近平总书记为核心的党中央向全国人民做出的庄严承诺。中共桦川县委将脱贫攻坚工作列为全县"一号工程"，端正思想认识，提高政治自觉，把思想和行动统一到中央和省市委部署要求上来，确保中央、省委、市委三级决策部署落地落实，精准部署，全面构建"三个全覆盖"责任体系，落实县委、县政府脱贫攻坚的主体责任，形成桦川县精准扶贫攻坚主体化大格局。

第一，构建"中枢调度+专项推进"全覆盖责任体系。2017年县委十七届三次全会通过了《全县深入推进脱贫攻坚工作实施意见》，从11个方面对脱贫攻坚进行了部署。2018年中共桦川县

十七届四次全会讨论通过了《桦川县关于打赢脱贫攻坚战三年行动实施方案》，部署了脱贫攻坚6个方面的重点工作。实现了具体工作责任领导和责任部门全覆盖。在专项推进上，由县处级领导牵头任组长，成立了产业、教育、医疗、社会救助、就业创业、改善生产生活条件、金融、村级组织建设、思想扶贫、社会扶贫、督查巡查和考核考评12个扶贫专项推进组，制定扶贫专项工作方案78个，保障行业专项扶贫措施精准落实，实现了"中枢指标调动+专项推进"责任体系全覆盖。

第二，构建"领导挂帅+部门联建"全覆盖责任体系。桦川县实现处级领导包乡全覆盖，坚持以上率下、靠前指挥，以乡镇为单位，将全县划分为九大攻坚战区，9名县级党政班子成员挂帅，乡镇脱贫攻坚指挥部总指挥，县处级领导包村全覆盖，将所有行政村确定为105个主战场，32名县处级干部每人包扶3—4个行政村，走村驻户抓落实，全程指导、督办、落实脱贫攻坚工作。

第三，构建"工作队驻村+干部结对"全覆盖责任体系。桦川县出台了《桦川县部门包村扶贫工作实施方案》，安排19个单位对接105个行政村，全面承担了所包行政村帮扶干部管理、产业发展、基础设施建设等工作。深化了"百部门联百村"载体活动。与此同时，桦川县组织构建了"工作队驻村+干部结对"全覆盖责任体系，105支由县直单位精选后备干部253名组建的驻村工作队，进驻全县所有行政村。实施了驻村医疗队全覆盖，抽调299名医生，组成105支驻村医疗队，全天候在村里开展健康巡诊治疗等服务。建立了大数据平台，在县直和中省直部门单位中精准确定帮扶责任人2 609人，对接全县所有贫困人口，实现干部结对帮扶全覆盖。

二、精准施策，全面聚焦"十大重点工作"

第一，狠抓治本之策，使"产业造血"成为脱贫攻坚的"主心骨"。桦川县坚持"政府主导、多元投入、利益共享、统筹分配"等思路，支持县、乡、村各类扶贫产业发展，使每个贫困户至少有2个以上扶贫产业带动，实现了产业带动全覆盖。

桦川县科学制定实施产业扶贫规划和政策，投入资金8.3亿元，加大产业投入力度，推进光伏发电、畜牧养殖、优质果蔬、高效稻米、电商扶贫5大主导扶贫产业。2018年建成了49个村级光伏电站，总装机容量2 971兆瓦，带动全县无劳动能力贫困户1 508户，户均增收2 600元；10家稻米协会通过"企业+合作社+贫困户"的模式，带动521户贫困户，户均增收1 035元；9家果蔬合作社采取认领管理、带动务工、参与管理的形式带动贫困户626户，户均增收3 000元；富桦公司带动40个贫困户互助联合体发展电商扶贫，带动贫困户1 369户，户均增收2 400元。发展乡村扶贫产业，出台《桦川县支持乡村产业发展暂行办法》，确定53个扶贫经营主体，以"企业+互助联合体+贫困户"等带贫模式，通过务工、参与管理、销售、带地入社、代养回收、代耕、订单收购等方式带动贫困户3 883户，户均增收1 086元。采取国投项目折资量化的形式，带动贫困户430户，户均增收1 184元。2018年，桦川县扶贫产业实现增收1 504万元，贫困人口户均增收2 533元，人均增收1 242元。桦川县深入村屯组织开展养老护理、保洁、月嫂、农用机械、特种养殖等技能培训，组织安置贫困农户劳务就业增收，使5 666名建档立卡贫困劳动力就业，年人均收入达到2 000元左右。2018年，桦川县人民政府落实了"贫困劳动力外出务工交通补助"政策，支付1.45万元，使1 048名农村贫困劳动力实现了转移就业，年人均收入达到了7 700元。

第二，预防救治，健康扶贫。桦川县全面构建"四层责任、三类救治、五重保障、六项服务"工作机制，投入资金1 950万元，构建并落实"基本医疗+大病保险+医疗救助+小额商业保险+综合补充保险"五重医疗保险制度，使每名贫困人口医疗保障费用达到530元，减轻了贫困人口医疗支出的负担，桦川县还投入资金846万元，为全县建档立卡贫困人口全额缴纳新农合参保款。

投入资金209万元，为贫困人购买医疗及意外保险；增设家属每人每天30元陪护费项目，补贴上限达到1 800元。发放医疗救助金367万元，2 643名建档立卡贫困人口住院患者受益。投入资金492万元，为所有建档立卡贫困人口购买医疗救助综合保险。

"三个一"机构配置达标服务，强化六项公共卫生服务实施。全县9个乡镇标准化卫生院、105个行政村标准化卫生室建有率100%。实行"一免五减"政策，全县减免金额达到122.8万元，受益农民人数2.86万余人次。实行先诊疗后结算服务。县级医院平均每月垫付150万元，贫困患者受益人数1.3万余人次。桦川县驻村医疗队和帮扶责任人在对农村贫困患者走访巡视的同时，还每年为建档立卡贫困人口进行健康体检。

第三，落实安全住房，贫困农户居住有保障。桦川县在扶贫攻坚中，投资9 574万元，全面完成3 273户贫困户和"三类人群"危房改造任务，确保所有农户都住上安全房暖屋子。制定了《桦川县危房改造工程实施方案》，按村民自愿申请、乡镇审核、县级把关等程序采取"建、修、买、租、进"5种形式，全力推进了2 420户贫困户危房改造工程，到2018年全县所有建档立卡贫困户全部实现住房安全有保障。

第四，改善农村办学条件，实施教育扶贫。桦川县在精准扶贫中，全面改善农村办学条件，投资4 002万元改造9个乡村学校校舍和操场，采购教学仪器设备3.55万套。录用师范类毕业生、特岗教师169人充实到乡村学校，推动优势教育资源向乡村学校倾斜。

桦川县还落实国家7项和县制定的"四助一保一免"6项教育资助保障政策。三年来支出国家、县两级教育资助资金893万元，全县建档立卡贫困学生840人，得到教育资助资金的扶持。落实了义务教育阶段贫困学生寄宿补助金、在校就餐补助、乘校车补助和生活补助政策，支出资助金412.4万元。争取佳木斯市百货大楼、县慈善总会等社会捐资助学金45.5万元，受助贫困学生345人。由于桦川县制定落实了《桦川县"保学"实施方案》，强化了各级政府、行业部门"控辍保学"责任，桦川县义务教育阶段入学率达到100%，贫困家庭学生无一辍学。

第五，全面落实两项制度衔接，政策"兜底"保障。桦川县出台了《桦川县最低生活保制度与扶贫开发政策衔接工作实施方案》，农村低保标准达到3 900元，高出国家扶贫标准350元；农村低保的补差每人每年2 802元，实现低保政策性兜底保障。对无劳动能力或丧失劳动能力及因病、因残等致贫的特困群众，在落实农村低保、医疗救助等5项政策基础上，又落实了县里的12项社会救助政策，发放建档立卡贫困人口各类救助保障资金5 648万元。

第六，推进农村基础设施工程，改善农村交通和饮水。桦川县推进了农村道路硬化工程，硬化村路410公里，建设过桥41座。全县所有通村公路硬化率、客运班车到达率实现100%。

同时，实施了饮水保障工程。桦川县投入资金6 924.2万元，对132个村屯实施了饮水安全巩固提升工程，铺设供水管网达到814.8公里，惠及14.3万农村人口。

第七，实施公共服务工程，营造农村文化生活环境。桦川县投资798万元，新建58个村文化广场，安装9个"村村通"广播。

全县所有行政村均建有文化广场，群众文化生活不断丰富。行政村的村村通广播实现了全覆盖，实现光纤通达，宽带接入能力达到标准化水平。桦川县投资1 631万元，新建维修贫困村村级组织活动场所65个、卫生室56个，桦川县农村公共服务场所和条件有了极大的改善。

第八，投入扶贫小额贷款，鼓励扶持农民发展生产。桦川县投放扶贫小额贷款，激活农民脱贫的内生动力。全县3 128户符合贷款条件的贫困户（含脱贫户）得到扶贫小额贷款1.6亿元。桦川县全力支持为县级主导扶贫产业，提供基准利率以下贷款及融资3.22亿元；为12家乡村合作社投放扶贫贷款2 916万元，支持扶贫产业发展。同时，为贫困户投保扶贫小额保险、政策性种植业保险等保费828万元，1 200户次获得保险赔付受益。

第九，社会扶贫，形成脱贫攻坚的合力。桦川县组织县内47家企业对接45个贫困村，在农村基础设施建设、产业发展、困难群众生活等方面进行帮扶，实现贫困村企业帮扶全覆盖。

第十，桦川县十分重视"社会帮扶"爱心送暖活动，在每个行政村建设了扶贫"爱心超市"，社会各界捐赠230万元物资，帮扶贫困户生活，鼓励贫困户发展生产，有效激发了农村群众的内生动力。

第三节　桦川县脱贫攻坚工作

一、桦川县脱贫攻坚的主要成果

2019年2月15日，全省农村工作会议肯定了桦川县脱贫攻坚工作，县委书记郭广福在会议上做了题为《压实责任，精准发力，坚决打赢脱贫攻坚战》的典型发言，标志着桦川县精准扶贫，脱贫攻坚取得了巨大的成就。

桦川县脱贫攻坚以来，按照中央和省市统一部署，中共桦川县委、县人民政府举全县之力推进"一号工程"，全县贫困人口从3 685户8 084人减少到594户1 240人，贫困发生率降至0.78%，45个贫困村全部出列，2018年已脱贫摘帽。

二、桦川县脱贫攻坚的基本做法

第一，层层传导压力，着力压实"三个责任"。

一是压实县乡村主体责任。严格落实县、乡、村三级书记抓扶贫的工作机制，县、乡、村每周指挥调度一次扶贫工作，县党政班子成员挂帅乡镇总指挥，处级干部每人包扶3—4个村，乡镇干部包扶所有村屯，直接解决矛盾和问题2 800余件。二是压实行业部门责任。成立产业、教育、医疗、改善生产生活条件等12个专项推进组，制定各类政策性文件78个推动行业专项扶贫措施精准落地。三是压实帮扶责任。组建驻村工作队和医疗队覆盖所有行政村，全天候开展驻村扶贫和健康巡诊，安排119家单位包扶所有行政村，精选2 609名优秀干部帮扶所有贫困户，谋划实施增收项目上千个；开展"两清四改两净"活动（清柴草垛、清垃圾，改院墙、改内墙面、改地面、改线路，屋干净、人干净），干部作风实现了动真情、解难事、接地气。

第二，坚持目标标准，突出做到"三个聚焦"。一是聚焦"两不愁、三保障"发力。在住房方面，通过"建、修、买、租、进"5种方式，贫困户及低保户、五保户、残疾户共计3 273户的住房安全全部得到保障。在医疗方面，落实基本医疗、大病保险、医疗救助政策，采取小额商业保险和综合补充保险形式减轻医疗支出过大群体负担，为贫困家庭减少医疗支出1 789万元。在教育方面，为840名学生落实13项教育扶贫政策，无一辍学。

在饮水方面，实施所有村户饮水安全工程，新建52眼水源井，铺设管网815公里，水质全部达标。二是聚焦基础设施建设发力。改造通村公路2 392公里，新建村内道路410公里，所有通村公路和村内道路硬化率达到100%。新建58个村文化广场、56个村卫生室，安装"村村通"广播9个，实现所有村"三通三有"，补齐影响群众生活的短板。三是聚焦政策兜底保障发力。推进"两线合一"，大力发展村集体经济，为660户无劳动能力贫困户提供政策和生活支持，实行兜底保障脱贫。

第三，凝聚攻坚合力，重点抓好"三个关键"。一是抓住产业扶贫这个关键。出台产业发展扶持政策投入产业发展资金83亿元，推进光伏、畜牧、果蔬、稻米、电商等县级"五大扶贫主导产业"，培植53个乡（镇）级带贫产业，直接拉动107家企业和合作社参与，带动5 217名贫困劳动力就业，实现每户贫困户至少有2个以上产业，带动户均增收4 318元。二是抓住社会力量这个关键。开展"牵手助贫行动"，120支扶贫团队开展志愿服务活动380余次，45家企业帮扶贫困村做实事230件，社会捐资达到1 800余万元。三是抓住思想转变这个关键。坚持党建促脱贫，实施农村基层党组织建设质量提升三年行动计划，开展"五项行动和夺旗争星"活动，推进"四有"达标建设工程，实行村民事务代办服务制度。提拔重用扶贫干部128人，树立在扶贫一线选人用人鲜明导向，坚决惩治扶贫领域腐败问题。开展扶志气、扶智力、扶能力、扶风气、扶文化、扶制度"六扶"活动，县里建成脱贫攻坚故事馆，村村建有"爱心超市"，户户争当文明户，带动贫困户自力更生、自主择业、自谋出路；实施农村人居环境整治三年行动，开展农村垃圾治理"5分钱工程"；举办"为扶贫加油"誓师、"感动桦川人物"评选等活动，选树表彰各类典型670个，为助力乡村振兴打下坚实基础。

第四节　革命老区的精准扶贫攻坚战

桦川县进入精准扶贫阶段以来，在县委、县政府的正确领导下，深入贯彻习近平总书记系列重要讲话精神和党的十九大精神，统筹推进"五位一体"总体布局，协调推进"四个全面"战略布局，全面践行"五大发展理念"，紧紧围绕"一区三中心"的战略定位，以建设理念新、动能新、文化新、风气新、环境新的"五新"桦川为奋斗目标，强力推进八项重点任务，经济社会发展始终保持良好势头。

加快了向小康社会迈进的步伐。2018年，桦川县地区生产总值实现73.3亿元，同比增长6.2%；固定资产投资总额实现20.5亿元，同比增长21.3%；公共财政预算收入实现2.1亿元，同比增长3.2%；社会消费品零售总额实现20.5亿元，同比增长9.7%，农村居民人均可支配收入实现7 153元，同比增长13.3%。

农村生产生活条件大幅改善。通过实施危房改造、村路硬化、饮水巩固提升、修建村卫生室和文化广场等基础设施建设，使农村居民出行更加方便、居住更加舒适、饮水更加安全、文化生活更加丰富。2016年、2017年连续两年在黑龙江省脱贫攻坚成效考核中被评为全省"A"类档次。在2015年、2016年和2017年三年度的全市县处级党政领导班子综合考评中，桦川县连续被评为优秀等级。

现代农业成效明显，获批国家现代农业示范区，荣获"中国好粮油水稻示范县""全国县域经济发展质量效益优秀县"等称号。桦川县就农业科技创新做法在全国农业科技创新座谈会上交流经验。城乡统筹发展，全面实施城市基础设施和美丽乡村建设工程，主城区沥青道路铺设、城市景观公园和美丽乡村示范村建设的总量之多、城市变化之大前所未有。改革日益深入，关于农村金融改革做法在省委农村工作会议上交流经验，关于信访体制改革经验在全省信访矛盾调处现场会上交流发言，连续三届蝉联"全国平安建设先进县"，获得平安建设最高奖项"长安杯"。党建坚强有力，在全县开展转观念、转思路、转作风、争一流的"三转一争"主题活动，桦川县在2017年度佳木斯市政治生态成效考核中位列各县（市区）第一名。

第五编 ★ 桦川县社会主义现代化建设

第一章　新中国成立后，桦川县革命老区的建设与发展

第一节　新中国成立初期的经济恢复和发展

一、新中国成立初期，桦川县经济和社会状态

1949年10月1日，中华人民共和国成立了，结束了帝国主义、封建主义和官僚资本主义对中国人民的反动统治，中国人民从此站起来了，开辟了中国历史的新纪元。中国革命进入由新民民主主义转向社会主义的新的历史时期。但是，在外侵内乱、连年战争中诞生着新中国，此时却面临着严峻的考验。

新中国成立伊始，新中国面临着极其复杂的国内外形势。在国际上，以美帝国主义为首的国际反动势力不甘心在中国的失败，不能容忍社会主义阵营的壮大，对新生的社会主义中国进行经济封锁和武力威胁，破坏中国社会主义建设。在国内，虽然人民的中央政权已建立，但解放区的各级人民政权组织还有待建立和巩固。国民党反动派的残余势力仍在未解放的华南、西南、西北等地区做垂死挣扎，妄图卷土重来。在解放区，国民党溃退时潜伏下来的大批政治土匪、特务和国民党党团骨干等反动分子，仍在进行疯狂的破坏和捣乱，气焰十分嚣张，严重地侵扰了社会秩序，威胁新生的人民政权。

　　尤其突出的是，新中国是建立在半殖民地半封建的旧中国废墟上的，经济环境极其恶劣，由于帝国主义的长期侵略掠夺和国民党反动派的腐败统治与多年战乱的破坏，国民经济全面崩溃。国民党反动派统治时期长期恶性通货膨胀，物价飞涨，物资供应紧缺等问题，仍困扰新中国财政经济，破坏了新中国整个国民经济的正常运转，威胁着人民群众的生活，威胁着新生人民政权的巩固。

　　建国之初，如此严峻的政治、经济形势，新中国所面临的艰巨任务是要以最大的努力迅速恢复国民经济，建设新民主主义的政治制度与经济制度，巩固人民民主专政，为大规模经济建设和有计划地进行社会主义改造创造条件。地处东北三江平原的桦川县，与全省、全国的形势一样，为争取财政经济状况好转，巩固人民民主专政，开始进入国民经济全面恢复时期。

　　然而，当时的桦川县经济、文化极其落后，工农业基础薄弱，生产能力低下，人民群众生活十分困难，全面恢复国民经济存在诸多的不利条件和困难。

　　建国初期，桦川县工业是以木器、铁器和钟表刻字等手工业私营企业为主体，基础薄弱，门类不全，技术落后，规模弱小，效益低下。1952年，桦川县有国营企业2家、集体企业3家、私营手工业企业26家，总产值25万元。农业生产基本上使用铁器工具，处于手工加畜力的传统古老耕作方式。1952年，桦川县总播种面积95.2万亩，粮食总产量17 736.9万元，农业总产值1 885万元。交通运输设施十分落后，全县有沙石路、乡公路638公里。客货运输仅有几辆以烧木棒儿为动力的汽车，主要靠马拉花轱辘车运输，年货运量15万吨，桦川县南部有铁路牡佳线、佳双线。北部有松花江水路航运，但客货运输量很小。科学文化和教育卫生事业也很落后。新中国成立初期仅有一所中学，十几所小学，县教学设施十分简陋。在校学生5 142人，全县农村人口的绝大多数是文盲和半文盲。卫生医疗条件很差，1952年仅有1所县立医院和3所镇区卫生所，30多名医护人员，25张病床。新中国成立初期，人民群众生活十分困难，1952年职工年人均收入380元，农民年人均收入64元，人民群众处于半温半饱的生活状态。居住条件和环境也十分低劣。县镇仅有1栋砖瓦结构房屋，1栋400平方米的二层楼房，城镇乡村基本都是草泥结构，称为"小马架"、地窖子的房屋。

二、开展各项社会改革运动，桦川县国民经济初步恢复

面对新中国成立初期严峻的政治形势和不利于国民经济恢复的诸多不利因素，中共桦川县委按照1950年6月中国共产党召开的七届三中全会确定的国民经济恢复时期的中心任务和党的战略和策略，有步骤、有秩序地开展了镇压反革命、"三反"和抗美援朝及手工业社会主义改造等各项运动，经过三年的艰苦努力，铲除了国民党反动派在桦川县的残余势力，安定了社会秩序，发展了生产，提高了人民群众的生活水平，巩固了人民民主政权。

到1952年底，全县农业总产值2 885万元，比1949年增长29.2%；粮食播种总面积99.6万亩，总产量19 877万斤；工业总产值25万元，其中规模以上工业总产值2万元。桦川县在恢复国民经济过程中还特别重视农业基础设施的投资与建设，大力兴修农田水利，扩大农田灌溉面积。1949年以来，桦川县不断加强星火灌区建设，修建了南干线，增加了2台机组，灌溉面积从1949年的561公顷，增加到2 014公顷，三年间扩大了近4倍。在工农业逐步恢复和日益发展的基础上，城乡人民的物质生活水平有了明显改善。职工就业人数不断增加，1952年职工人数达1 729人，比

1949年增加了769人，职工工资和农民经济收入都有了较大幅度的增长。同时，教育、卫生等事业也有了相应的发展。

第二节　第一个五年计划的制定与完成

一、贯彻党在过渡时期的总路线制定与实施桦川县第一个五年计划

桦川县在胜利完成国民经济恢复任务之后，1953年开始转入有计划的经济建设时期。这个时期的中心任务就是要贯彻党在过渡时期的总路线，完成第一个五年计划。党在过渡时期的总路线是中共中央根据毛泽东主席的建议提出的，即从中华人民共和国成立到社会主义改造基本完成，这是一个过渡时期。党在这个过渡时期的总路线和总任务是要在一个相当长的时期内，逐步实现国家的社会主义工业化，并逐步实现国家对农业、对手工业和对资本主义工商业的社会主义改造。

党在过渡时期的总路线以发展生产力，实现社会主义工业化为主体，以实现对农业、手工业和资本主义工商业"三大改造"为两翼，以在我国建立社会主义制度，推动社会进步与发展为根本目的和奋斗目标。桦川县根据党在过渡时期总路线的要求，与全国同步制定了以"三大改造"为主要任务的桦川县第一个国民经济和社会发展五年计划，开始了有计划的社会主义经济建设。

实施"一五"计划，以逐步实现社会主义工业化为主要方向和目标。从1953年开始，桦川县总投资1 018万元，建设农机和农产品加工企业，制造人民必需的工业产品和农业机械，为农业机械化创造条件。同时，从1952年开始对私营手工业社会主义改

造，组成手工业生产合作社，把以私有制为基础的个集所有制逐步改造成社会主义集体所有制。桦川县于1953年出现集体企业，至1956年私营工业社会主义改造达到高潮时期，全县有手工业生产合作社50个，参加合作社的个体手工业者460人。

实施"一五"计划，广泛开展农村互助合作运动。从1953年总路线提出到1957年底，桦川县农业合作化运动从初级农业生产合作社到高级农业生产合作社，完成了从半社会主义性质农业生产组织向完全社会主义性质农业生产组织的转变。到1957年，桦川县建立互助组511个，参加互助组5 609户25 054人；建立初级社351个，参加初级社11 689户58 445人；建立高级社279个，参加高级社47 538户220 373人。

实施"一五"计划，对资本主义工商业的社会主义改造。1954年中共中央批准中财委《关于有步骤地将有10名工人以上的资本主义工业改造为公私合营的意见》下发后，桦川县经过调研，总结了桦川县资本主义工商业情况，1955年末商业（包括饮食、服务业）户数182户，从业人数404人，营业额45.05万元；摊床94户108人，销售额1万元。至1956年，桦川县对这些资本主义工商业实行利用、限制、改造政策，采取购买形式，全部以和平方式完成资本主义私有制企业的社会主义改造。同1952年相比，1956年国民收入中各种经济结构发生了根本性的变化，全民所有制经济由19.1%上升到32.2%，集体所有制经济由1.5%到上升到53.4%；公私合营经济由0.7%上升到7.3%，这三种公有制经济共占93%，而个体经济和私营经济则分别由71.8%和6.9%下降到7.1%和0.1%以下。这标志着在桦川县剥削制度已经消除，以公有制为基础的社会主义制度基本确立起来，为桦川县社会主义建设的全面开展奠定了基础。

二、贯彻中共八大的正确路线，胜利完成"一五"计划

1956年9月，中国共产党召开第八次全国代表大会，把集中力量发展社会生产力，逐步满足人民日益增长的物质需要和文化需要，使中国尽快地从落后的农业国变成先进的工业国作为主要任务。为贯彻执行中共八大的正确路线，促进桦川县经济建设的全面发展，中共桦川县委召开全委会议传达贯彻中共八大会议精神，动员全县各级党组织和政府，按照中共八大提出的经济建设方针，带领全县人民进一步推进"一五"计划实施，展开大规模的、有计划的社会主义经济建设。至1957年末，桦川县胜利地完成了"一五"计划，扩大了工农业生产，促进了合作化运动，改善了人民生活，初步改变了桦川县城乡贫穷落后的面貌。

"一五"计划期间，桦川县农业有了较快的发展，全县农村在巩固和发展农业互助合作化运动的基础上，在改进农业技术、扩大灌溉面积、兴修水利、推广新式农具、发展畜牧业等方面都取得很大的成效。在农田水利方面，修建了"七一""向阳"两座水库，总蓄水量1 000万立方米，灌溉农田1.5万亩，扩大水田面积8.7万亩；在畜牧养殖方面，有专业养殖畜牧场和生产队11个，养黄牛2 016头，养羊5 676只，养猪56 876头，家禽6万多只。粮豆薯总产量由1953年的7 633万公斤，1957年增加到9 066万公斤，农业总产值由1953年的2 427万元，1957年增加到2 627万元。

"一五"期间，桦川县基本建设总投资1 018万元，新建长发屯制油厂和扩建星火拖拉机厂、新城制米厂等企业4家，建设厂房2万多平方米。工业总产值达到2 780万元。

"一五"期间，桦川县顺利地完成了私营商业社会主义改造和国营商业企业的迅速发展，全县市场繁荣，购销两旺。1957

年，桦川县国营商业企业45个，公私合营商店43个，经营品种6 000余种，营业额2 171万元。

"一五"期间，桦川县文化教育卫生事业有较大的发展。1957年，桦川县在校中小学生达到1.6万人，中小学教师2 875人；卫生医疗人员达到880人，医疗床位405张。建设电影院、文化馆、剧团、图书馆等文化场所9个，还建立了一批文化体育运动组织，开展了科研、文艺创作和体育运动。

"一五"期间，桦川县随着工农商业发展，文化教育卫生事业进步，人民群众的生活质量和生活水平不断提高。1957年，全县人口达到47 538户220 373人。农民人均收入72元；职工人均收入434元。

第三节　桦川县在全面建设社会主义时期曲折前进的十年

1957年1月至1966年4月，是中国共产党在探索社会主义道路上曲折前进的十年。桦川县在这一时期也经历了贯彻执行党的八大路线、全党整风、反右斗争、"大跃进"、"人民公社"、社会主义教育运动和国民经济三年调整等艰难曲折的历史过程。

在这十年中，"大跃进"、"人民公社运动"和"反右倾"斗争等，严重地干扰了桦川县经济的正常发展，又加上1960年至1962年三年困难时期，加剧了桦川县的经济困难。中共桦川县委根据中央和省、地委的部署，贯彻党中央"调整、巩固、充实、提高"的方针，从1961年开始，采取一系列行之有效的措施，对桦川县国民经济进行了三年调整，使桦川县的经济秩序有所好转，在一定程度上减轻了人民群众的生活困难，稳定了全县人民的生产生活秩序。尽管如此，桦川县在社会主义建设时期的十年仍取得一定的成就。到1965年，经过国民经济全面调整，经济形势明显好转，充分地显示出中国共产党的领导力量、社会主义制度的优越性和桦川县人民的智慧和力量。1965年，桦川县工农业总产值达到2 450万元，农村集体经济纯收入达到1 992.3万元，农民人均收入79元，职工人均收入485元。

第四节　改革开放后，桦川县经济和社会发展

1978年12月18日，中国共产党召开了十一届三中全会，决定把全党的工作重点转移到社会主义经济建设上来，开始了建设具有中国特色社会主义的新征程。中共桦川县委认真贯彻党的十一届三中全会精神，解放思想、改革开放，开启了以经济建设为中心的建设社会主义新桦川的历史征程。中共桦川县委组织带领全县人民，经过不懈努力，在经济建设、社会建设等各方面都取得显著的成就。

从1978年12月改革开放至2000年新世纪之始，桦川县实施了第六、第七、第八、第九个国民经济和社会发展五年计划，走过了二十多年的改革开放开拓前进的建设征程，把一个贫穷落后的农业县建设成一个新兴的桦川县。

2000年，中共桦川县委、县人民政府领导全县广大党员干部、人民群众解放思想，开拓创新，深化改革，扩大开放，加快发展，胜利地完成了"九五"规划的各项经济指标。2000年，桦川县地区生产总值66 561万元，人均国民生产总值3 047元；固定资产投资总额5 555万元，财政一般预算收入4 674万元；粮食总产量26.5万吨，农业总产值65 079万元；规模以上企业完成产值

2.3亿元；社会商品销售总额22 024万元。

第五节 桦川县"十二五"期间跨越式发展

粮食大丰收

2015年，桦川县胜利地完成了"十二五"规划的各项指标。全县地区生产总值实现53.63亿元，年均增长12.6%；人均地区生产总值实现24 252元，年均增长12.0%；固定资产投资完成49.7亿元，年均增长25%；公共财政预算收入实现2.3亿元，年均增长27.8%。2015年，全县农业总产值达到45.8亿元，比2010年增长111.7%。全县粮食产量达到9.3亿公斤，比2010年增长26.8%。水稻种植面积达到130万亩，位居全省第七位。"十二五"期间，全县先后实施涉农重点项目165个，共投入资金18.7亿元，提升了农业综合生产能力和抵御自然灾害能力。

2015年，全县规模以上工业增加值及工业利税总额分别实现11亿元和5.3亿元，年均分别增长31%、44.4%。全县规模以上工业企业达到44户。全县产业项目固定资产投资完成39亿元，年均增长43.8%。2015年，全县社会消费品零售总额达到15.2亿元，比2010年增长111.1%。编制完成《桦川县商业网点规划》，全县共有各类商业网点4262个，城乡农贸市场10家。金融扶持平稳有力，累计发放春耕生产贷款68.29亿元、土地承包经营权抵押贷款36.86亿元，融兴村镇银行落户桦川。全县对外贸易进出口总额累计完成2 060万美元。完成桦川县总体规划及乡镇、中心村规划编制工作，县城区域面积增加到8.77平方公里，人口增加到8.69万人，全县城镇化水平提高到40%。加快城市基础设施建设，新建、改造城区道路170余条，硬化率达96%以上。城区亮化率实现98%以上，绿化面积达到94.65万平方米，集中供热面积达180万平方米，89个小区实现24小时供水，引进中燃集团，铺设天然气管线59.6公里，实现县城燃气管道入户，污水处理厂和生活垃圾无害化处理场建成运行。改造棚户区23万平方米。"十二五"期间，累计新建教学楼和教学用房33所、公办幼儿园7所，建成标准化学校25所。优化县内小学教育资源布局，成立桦川县中兴小学。完成3所县级医院、10所乡镇卫生院及周转房建设。新农合参合率达到99.76%，建成占地1.2万平方米文化体育活动中心和4万平方米公共体育场；完成乡镇2 740平方米综合文化站、21万平方米村级文化活动室建设，建成105个村级农家书屋。县城公交车上线运行。

实施住房保障安居工程，建设保障性住房8万平方米、商品房124.7万平方米，改造农村泥草房100万平方米。城镇新增就业1.9万人，下岗失业人员再就业1.8万人，转移农村劳动力3万人次。城乡居民养老保险参保人数达8.3万人，适龄人口参保率83%。养老金标准年均增长10%以上，发放率达100%。2015年，全县城乡低保对象、五保对象、优抚对象分别达到2.2万人、

1 300人、790人。

环境质量进一步改善，2015年，城区环境空气质量达到二级标准以上的天数平均为362天，松花江桦川段干流水质达标率100%，成功晋级国家级生态示范区。

第二章　全面建设小康社会决胜期的桦川县经济社会发展

第一节　实施"十三五"规划，迈出全面振兴的新步伐

一、桦川县决胜全面小康社会新时代的新作为、新成就

"十二五"规划胜利收官，开启了实施"十三五"规划，决胜全面建设小康社会的新时代。桦川县面对全面建设小康社会的重要战略机遇期，自2016年实施"十三五"规划以来，坚持中国特色社会主义道路不动摇、坚持解放和发展社会生产力不动摇、坚持以人民为中心的发展思想不动摇、坚持实现共享发展不动摇的政治理念和"创新、协调、绿色、开放、共享"的发展理念，按中共佳木斯市委"到2020年全面建成小康社会"的战略部署，迎难而上，创新发展，厚植了经济建设和社会发展的新优势，取得了新成绩，迈出了新步伐。至2018年底，桦川县经济总体呈现出稳中求进、进中向好的态势，各项主要经济指标均创历史新高。地区生产总值实现73.32亿元；固定资产投资完成20.25亿元；财政公共预算收入22.53亿元；社会消费品零售总额实现20.48亿元；城镇居民人均可支配收入7 153元；规模以上工业总

产值22.03亿元,利税总额8 873万元;外贸进出口总额602万美元;国内招商引资到位资金10.5亿元。桦川县的一、二、三产业GDP比重由1953年的96.9:1.6:1.5到2018年的53.0:28.8:18.2。

二、现代农业提质增效,农村经济蓬勃发展

2016年以来,桦川县不断深化农业综合配套改革,重点实现了"百里绿色稻米长廊"和"百里优质产品示范带"的农业双百工程,打造优质农产品产业,通过农业产业的拉动,促进了扶贫开发;通过农业产业建设,不断提高农业的综合生产能力。

"百里绿色稻米长廊"和"百里优质农产品示范带"农业双百工程,是桦川县现代农业建设创新举措。桦川县在沿双桦公路和佳富公路两侧以龙头带动农业产业合作社,建设了3个万亩水稻标准化生产示范区,总面积8万多亩的有机鱼、鸭、蟹、蛙、稻示范园区23个,监管面积20万亩的"互联网+"高标准农田示范区。2018年,桦川县还规划建设了桦川县高效稻米产业园,具备示范推广、体系建设、科普建设、旅游观光四大功能,打造黑龙江省现代高效稻米产业发展的标杆及现代种植技术高地和示范窗口,建设国内现代高效稻米产业现代化建设和统筹城乡发展改革的综合试验田。桦川县高效稻米产业园位于桦川县中西部,涉及4个乡镇44个行政村70 523人。产业园西起星火乡燎原村,东至悦来镇马库力村,北起创业乡西大村,南至苏家店镇新胜村,总辐射面积45万亩。桦川县农业"双百工程"和高效稻米产业园建设初步形成了桦川县现代农业的发展的大格局。

2016年以来,桦川县不断加强农业基础设施建设,推进音达木河治理,悦来灌区配套和强排泵站等建设工程,构建了大、中、小、微结合骨干和田间衔接的水利设施网络,提升了排水灌溉能力,大幅度地增加了绿色优质高效作物面积。2018年,桦川

县完成了悦来灌区渠道工程配套建设。悦来灌区渠道工程位于桦川县悦来镇悦江村西江堤，灌区设计面积30.89万亩，是以松花江为水源的全国在册的大型灌区，担负桦川县3个乡镇34个村屯的农田灌溉任务。悦来渠首工程由泵站、渡槽两部分组成。渡槽全长3 688米，是中国第三长渡槽，位居亚洲单桩渡槽第一。泵站安装9台抽水机组，装机容量7 065千瓦，抽水流量27.35立方米/秒，灌溉保证率85%，灌溉面积16.48万亩，增加粮食产量3 000万公斤，年增加效益6 000多万元。2018年，全县绿色水稻种植面积达到130万亩。

2016年以来，桦川县不断加强农业产业化建设，建成省级现代农业产业园，培育了12家省级示范社、示范家庭农场。桦川县还建立健全了农产品营销和质量保障体系。2016年7月，在桦川县东丞国际商贸中心建立了集农业综合服务和农产品商务为一体的桦川县"互联网+"指挥中心，为桦川县有机农业提供了有效的保障。"互联网+农业"指挥中心内设"互联网+"基地、标准化、溯源、服务、电商5大平台，依托23家农业经营主体，建成23个"互联网+农业"高标准示范基地，投入动点摄像头、传感器、小型气象站、自动农情测板灯等农业物联网设施102套，实现了从生产到销售全过程可追溯和展示性营销。实现了农产品从种到收无害化投入、标准化种植、规范管理的全程化监管。2018年，桦川县农业生产实现"十五连丰"，粮食总产量稳定在10.5亿公斤。桦川县"星火大米"等特色农副产品，通过农产品电子商务平台、京东商城馆销售遍及全国各地。2018年，桦川县举办了"农民丰收节"暨首届"稻香节"，"星火大米"走进中央电视台直播间，签约总额4.5亿元。桦川县被评为全国"中国好粮油"水稻示范县。

2016年以来，桦川县扎实推进扶贫攻坚，精准施策，精准帮扶，以构建"龙头企业+基地+贫困户"和"合作社+基地+贫困户"两种产业扶贫模式，以"一乡一业""一村一品"的农业产业发展的新格局，围绕光伏发电、畜牧养殖、优质果蔬、高效稻米和食用菌五大扶贫主导产业，投入农业产业发展资金8.3亿元，培植了53个乡（镇）级带贫产业，拉动107家企业合作社参与，带动5 217贫困劳动力就业，实现每个贫困户至少有2个以上产业带动，户均增收4 318元。至2018年全县贫困村全部出列；贫困人口从3 685户8 084人减少到594户1 240人，贫困发生率降至0.78%。桦川县这个从2002年确定的国家级贫困县已达到了脱贫摘帽的标准，扶贫攻坚战取得了辉煌的战果，为桦川县全方位振兴、全面振兴做了充分的准备。

二、加快工业结构调整，构建优势产业体系

桦川县工业发展起步于20世纪70年代，先后建立了收获机械厂、化工厂、造纸厂、针织厂、油漆厂和煤矿等一批规模较大的企业。20世纪90年代初又建立了浓缩果汁厂、烟叶复烤厂和桦美泥炭公司等一批大型企业，但由于行业结构、产品结构不合理，桦川县工业支撑作用不强，没有立县大项目、大工业，产业发展需要扩规模上总量，产业层次需要转型升级，处于徘徊不前的状态。至2016年，桦川县加快工业结构调整促进了产业优化升级，工业发展迈出了新步伐，经济规模和质量效益实现了"双提升"，全县规模以上企业达44户，亿元以上企业从无到有发展到4家，规模工业增加值增幅位居全省前十位，为"十三五"工业和发展奠定了良好的基础。

自2016年实施"十三五"规划以来，桦川县积极适应经济发展新常态，以转方式调结构为引领，扎实推进供给侧结构性改革，改造"老字号"，深度开发"原字号"，培育壮大"新字

号"，做精一产、做强二产、做大三产，实现一、二、三产融合发展，构建了桦川县优势产业体系。2018年，桦川县开复工5 000万元以上产业建设项目19个，大地菌业、百禾食品等省重点项目，科技学生营养餐、康衫服饰服装生产加工等项目和星火民俗旅游景区，特色村寨等第三产业建成投产，桦川县工业经济步入健康发展的快车道。

第一，以"粮头食尾"和"农头工尾"为抓手，做大做强绿色食品精深加工、水稻精强加工、玉米精深加工、畜禽屠宰加工和薯类食用菌加工5大优势产业，建设了双兆猪业、付士米业、桦誉粮油有限公司、华康米业有限公司、星火米业有限公司、三绿源米业有限公司、慧丰酒业有限公司、黑龙江鹤兰春酒业有限公司、黑龙江大地酒业有限公司、黑龙江百禾食品有限公司、黑龙江田友种业有限公司等一批规模较大的企业。

第二，桦川县以产业转型发展为支撑，加快转变经济发展方式，支持企业通过股份转让等方式，重组挂靠，改造升级，提升产业发展水平，巩固壮大农机装备及机械配套加工等优势产业。桦川县农机制造和机械加工产业一直是桦川县的传统优势产业。2016年以来，桦川县借助佳木斯市被列为全省两个农机装备制造基地之一的有利契机，积极承接佳木斯、双鸭山、鹤岗三市农机产业的辐射和转移，通过优化结构，促进产业聚群，形成了从春种、夏锄到秋收的完整的农机产业链条，使桦川县的机械加工企业具备了一定规模。桦川县俊博农业装备有限公司、黑龙江风驰车桥有限公司、桦川县利群农业机械装备有限公司等18家农业机械制造加工企业，机械配套加工生产能力占佳木斯骨干企业外协需要的13%，成为佳木斯农机装备制造基地的重要组成部分，成为佳木斯农机制造和销售集散中心。至2018年，桦川县招商引资突破80亿元，签约落地14个项目，改造、扩建了黑龙江省桦联机械制造有限公司、黑龙江风驰车桥有限公司、佳木斯宇峰机械装备有限公司、佳木斯明瑞农业机械有限公司、桦川县利群装备有限公司、桦川县宏丰机械制造有限公司、佳木斯市春生农机具制造有限公司、桦川县俊博农业装备有限公司和佳木斯鑫发水泥有限公司、黑龙江百泰药业有限公司、桦川协联生物质能热电有限公司、桦川鸿泰油脂有限公司等一批规模以上工业企业，全县规模以上企业增加值同比增长2%。

第三，桦川县以市场化、品牌化、国际化为主攻方向，深入挖掘旅游特色资源，建设省内一流的休闲旅游度假目的地，佳木斯市"后花园"和三江特色旅游带上的重要节点，以构建了星火第一个集体农庄旧址为景区的朝鲜族民俗风情游；以横头山森林公园、车轱辘泡湿地为景区的森林湿地游；以革命老区红色文化资源和冷云、敬夫、张闻天等革命英雄人物的故居和抗联战地、营地为景区的红色文化游；以瓦里霍吞、汉魏山寨遗址为景区的古城名胜游；以"百里绿色稻米长廊"、悦来渠首渡槽、农家采摘园等为景区的农业观光体验游。2018年，星火民俗旅游和汉魏山寨遗址开工建设，桦川县旅游产业项目取得突破性进展。

第四，桦川县不断夯实优势产业聚集效应，"退城还园"，实现工业集中、集约、集群发展。2017年3月，将原工业集中区、工业新区、悦来民营工业园区整合为黑龙江桦川经济开发区，定位为省级经济开发区。

桦川县按照产业集聚和城市功能定位，高起点规划了黑龙江桦川经济开发区各园区产业发展体系。桦西经济开发园区突出专业化、特色化园区建设，引进、培育龙头企业，重点建设了新型建材、化工医药、配套物流和对俄贸易等一批特色鲜明、竞争力强的产业群体。2018年入驻企业14户，入驻规模以上企业2户。城南工业园区以高新技术改造升级，提升园区企业"高端化、集成化、个性化"，打响"桦川制造"的品牌，重点发展绿色食品、农副产品加工、机械装备等产业集群。2018年，入驻企业52户，规模以上企业10户。四马架物流加工园区建设了现代物流和综合加工2个功能区，实现了桦川县产业"一区三园"的布局，在推动产业富县上闯出了新路。

三、桦联农业机械有限公司

桦联农业机械有限公司的前身是建于1970年的桦川县收获机械厂，是一家国内外知名农机制造企业。桦联农业机械有限责任公司位于桦川县城悦来大街南段西侧，占地面积3万平方米，建筑面积9 200

农业机械

平方米，固定资产1500万元；有企业职工218名。企业资金、设备、技术力量均较雄厚，有工装、铸造、机加、锻压、制罐、装配6个车间。较大型机械设备有14毫米剪板机、60毫米剪板机和100T摩擦液压机各1台、80T冲床两台、560KG空气锤各1台、3.0毫米车床5台、5.0毫米车床3台、120毫米车床车33台、东风140汽车和江淮汽车各1台，固定资产净值384万元。1986年，该厂是黑龙江省第二机械局"定点生产厂"，主要生产扬场机、割晒机，兼产七铧犁、犁肥箱和油漆包装桶等产品。机动扬场机是该厂的名牌产品。20世纪70年代曾销往阿尔巴尼亚、毛里塔尼亚、几内亚（比绍）、刚果（布）等国家。1984年后，根据农村家庭联产承包责任制的需要，开始生产12马力金牛牌拖拉机，年产500台左右，产值250多万元，利税50多万元。1986年后，面对改革开放的新形势，企业积极投入竞争，多次派人到美国、日本、委内瑞拉、泰国等国考察，根据需要不断设计新产品，并打入国内外市场。产品曾畅销泰国、新加坡等国家，在国内外农机制造行业享有盛誉，先后荣获市级新产品开发奖、横向联合奖、桦川县先进企业奖。

四、黑龙江桦美泥炭有限公司

黑龙江桦美泥炭有限公司是目前中国首家唯一同国际接轨，采用国际先进技术和设备进行平面开采、晾晒、收获等方式并根据用户的不同需要进行分级的泥炭生产和深加工企业。公司成立于1987年5月，是由中美双方共同投资创建的中外合资企业，是国内泥炭企业中唯一成为国际泥炭学会（IPS）的会员单位。开采矿区位于"世界三大黑土地"之一的三江平原腹地。所采泥炭品位属高纬度低位苇苔草型，亦称营养丰富型，富含有机质，富含腐殖酸。位于桦川县横头山镇申家店村南，占地面积1.5万亩，泥炭储量240万立方米。国际泥炭学会秘书长、加拿大著名泥炭专家约翰·瑞德弗斯到桦美泥炭有限公司考察时用三句话概括了矿点及产品特点是"矿体集中储量大，营养丰富品位高，加工精细质量优"。约翰·瑞德弗斯同其父老约翰·瑞德弗斯用普通泥炭同该公司生产的芦苇苔草型泥炭在园艺使用中做了17项比较，并以积分的方式得出结论为普通泥炭得143分，芦苇苔草型泥炭得189分。芦苇苔草型泥炭占据绝对优势。

1988年，公司逐步完善和开发了以"熊猫"为注册商标的18个系列，163个品种，涉及园艺、育苗、栽培、肥料、腐殖酸、叶面肥等多个领域。2003年，产品外销到日本、韩国、新加坡、马来西亚及中国香港、澳门、台湾地区。内销多达25个省、市、自治区。

五、黑龙江省百泰药业有限公司

黑龙江省百泰药业有限公司，原称佳木斯三江制药厂，建于1990年，位于桦川县悦来大街北段。公司建立以来，一直是桦川县的台柱企业、利税大户，被佳木斯市政府评选为"重合同守信誉模范标兵"。

百泰药业有限公司占地面积2万平方米，建筑面积5 015平方米。厂部机构设办公室、生产科、技术科、质检科、财务科、销售科、供应科、储运科、咨询科、药品稽查科、科研室、中心化验室等，职工312名。

药厂设片剂、胶囊、机修3个车间。厂内设备齐全，制药技术精湛。产品有45个品种。其中片剂41个品种，胶囊4个品种，"先锋4号""吉他霉素"产品被评为黑龙江省优质产品。胶囊类"速效伤风感冒胶囊"被评为黑龙江省优质产品，企业按照市场需求，研制了医用营养品、药茶、饮片、鱼肝油、药油等，并以"彤彤乐""康医生"为商标投放市场。

第二节　桦川县的绿色惠民与和谐共建

2016年以来，桦川县坚持绿色惠民、绿色富县，促进人与自然和谐共生，社会与自然和谐共建，推动并形成了绿色发展方式和生活方式，有效地保障了民生。

第一，桦川县在建设百里绿色稻米长廊和10个"三减"示范区，加快绿色有机农业发展的同时，积极实施天然林保护、退耕还林等重点生态工程，森林覆盖率达到10.7%；落实了河长制，开展了清河行动，确保了水环境的清澈安全。积极开展生产文

313

明生态化和家园建设生态绿色化的创建活动，加强了环境综合治理，鼓励引导企业走低能耗、低用地、低排放的集约发展之路，倡导人民群众绿色生活，提倡绿色低碳、文明健康的生活方式，实现了污水处理厂改扩建和陈腐垃圾处理"双加速"，保证了公众健康，改善了环境质量。2016年，桦川县被确定为国家级生态示范区。

第二，桦川县坚持民生实事优先落实，不断提升人民的幸福指数，民生支出占财政总支出比例达到69.8%。优先发展教育事业，2018年桦川县投入3 009.32万元，实施了5所中学、5所小学和5所幼儿园续建、改造工程项目，完善了校园安全设施，改善了办学条件，满足了教育教学现代化的需求；建成了文体中心和体育场和公共园林，促进了群众性文体活动的蓬勃开展。

桦川县教育、卫生事业蓬勃发展，至2018年，全县有中小学校168所，教学班1 006个，教职工2 100人，在校学生35 395人，建设桦川县第一中学，第二、三、四中学，职业教育中心，实验小学，"八女投江冷云"红军小学，敬夫小学等一批重点中小学校。全县有县人民医院、中医院、和乡镇卫生院11所，建筑面积15 380平方米，医疗人员651人，病床421张，还有疾病预防控制中心、妇幼保健院、结核病防治所、卫生职校4个医疗专业机构，有事业技术人员140人。全县医疗水平显著提高，医药卫生体制改革不断深化，新建两所标准化医院，县人民医院和中医院成为"二级甲等医院"，桦川县确定为"全国首批慢病综合防控示范区"，成为"全省新型农村合作医疗工作先进县"。

其一是桦川县第一中学

桦川县第一中学的前身是民国时期的桦川中学、伪满沦陷时期的三江省国民高等学校、悦来中学，是一所具有爱国主义光荣传统的中学。抗战时期，抗日英雄、革命烈士唐瑶圃、张耕野、冷云、赵敬夫、张宗兰、马克正、陈方钧，原黑龙江省省长陈雷同志曾就读于这所中学。

1926年，桦川县已有高级小学20余处，尚无中学。桦川县教育局局长张宝树为便利县内高小毕业生升学起见，提请建立初级中学。县知事唐纯礼甚表支持，呈准开办中学，公推前教育局长高隆栋负责，募集开办经费。桦川中学校址设在桦川县佳木斯行署（现佳木斯市福丰街33号）后身，于当年9月校舍建成，共有砖瓦结构的校舍21间，同年10月10日正式开学授课，学制三年。这就是佳木斯最早的公办中学——桦川县立中学。高隆栋任校长，招一个班43名学生。1927年8月增招第二班学生36人。1928年续招第三班新生35名。

1930年秋，共产党员唐瑶圃从北京弘达学院肄业后即到桦川县佳木斯镇活动。唐瑶圃受聘于桦川中学当英文教员，以桦川中学为阵地秘密地向师生传播革命思想，发展党员。他同张耕野老师一道采取各种方法，团结进步青年，引导学生走革命道路。1933年，敌伪将佳木斯女师与桦川中学合并为一校，合并后的桦川中学是佳木斯唯一的最早的党的活动基地。唐瑶圃、张耕野二位老师以桦川中学为基地，组织学生举行抗日游行示威、投笔从戎、发展组织、为抗联筹集物资、策动伪矿警起义、为抗联队伍搜集提供敌伪情报、为抗联队伍送干部等活动。1935年到1936年间，桦川中学党组织先后输送到抗联和其他抗日队伍的同志有郑志民（冷云）、白长岭（敬夫）、张耕野、姜士元（陈雷）等20多名抗日领导骨干。因此，桦川中学成了地下党培养抗日领导干部的摇篮。

1943年，在桦川县悦来镇建立三江省桦川县国民高等学校，招生范围为桦川县及富锦县西部三个区以及北部汤原、绥滨、南部勃利等县的学生。该校以农科为主，畜牧科为辅，学制4年。

1945年8月光复后，三江省国民高等学校改为桦川县两级中学，侯兆锡（悦来街街长）兼任校长。1946年崔志林任校长，舒明科任副校长。

1946年，桦川县政府所在地设在佳木斯市内，桦川县不单独设立中学，县内高小毕业生都到佳木斯市内中学就读。1950年，桦川县在悦来、太平、大来3个区设3个初中班。1951年将大来初中班合并入悦来、太平两个班。1952年又将太平初中班合并到悦来初中班。1953年5月，在悦来初中班的基础上成立了悦来中学，隶属于县教育科。校址在县城悦来大街西侧中学路中段，校舍仍然是用伪满时期国高的青砖瓦房。分初一2个班、初二2个班，教职工15人，学生160人。学校担负东部区初中生就读任务，西部初中生则到佳木斯市联中就读。悦来中学第一任校长是李愚，党组织负责人是丁维俊。1954年，学校又扩建了600平方米的草泥结构的教室，学校由8个班增加到14个班，教师增加到32人，学校成为完全初级中学。1955年，学校给国家输送了第一批初中毕业生。这期毕业生分布在全国各地工作，多数学生在哈尔滨市、佳木斯市、双鸭山市工作，是各行各业的骨干或领导干部。

1956年，桦川县委迁到湖营镇后，悦来中学划归集贤县。1957年，反右斗争开始，由于阶级斗争的扩大化，悦来中学有三分之一中青年教师被无辜地打成右派分子。

1958年2月，悦来镇又划回桦川县，悦来中学也随之划回。1958年"大跃进"时期，学校自力更生，自己烧砖盖起了360平方米砖草结构的教室并招收了一个高中班，有40多名学生。

随着形势的发展，悦来中学于1959年又招收了两个高中班，到1962年桦川培养了县首届高中毕业生，其中有些学生考上了大学。学校由初级中学发展成完全中学。

1964年8月，桦川县党政领导机关迁入悦来镇。为了加强和提高桦川县的高中教育水平，1965年1月1日将悦来中学改为桦川县第一中学，由县教育局直接领导。1966年，"文化大革命"开始后，将桦川县第一中学下放，改称悦来公社中学。

1971年，重新恢复桦川县第一中学后，在桦川一中校址内重新盖了一栋两层的教学楼。

党的十一届三中全会后，1978年，桦川县政府调整了中学布局，压缩、合并了一些完全中学，并将桦川县第一中学确定为县重点中学。1979年，桦川县第一中学高中部在全县择优录取初中毕业生。

1983年，县政府撤销了各乡镇中学的高中部，高中学生都集中到桦川县第一中学就读，每年择优招收6个班共300人。因宿舍不够用，学校在校园北面建了一栋1 500平方米的三层学生宿舍楼。

1983年的金秋时节，桦川一中老校友、时任黑龙江省省长陈雷同志，在县委书记于仁春同志的陪同下视察了母校，陈雷省长深入教室、学生宿舍，与同学们进行了密切的交谈。他谆谆地教导学生们要刻苦学习，为母校增光。陈雷省长还参观了学校的首届书画展，他步入展厅后，一眼就看出了金星海（现任黑龙江日报社美术编辑）同学的素描画《冷云头像》，他连连称赞说："画得很像，很像。"并说，"冷云，她是我中学时的同学。"同时，陈雷省长非常关心学校的高考，陈雷省长指示说："要努力，来年争取翻番。"陈雷省长欣然挥笔书写了"学无止境"四个大字。

1984年，学校考上大学的人数突破100人大关，升学人数比1983年翻了一番，创下了有史以来学校升学人数的最高纪录。当郑扬辉校长向陈雷省长汇报了1984年的高考获佳绩后，老校友陈雷省长打来了贺电。电文是："桦川在松花江下游，历来是出人才的地方，希望你们为培养人才做出新的贡献。"同时，陈雷省长指示省财政厅给桦川县第一中学拨专项资金20万元，用于筹建实验楼。1985年，学校建成一栋2 000平方米二层的实验楼，并增添了实验仪器、教学设备，使得学校理、化、生学科的实验开出率达100%。至此，学校构建了"三区两场"，即教学区、实验区和生活区；田径运动场、球类场，教职员工达到100人，有20个教学班，共有学生1 200人。

新校舍建成后的桦川一中。1995年初，县委决定异地新建桦川县第一中学，校址在悦来大街南段道西。香港著名人士邵逸夫捐资80万港币。桦川县第一中学新校舍于1995年6月20日8时18分举行了隆重的奠基典礼。桦川县政府在新建桦川县第一中学校舍的过程中，得到了上级领导的高度重视，全国人大副委员长许嘉璐、已退休的黑龙江省省长陈雷及夫人李敏、黑龙江省副省长王佐书及佳木斯市有关领导曾到新建教学楼视察。1997年8月，新楼舍竣工，桦川一中进入了一个崭新的时代。桦川一中的历史将翻开新的一页。

桦川一中校园建设。现在学校占地面积10万平方米，建筑面积2.7万平方米，教学及辅助用房共9栋，其中第一教学楼6 400平方米，第二教学楼7 800平方米，科技楼3 600平方米，宿舍楼4 700平方米，食堂2 000平方米，锅炉房及教师寝室1 600平方米，教学楼门卫2个共600平方米，室外厕所320平方米。学校设有理、化、生实验室5个，计算机教室2个，通用技术教室2个，报告厅1个，阶梯教室1个，图书室1个，师生阅览室各2个，画室1个，音乐教室1个，琴房6个，闭路电视40台，演播室1个。室外篮排球水泥场地3 000平方米，400米三合一标准田径场地1个，水泥彩砖甬路5 000平方米，夜射灯10台，草坪灯20个，路灯40个，花坛、花带1 000平方米，尊师亭、爱生廊各1个，雕塑4个。

学校教职工共168人，其中高级教师43人；有38个教学班，在校学生1 810人。学校全面贯彻了党的教育方针、全面提高了教育教学质量，始终坚持"德育为首，教学为中心，高考发展双丰收"的工作思路，坚持优化管理、量化评估的机制，形成了"全面育人、稳步发展、团结协作、严谨治学"的办学特色。2001年，学校被评为省、市德育工作先进校。截至2002年，学校有60多名学生在国家级中学生奥林匹克竞赛中获省级一等奖或二等奖，有20多名学生在市田径运动会上获奖。学生参加省会考成绩进入了全省高中学校的前列。2001年，学校高考取得了有史以来的最好成绩，进段率、升学率达90%，列全市第二位，600分以上有5人，最高分650分（宋晨光考入清华大学），有68名学生考入国家重点大学，进京12人。文科考生马丽同学的语文、张相成同学的文科综合成绩分别名列全市第一名。2002年高考成绩与上一年持平。

桦川一中的教育、教学工作。民国时期桦川县初级中学学制为3年，设有三民主义课，后改为公民课。初中开设算术、代数、几何、三角。

沦陷时期伪三江省立桦川县国民高等学校学制为4年，以农科为主、畜牧科为辅。日伪当局为加速奴化教育，将日语课时与汉语课时等同，还开设数、理、化、史、地、农业泛论、林商泛论、军训等课。

新中国成立初期，学校学制为"三三"制，即初中3年，高中3年。学校按东北行政委员会的规定和编纂的教材授课，除保留原来的课程外，增加了政治课。1953年以后，学校按国家规定的各科教学大纲要求进行授课。学校全盘学习苏联的教育模式，凯洛夫提出的"三中心""五大环节"，对学校的教育影响很深。

1958年，"大跃进"时期，学校按照桦川县委"全民大炼钢铁"的指示精神，组织全校师生"土洋结合""白手起家"兴建土炉、小高炉，开展了大炼钢运动。

1966年，"文化大革命"开始后，学校的教育教学工作受到了灾难性的冲击。教师被视为改造或专政的对象，被批斗或下放劳动改造，大搞"停课闹革命"，教学设施损失殆尽。1969年复课后，大力提倡"开门办学"，学校课程设置的随意性极大。

党的十一届三中全会以后，学校的教育教学工作进入了一个崭新的发展阶段，普遍加强了以"双基"训练为主的课堂教学活动，建立了正常的教学秩序，教学质量稳步提高，升学率逐年上升。1984年高考，学生考上大学的人数超百人大关，比前一年翻一番，曾受到县委、县政府及陈雷省长的好评。2001年，学校高考取得了有史以来的最好成绩，进段率、升学率达90%，名列全佳木斯市第二位。

近几年来，学校教育教学成效显著。学校组织学生参加了各类高中生学科竞赛并取得了较好的名次。学校每年度都组织教师参加佳木斯市组织的"菊花杯"教学研讨课，每一次参赛教师都取得第一名的好成绩。教师个人参加的教学竞赛都能够取得省级、国家级优秀成绩。最关键的是各学科、各年级的教学质量显著提升，高考升学率及优秀率明显提高，尤其是2015年高考，学校文、理科最高分居佳木斯市周边市县第一名，受到了县委、县政府的嘉奖及全县人民的好评。

建校90多年，学校为抗日战场培养和输送了大批优秀干部，为社会主义现代化建设培养了近万名合格的建设者。他们有的在国家的部、委、办、局工作，有的留学于欧美，有的在省外工作，有的在家乡工作。总之，在祖国辽阔的大地上到处都有桦川一中培养出来的有志青年。

其二是黑龙江桦川"八女英烈冷云"红军小学。

"八女英烈冷云"红军小学原名南门里国民优级学校，始建于1924年。1935年"八女投江"英烈冷云在校任教。1986年，桦川县人民政府为纪念冷云烈士将学校更名为"冷云小学"。2016年，中国红办将学校命名为黑龙江桦川"八女英烈冷云"红军小学。

"八女英烈冷云"红军小学是一所全日制小学校，占地面积22 015平方米，教学楼5 220平方米，有36个教学班，教职工295人，在校学生2 826人。

"八女英烈冷云"红军小学倡导"弘扬冷云精神、六年影响一生"的办学理念，打造传承冷云精神的红色文化品牌，主导学校教育教学和学校德育教育及校园文化建设。"八女英烈冷云"红军小学是一所规模较大、设施完备、教学质量高的全省一流的现代化小学，是传承冷云精神的革命传统教育基地。

其三是桦川县人民医院。

桦川县人民医院创建于1964年，是全县唯一一所国家二级甲等综合性医院，集医疗、急救、预防、保健、康复、教学于一体。

医院建筑面积16 600平方米，开设床位220张，年门诊量4万人次，年住院人数4 000人次。医院名医名家汇聚，现有在岗职工301人，卫生技术人员226人，占总人数75%，其中有高级职称者48人，占卫技人员的21%，有中级职称者93人，占卫技人员的41%。

医院学科齐全，设备先进。设有内科、普外科、骨外科、妇产科、儿科、眼科、耳鼻喉科、口腔科、肛肠科、皮肤科、康复科、体检科、血液透析科、超声诊断科、放射科、检验科、CT室等20多个科室，全天开诊。设有120急救中心，24小时接送病人。病房有中心供氧、中心吸引、中央呼叫、中央监护等系统。手术室配有多功能麻醉机、多参数监护仪等先进设备。医院拥有德国西门子核磁、安科CT、美国西门子彩超、上海光电医用电子心电仪、肌电图与诱发电位仪、检耳镜、电子耳镜、内窥镜摄像系统、内窥镜（冷光源）、耳鼻喉治疗仪、耳声阻抗测量仪、听力计、裂隙灯、检眼镜、标准视力表、眼压计、血细胞分析仪、尿液分析仪、全自动生化分析仪、血凝分析仪、微量元素分析仪、血流变分析仪、光电解质分析仪、细菌半自动分析仪、化学发光分析仪、医用诊断X射线机CR、动态DR、医用胶片打印机、北京麦邦光电仪器有限公司肺功能仪。

第三，桦川县加强党的建设，全面推进从严治党，筑牢了桦川县高质量发展的坚强基础。2016年以来，桦川县在贯彻新时代党的建设总要求下，全面践行新时代党的路线方针政策，党的建设得到了新的加强。党的基层组织的战斗堡垒作用、党员的先锋模范作用进一步加强，在人民群众中的声望不断提高。同时，进一步加强了法治政府建设，深化了"法制桦川""平安桦川"建设，人民群众的法治观念和安全感、满意度持续提升，连续三届被授予"全国平安建设先进县"，荣获了全国平安建设"长安杯"。

第三节　新型城镇化建设使老区城乡展新颜

一、桦川县决胜全面小康社会新时代的新环境、新面貌

"十二五"规划胜利完成以来，桦川县紧紧抓住国家实施"一带一路"，新型城镇化和美丽乡村建设的战略机遇，立足桦川县情的文化底蕴、区位优势、生态环境、产业发展的实际，确定了"十三五"期间城市和乡村建设的重点和发展方向，努力做

大城市、乡村的规模，做美城市、乡村的环境，做优城市、乡村的品位，优化拓展城市乡村的空间布局，统筹城乡一体化发展，推进新型城镇化建设。

近几年，特别是桦川县遵循、实施"十三五"规划以来，挖掘文化资源等优势元素，按照1个主城区（县城悦来镇）、3个中心镇（星火朝鲜族乡、四马架镇、新城镇）、44个中心村（美丽乡村建设重点村）为基础的建设思路，加快全县9个乡镇特色的新型城镇化建设和105个行政村美丽乡村建设，努力打造桦川"城乡一体化，城镇四园化，县城景区化"的生态宜居环境，彰显了靠山滨水的风貌特色，将桦川县建设成佳木斯市的美丽"后花园"。

桦川县不断加强佳（佳木斯市）桦（桦川县城悦来镇）同城化建设，实施了"花园"城市建设工程，县城城区面积扩展到15平方公里，城镇化率提高到45.5%。文明城市创建工作稳步推进，打造了"志愿服务之城"，全面提升了城乡文明程度。实施了"特色"乡镇建设工程和美丽乡村建设工程，全面改善了桦川县城乡的环境面貌，展现了革命老区旧貌换新颜，欣欣向荣的新面貌。

二、加快县城基础设施和公共服务设施建设，提升了中心城市的功能和品位

2016年以来，桦川县坚持县城主城区高标准化建设，全面实施了县城主城区道路硬化、绿化、亮化和美化工程。至2018年，桦川县完成了二水源建设，新铺设供水管线28公里，全县供水管网达到124.29公里；新建6个无负压提升泵站，完成二次供水改造工程，彻底解决了自来水供水水源污染，保障居民喝上"安全水""长流水"；新建8座换热站，新增集中供热用户4 000户，

全热面积达到210万平方米，全县城区燃气用户达到1.5万户。启动了污水处理厂，改建垃圾无害化处理厂，完成改扩建工程并投入使用，建设排水管线81.25公里，污水管线18.25公里，合流管线63公里，处理陈腐生活垃圾23.37万吨。桦川县"三供两治"建设工程稳步推进，并取得阶段性成果。桦川县实施了道路硬化工程，县城悦来大街、中兴路、冷云街、敬夫街、南环路、东环路、西环路、滨水路和新阳路等主干街路全部实现沥青铺设，总铺设面积达43.4万平方米。铺设排水管线1.25万米，新增绿化面积3.8万平方米。完成县城主干街路绿化工程，达到主干街路的绿化有层次、楼群小区绿化有特色、街心绿化小区有魅力。区内公园绿地面积达137万平方米，绿化覆盖率达到17%。实施了县城区亮化工程，安装路灯1 977基5 223盏，安装单灯控制及网络化控制系统，提高了路灯管护效率，县城区所有道路全部亮化。2017年，实施了沿江景观带照明工程和悦福广场、冷云广场、生命广场、稻香广场亮化工程，打造了一条具有滨水城市特色的亮化工程。桦川县还实施了棚户区改造工程，桦川县安居工程建设取得新贡献。2015年以来全县完成棚户区改造征收87.9万平方米，楼房面积达到320万平方米，改善了城市旧貌，提高了居民居住条件，为未来城市发展释放了广阔空间。

桦川县不断加强公共服务设施建设，在主城区建了沿江景观带、悦来公园、双拥公园，提升了中心城市的品位。

其一是沿江景观带。

沿江景观带是桦川县标志性景观区，建于2016年，面积为19.8万平方米。沿江景带包括景观绿化、防浪墙、堤顶路和稻香广场、生命广场、冷云广场、悦福广场4个广场，体现活力桦川的主题意识。四个广场以园中路、健身步道贯穿，东西排序，遥相呼应。

悦福广场为四个广场的核心广场，以多元活力、民族之光为主题，有福鼎、音乐喷泉、看台、中心舞台、船型平台、图腾柱、阙等景观建筑，船型平台与福鼎、中心舞台共线，设计在城市的中轴线上。打造"船"型景观平台，寓意桦川扬帆起航、继往开来。图腾柱上展现桦川县内12个民族文化、民族活动，两处阙上展现肃慎族起源、女真族起源的传说，展现多民族文化融合，同奔小康筑梦的理念。

冷云广场是一个英雄广场，以红色革命、英杰之光为主题，建有冷云英雄雕像，广场周围环绕张闻天、唐瑶圃等英雄模范小品雕像，是桦川县进行革命传统教育的重要基地。

稻香广场以现代农业、产业之光为主题，展示桦川县三江稻源和当地产业文化，象征桦川县农业大发展。

生命广场以生命之光为主题，展现桦川县各民族的生命崇拜和生生不息的健康文化理念。

与四个广场对应在沿江北侧堤坝顶路铺设了包含足印东极、黑水都城、辽金岁月、元蒙要塞、海西商帆、百年悦来、斗转星移、峥嵘岁月、破冰拓荒、日新月异10部分内容的历史长河浮雕，展示了桦川县悠久的历史。

沿江景观带亮化工程是桦川县一道最壮观的夜景风景线。悦福广场的灯光主题是福佑桦川，以传统喜庆的中国红为主色调，以鼎身和入口两侧地灯投映"福"字，突出"福"主题文化，体现"悦福"的内容。

船型观景平台以蓝色为主色调，以水纹灯照射地面，突出江水文化主题。平台外侧安装10盏高空探照灯，以灯光动态变化形成核心的灯光秀，演绎扬帆远航主题文化。

悦福广场用暖色灯光照射图腾阙和图腾柱，增添历史文化厚重的视觉效果。看台通过逐层安装的小巧灯具，提供基础照明，看台栏杆使用射灯照亮立柱，形成较为完整的景观边缘线。

防波堤是欧式庭院灯，体现桦川的多元文化融合，防波堤的石材面通过下照的方式，展现石材纹理，形成比较醒目的景观标识。

冷云广场突出红色主题文化，将党徽投向到党旗上，以红色染色党旗，展现桦川的革命传统。在冷云雕塑的面部补充面光，体现正气凛然、不屈不挠的精神风貌。

生命广场的雕塑，以彩色光渲染，象征生命的多彩活力，体现生态桦川、活力桦川。

稻香广场，以灯光展现稻穗飘香，展现桦川县先进的农业文化主题。以九鹤翱翔于蓝天的灯光场景，体现出全县人民合力奋进、共创辉煌。

小河两岸的稻穗灯，象征着桦川的稻米文化源远流长，彩色变化的灯光象征四季流转，寓意着播种、耕耘、丰收的过程。

历史长河画卷，讲述着桦川的悠久历史，灯光从古至今，从暖黄色过渡为白色灯光，以暖色光象征着历史的厚重，以白色光表现现代的日新月异变化。

七彩灯光照射园区内的通信塔，展现桦川生活的丰富多彩。动态的灯光，全彩变换，体现桦川的活力。

游园路树木，按区域划分，以不同的主色调灯光照射。悦福广场至冷云广场采用红色为主要色调，喜庆的红色灯光，贯通悦福主题和红色主题文化；冷云广场至生命广场采用蓝色为主色调，体现生命活力，展现江水文化；生命广场至稻香广场，采用暖色为主色调，象征着丰收。

桦川沿江景观带夜景照明，以丰富的层次、多彩的灯光，充分映射了桦川的丰富文化内涵，展现着桦川的日新月异的发展变化。

其二是悦来公园。

悦来公园总占地面积约5.2公顷。园区内有主题雕塑广场、音乐喷泉广场、篮球场、旱冰场、圆形磨脚石广场、人工景观湖、假山流水观景、格式景观凉亭、休息长廊、健身区等重要景观。整个园区四周为3米宽的甬道，全长950米。园内各景观节点都有曲径小路连接，园内栽植山槐、红松、云杉、五角枫、梧桐、丁香、白桦、金叶榆、核桃楸等30余种乔灌木，种植草坪约4万平方米。园中三大主题广场分别赋予了不同的建筑内涵。

公园东部沿悦来大街是最大的"承前启后"主题中心广场。公园主题雕塑名为"承前启后"，是一把高度为12米的开启希望之门的金色钥匙，寓意开启桦川县金色的未来，钥匙上刻有1909、1946、1949等数字代表着桦川的建志、建县等重大历史事件的年表，讲述桦川百年历史；上部表面浮雕部分刻有农作物、阳光和大地等代表桦川农牧特色，下部镂空部分为桦川县区域地图，雕塑寓意着桦川的明天更美好更幸福。金钥匙四周分布9根浮雕石柱，代表全县的9个乡镇，上面用数字、文字和人物、动植物浮雕展示各乡镇历史大事件、特色养殖业、种植业、土特产及人文地貌、风土人情，表明桦川县百年发展脉络。

公园中部的滨湖亲水主题广场由水系、亲水楼台和"川"字桥组成，有高大的假山，湍急的瀑布，宁静的人工湖，成群的红色鲤鱼在清澈的湖水中游戈，五彩霓虹映射的喷泉随着音乐声，水柱时高时低不断变换，射灯的照射下分外夺目，造就了幽雅而富有活力的景致。

公园南部是健身广场，由硬化地面、旱冰场、磨脚石、篮球场及白桦林组成，是群众健身和休憩活动好场所。

悦来公园与城北部的沿江生态景观带、中部的体育健身广场构成了桦川县三个集健身、休闲、旅游、生态、形象展示于一体的活动场所。悦来公园以优美、典雅的欧式园林绿化风格，清新、悦目的自然风光，山水映辉的美景为丰富桦川人民的文化生活、陶冶情操、修身养性发挥着积极作用，成为市民休闲、健身、娱乐的福地。

其三是桦川县革命烈士陵园。

桦川县革命烈士陵园建于1984年10月，占地面积3.8万平方米，建筑面积1 500平方米。公园四周围成6 100米铁栅栏。公园中矗立一座桦川县革命烈士纪念碑，抗联老战士、原黑龙江省省长陈雷在纪念碑正面亲笔题词，纪念碑东西两面各有碑文，记录着桦川县革命斗争的历史和为桦川县解放和建设事业光荣牺牲的革命烈士英名。园内建有冷云、赵敬夫烈士塑像；修建了冷云、赵敬夫、柳润生、杨明学等13座烈士墓和57座无名烈士墓。

园内植树种草，修建花坛，栽植红松、柏树、白桦等有象征意义的树木2.3万棵，栽种美人蕉等花卉5 510株，铺草坪700平方米。园内松柏遮天，绿草如茵，鲜花怒放，装点了陵园风景，形成庄严的环境气氛，表达对革命先烈的敬仰追思的情怀。

园中开凿了人工湖，建筑了景观凉亭、长廊和3 200平方米大理石铺设的陵园广场。铺设2 484米木质和剁斧石板园中路，安装路灯70盏。宽敞、幽静、美丽的陵园环境，为城内居民提供了休闲健身的场所。1988年10月4日，桦川县革命烈士陵园被黑龙江省人民政府批准为"黑龙江省重点烈士纪念建筑保护单位"，成为桦川县重要的爱国主义教育基地，每年接待参观、瞻仰、祭扫15万人次。

其四是桦川县城悦来镇。

悦来镇位于松花江下游南岸，是一个古老的农业县镇。早在清光绪十年（1884年）就有"水港码头"的称誉，山东移民张氏在此地修建"悦来客栈"，为来往客商提供住宿条件。清光绪三十二年（1906年），临江州知府吴士澄亲临悦来，勘定街基，规划街道，定名"悦来镇"，悦来建镇后，丈放荒地、创建小学、成立药局、开设商铺，逐渐开发成三江地区一个初具规模的临江小镇。1912年11月，桦川县公署从佳木斯镇移治悦来镇。悦来镇从此成为桦川县政治、经济、文化中心。新中国成立后，悦来镇是桦川县人民政府的所在地。全镇辖冷云、敬夫、悦东、悦胜、悦强、悦江、中和、苏苏、桦树、双兴、东兴、孟家岗、汶澄岗、马库力、万里河、腰林子等17个村和长新、华兴、悦绣、荣安、水木年华、团结、学府、阳光、建民、花园10个社区，镇属总面积161.2平方公里，县城区面积10.7平方公里。全镇总人口58 215人。其中农业人口28 802人，民族以汉族人居多，总人口为56 543人。少数民族有蒙古、朝鲜、赫哲、高山等1 672人。

悦来镇是一座具有光荣革命传统的县镇，是著名的抗日烈士冷云、敬夫的故乡。1932年5月13日，日伪军侵占悦来镇，县长张锡侯带领桦川警团队伍进行了顽强抵抗。同年8月间，红枪会700余人攻入悦来镇，重创并驱逐了驻悦来镇日伪军，赢得了悦来镇民众自发抗击日本侵略者的胜利。1935年，桦川中学校友、中共党员马成林、冷云等以教师身份为掩护秘密开展抗日救国的革命活动，建立了中共悦来镇小学党支部。从此，悦来镇人民在中国共产党的领导下进行了不屈不挠的抗日斗争，成为著名的革命老区镇。

中共十一届三中全会以来，改革开放给悦来镇的社会主义物质文明和精神文明建设带来了巨大变化。工业、农业、文化、教育、卫生等各条战线都取得了丰硕的成果。人民生活水平有了显著提高，城镇面貌日新月异。

2016年以来，悦来镇形成"一轴居中，东西同兴，提升南北，打造中心"的县镇建设格局。从悦来镇的文化底蕴、区域优势、生态环境和产业发展的实际，高起点规划、高标准建设，全面推进了悦来镇的市政建设，改善了人居环境。至2018年，悦来镇的高标准建设实现了城市"旧貌换新颜"，亮出了滨水小镇的"高颜值"新兴城镇品牌。

悦来镇一镇多村，城乡交错，既有现代新兴城镇的繁华景致又不失美丽幽静的田园风光。城镇中主干道路"五纵五横"，柏油铺设达43.4万平方米，平坦通畅。1999年，桦川县成立了出租车公司，拥有出租车245辆，日营运量7 350车次。2016年建立了公交车企业，拥有公交车70辆，开设7条公交线路，年客运量380多万人。镇内出租车、公交车穿梭来往，给群众出行带来都市式交通的便利。路灯和沿路景观灯网络化控制1 977基5 223盏，镇内所有道路亮化全覆盖。悦来大街、中兴路、冷云街、敬夫街、南环、东环、西环等主要街路植树、种草、栽花，实现了绿化、美化、香化。镇内实施园林绿化工程，讲格调、上品位，街路绿化有层次，楼群小区绿化有特色，街心绿化小品有魅力，公园绿地面积137万平方米，生态绿化覆盖全城镇。2017年，新增绿化面积3.8万平方米，绿化覆盖率17%。城镇环境和环境卫生有了显著的改观，城区有悦来公园、双拥公园、烈士陵园、桦悦广场、体育场、万福源广场。这"三园三场"集历史文化、民族风情、沿江生态风光于一体的沿江景观带，构成了百姓身边的十分钟健身圈，形成了悦来镇幸福、快乐、运动的生态休闲文化。

悦来镇实施了"三供两治"建设工程，至2018年，在供水方面，完成了二水源建设和二次供水改造工程，新铺设供水管线28公里，新建6个无负压提升泵站，保证镇中居民用上"长流水、安全水"。在供热方面，新建供热站8个，增加集中供热户4 000户，集中供热面积达21万平方米，集中供热率达66%。在供燃气方面，铺设燃气管线40.34公里，1.5万户居民用上了燃气。同时还加强了污水和垃圾处理，严格控制了新污染源，保护和改善了城镇的自然生态环境。

悦来镇在城建总体规划的基础上大动作、大集中，加大棚户区改造工程推进力度，征收87.9万平方米。至2018年，全镇楼房面积达320万平方米，提高了人民群众的居住条件，改善了城镇旧面貌，为未来城镇发展释放了广阔的空间。

悦来镇历经百年沧桑，特别是经过了40年的改革开放。桦川县依托县城悦来镇的地缘资源优势推进了"花园"城镇建设工程，实施道路升级、绿化美化升级、城镇亮化升级等推进工程，打造了"经济强镇、文化名镇、和谐古镇、园林新镇"的品位，彰显了桦川县城悦来镇的古城文化、休闲旅游文化、园林景观文化和绿色农家文化，提升了悦来镇的整体城市形象，逐步实现了佳桦同城化发展。使一个贫穷落后的农业县镇发生天翻地覆的巨变，成为一个幸福、和谐、生态休闲、平安宜居的新兴县镇。

二、依托骨干中心乡镇，优化乡镇发展布局，加快新型城镇化建设

桦川县辖5镇4乡105个行政村。按"十三五"规划，将新城镇、四马架镇、星火朝鲜族乡3个中心乡镇作为新型城镇建设的骨干示范乡镇建设。加快形成处处有精品、处处有亮点的城乡发展格局。新城镇依托地理资源优势，因地制宜发展农产品加工、旅游、商贸等产业，打造成桦川县东部中心城镇，生态第一镇；四马架镇依托交通区位优势，加强基础设施建设，增强产业承接配套能力，打造成桦川县新的经济增长极，物流发展第一镇；星火朝鲜族乡依托新中国第一个集体农庄诞生地的"金名片"和朝

鲜族民俗文化创意图，打造朝鲜民俗文化名镇。

星火朝鲜族乡是1951年创建的闻名全国的第一个集体农庄。到2018年，经过不断发展、不断创造新的业绩，建设成为具有朝鲜族民族特色的社会主义美丽乡村。星火朝鲜族乡面积33.6平方公里，辖6个行政村，人口5 684人，其中农业人口5 428人，非农业人口156人。全乡水田耕地3万亩，湿地3 907.4亩。国际互联网已辐射全乡；信用社、医院、商店、邮局等基础服务设施俱全。乡内有朝鲜族学校，全面实行免费义务教育。全乡在发展一、二、三产业的同时，组织农民劳务输出，转移农村劳动力300多人，劳务收入1 751万元。星火朝鲜族乡全年总产值达到3 608万元，人均纯收入达到6 541元。星火乡坚持调整产业结构，加快民族经济发展，从单一的种植业和简单加工业，逐步发展精准农业、特色农业、绿色农业的现代农业格局，建设了现代农业示范核心区，推行"六统一"生产模式，即统一耕种、统一整地、统一播种、统一田间管理、统一收获、统一销售或加工，建成了以佳桦路两侧燎原村、中星村、星火村为中心的10 000亩绿色水稻为主的农业示范核心区和高标准水稻工厂化育秧示范园区。星火乡还利用育秧本田生产蔬菜、瓜果等经济作物，发展了设施观光农业。

星火乡积极落实国家耕地保护和农村土地承包等政策，按照"依法、自愿、有偿"的原则，规范土地有序流转，推动农业规模经营，吸引在国内外劳务人员回乡创业，成立了10个水稻专业合作社、2个农机合作社，以公司化管理统一经营的模式，连片种植、规模化经营，使农业增效、农民增收。农民以土地投资入

股分红，全乡农民增收70万元。

星火乡利用政策优势和资源优势，投入1 500万元加大了农村交通、饮水、住房、活动场所建设，农村生产、生活条件得到了很大改善。全乡硬化了6个村村内中心路及通村公路21公里；新修水泥明沟排水5 000米，安装路灯50基、100盏，道路两侧新栽树木13 400株，实现了全乡农村亮化、绿化；全乡6个村协调投资60万元资金，打了深水井，建了自来水泵房，并安装净水设备，使村民都喝上了自来水。全乡6个村投资337万元建设了集文化、科技、培训、办公于一体的乡级综合文化站、活动室和民族特色的村级体育健身广场。

星火乡凭借优越的区域优势和少数民族亲缘优势，对外开放优化投资环境，招商引资建设了星火朝鲜族民俗园，引进了星火米业、为业米业、百宏达米业、田友种业、桦隆铸造厂、星火空心砖厂、三绿源米业公司。星火乡还发展第三产业，发展特色旅游，建设了集餐饮、娱乐、购物、展览、休闲于一体的星火朝鲜族民俗园，成为桦川县一道具有民俗特色旅游风景线。

朝鲜族是一个尊老爱幼传统的民族。星火朝鲜族乡成立了7个老年协会，建立了七7个老年文化活动中心，总面积达1 000多平方米。村老年文艺表演队参加市县文艺表演。星火朝鲜族乡还举办星火朝鲜族民俗文化节，丰富了群众的业余文化生活。

在推进悦来镇主城区和星火朝鲜族乡、四马架镇、新城镇3个中心乡镇高起点建设新型城镇的同时，抓好东河乡、梨丰乡、创业乡、苏家店镇、横头山镇

5乡镇新型城镇化建设，构建桦川县功能明确、突出特色、设施共享、建设高起点的各具特色的新型城镇化。

梨丰乡依托人文优势，彰显乡土文化特色，将自身打造成"东方农民书画第一乡"和"特色经济作物种植乡"；东河乡依托畜牧养殖优势，打造"成高效畜牧业第一乡"和"旱改水核心示范乡"；创业乡依托水稻育种优势，将自身打造成"互联网+农业示范乡"和"寒地水稻育种第一乡"；苏家店镇依托经济作物产业优势，建设绿色稻米、良种繁育、特色经济作物三大种植基地，将自身打造成特色经济强镇；横头山镇依托山林古城资源重点发展特色种养产业和生态旅游养老产业，将自身打造成城郊型旅游名镇。

第四节　实施乡村振兴战略，建设宜居美丽乡村

桦川县从2015年开始至2018年，按照全省《美丽乡村建设三年行动计划》和中共佳木斯市委、市政府美丽乡村建设总体部署，结合精准扶贫，四年总投资5.176亿，以"产业美、环境美、人心美、村容美"和"产业有思路、经营有模式、环境有变化、管理有创新、素质有提升"的"四美五有"为标准，对全县105个行政村（163个村屯），重点推进了农村道路升级、泥草房改造、饮水安全、信息等基础建设，实施了以村容整洁、街道净化、庭院美化、公共场所绿化为主要内容的农村人居环境卫生整治，建设了53个"四美五有"型的美丽乡村示范村，带动、提高了全县美丽乡村建设整体水平，为全面实施乡村振兴战略夯实了基础。

2015年以来，特别是桦川县农村经过精准扶贫，加强了农村基础设施建设，有效地改善了农民群众生产生活条件。四年来，

完成通乡、村公路建设96公里，完成村内路硬化324.8公里，边沟硬化269.2公里，铺设人行道板砖26.6万平方米，铺设马路条石1 900米，修建田间路37公里；完成农村电网改造17个村，安装路灯1 265盏；完成24个村委会活动室4 442平方米建设，修建农村休闲广场8.48万平方米；完成村内绿化61个村，四旁绿化面积2万亩，绿化率达到60%以上；完成85个村卫生所和63所农村中小学校舍改造建设；完成61个村屯1 700户厕所改造；完成农村泥草房改造3 313户，砖瓦化率达87%；完成安全饮水工程15个村6 628户18 000人，自来水入户率达到90%，饮水安全达到100%；电话、宽带和有线电视入户率均达到100%。

2015年以来，桦川县按照"打造新环境，培育新农民，塑造新风貌"的总体思路，以"科学定位，突出特色"为原则，在加强农村基础设施建设的基础上，充分体现示范村不同的区位优势、地理特点、自然资源和文化底蕴等要素，突出差异性和多元化，因地制宜地全力打造"一村一品"彰显本村特色和形象的、富有独特乡愁的美丽乡村。创业乡谷大村依托绿色水稻种植和良种繁育优势，形成了"产业有思路、经营有模式、环境有变化、管理有创新、素质有要求"的"五有"型美丽乡村建设思路，突出了法制文化村的特色；星火乡燎原村依托朝鲜族民俗文化优势，突出了新中国第一个集体农庄的星火文化村特色；横头山镇东朝阳、六间房等试点村依托山区乡村景致和农家乐发展优势，确定了乡村休闲旅游思路，突出了乡土文化村特色，创业乡丰年村突出了忠孝文化村特色，悦来镇冷云村、敬夫村突出了红色文化村的特色。

桦川县立足乡情、突出特色，打造了各具特色的文化村，全面优化了农村生态环境、人居环境和发展环境。全县53个美丽乡村示范村，村村环境大改观，砖瓦房整齐美观，平坦的水泥路四通八达，家家户户门前绿树红花，院内院外停放着农机具、农用车、小汽车，太阳能路灯立在路边，一派现代农村的景致。

创业乡谷大村法治文化村现在是全国民主法治示范村、黑龙江省卫生村。它曾是一个贫穷落后的革命老区村，新中国成立后，特别是改革开放以来，在党的领导下，发生了美丽的蜕变，成为桦川县产业美、环境美、人心美的美丽乡村建设样板村。2015年，谷大村按"产业有思路、经营有模式、环境有变化、管理有创新、素质有提高"的"五有"型美丽乡村建设的要求，加快了基础设施和公共服务设施建设，改造了危旧房屋；完善了通村道路、供水、排水、供电、通信网络等基础设施。完善了公共服务设施，建成了文化活动室、卫生室、农家书屋和集休闲、娱乐、文化、教育于一体，运动健身器材齐全配套的法制文化广场。村道两侧植树绿化，农户门前栽花草，公共场所安路灯，全面实施了绿化、美化、亮化工程。开展了以清垃圾和改水、改厕为重点"三清五改"，不断改善人居环境，打造了现代农村优美、整洁的村容村貌。

谷大村深入开展以"文明新风进万家"为主题的文明村、文明户创建活动，引导农民克服迷信、赌博和婚丧嫁娶大操大办等陈规陋习，倡导科学、文明、健康、向上的新风尚，开展有益、健身、增智的群众文化活动，提升了广大农民群众文化素养和精神面貌。

谷大村实施"一村一品"培育工程，突出绿色特色稻米产业优势，兴办家庭农场和专业合作社，实行了土地规模经营和庭院经济各种经营加劳务输出，走出一条符合实际的、富民强村的发展道路。谷大村在美丽乡村建设中，实现了精神文明建设和物质文明建设"双丰收"，农民收入逐步增长，2018年人均纯收入达到5 200元，村民的满意度和幸福指数不断提高，展示了社会主义新农村兴旺、幸福、美丽的新面貌。

冷云红色文化村是抗日女英雄冷云的故乡。新中国成立后，特别是改革开放以来，冷云村人民在党的领导下，以冷云烈士为榜样，弘扬"八女投江"的革命精神，自强不息，艰苦奋斗，不断改变冷云村贫穷落后的面貌，成为桦川县富裕美丽的革命老区村，展现出美丽乡村的新面貌，2018年全村人均收入达到8 500元。

2016年，冷云村在精准扶贫中，采取就业扶贫、产业扶贫、金融政策帮贫、乡村贷贫等有效措施，安置就业贫困户中劳动力12人，户均收入1 200元。县级光伏国投项目和富桦电商带动无劳动能力贫困户12户，户均收入3 000元，参与金融小额贷款贫困户16户，参与双兆养猪以资入企项目，户均收入3 000元。至2018年，冷云村433户1 248人脱贫，仅剩贫困户4户13人，贫困发生率0.99%。冷云村具有兴办商铺企业和打工就业的条件，许多农民将土地流转出去，兴办企业，或打工就业增加收入。冷云村耕地12 801.7亩，流转土地9 560亩，土地流转率达80%，村民自主创业创办了冷云农业发展有限公司、董家肉铺、汽车钣金修理厂、常二汽修、冷云餐厅等20余家初具规模的企业，吸纳了村里的赋闲劳动力，使在商业、餐饮业、服务业、物流交通等行业的从业农民不断增加，大幅度地增加了农民收入，为全村扶贫解困提供了条件，做出了贡献。

在精准扶贫开发的推动下，冷云村抓住水稻深加工企业建设，发展壮大集体经济，拓展农民增收渠道，不断改善人民群众生活，努力建设新时代的社会主义新农村。

悦来镇敬夫革命传统文化村是以著名抗日烈士赵敬夫名字命名的革命老区村。抗日英烈赵敬夫于1915年出生在这里。1930年赵敬夫考入桦川中学，离开了家乡，从此走上革命的道路。

敬夫村有耕地面积7 535.01亩，有居民576户1 466人，是桦川县城的城中村，也是桦川县比较富裕行政村。2018年，全村人均收入8 300元。

2015年以来，敬夫村在党的领导下，传承并发扬抗日烈士赵敬夫的革命精神，坚定信念，顽强拼搏，推进了精准扶贫、美丽乡村建设等各项工作，不断改变村容村貌，建成了美丽乡村示范村。

敬夫村充分发挥党组织的战斗堡垒作用和党员干部的先锋模范作用，突出产业发展带动脱贫致富，以城中村的优势，以村办企业飞羽生态养鹅场万只养殖产业为龙头，依托双兆猪业养殖项目和关东印象采摘园，创办绿色无公害的特色养殖产业和制造经济作物产品，打开市场，创造经济效益。敬夫村还以城中村的优势，引导村民利用自家门市回迁经商创业，50%的农户实现了创业目标。2015年以来，敬夫村因地制宜、突出优势，以精准扶贫为目标，在壮大村集体经济、拓宽村民增收渠道、发展畜牧养殖三个方面实现了跨越式发展，加快了精准脱贫、振兴乡村的进程。2018年，敬夫村有54户134人达到了脱贫标准，胜利地完成了脱贫攻坚任务。

创业乡丰年忠孝文化村是桦川县水田生产专业村，是全国民主法治示范村、2016年佳木斯美丽乡村、特色旅游村，也是在扶贫攻坚中建设的忠孝传统文化教育村。

2015年以来，丰年村人民在村党支部的带领下立足绿色稻米产业发展，以精准扶贫为推动力，以美丽乡村建设为目标，建设了具有忠孝传统文化教育特色的美丽乡村示范村。

丰年村612户2 149人，其中贫困户268户605人，是全县集体经济薄弱，人居环境较差的扶贫重点村。穷则思变，2016年丰年村以农业增效、农民增收为振兴丰年的目标，制定了培植新型经营主体、兴修水利设施、扩大绿色水稻和种子繁育面积的发展规划，扶持兴建了4个水稻合作社，争取水利设施改造配套资金2 000万，维修田间路5 000米，硬化支渠2 300米，扩大绿色水稻种植面积9 000多亩，获得了丰硕的成果。农民人均可支配收入达到了5 200元，为丰年村美丽乡村建设奠定了坚实的经济基础。

丰年村经济的发展，促进了美丽乡村建设。2016年，丰年村硬化加宽村内道路17 422米，铺设边沟12 590米，安装太阳能路灯60盏，栽植绿化花草树木23 000株，建设漫画式长廊1 300米，初步改变了丰年村脏、乱、差的落后面貌，为了进一步推进丰年村美丽乡村建设，丰年村确定了以忠孝传统文化教育为特色的美丽乡村建设定位，建设了占地1 500平方米"忠孝文化"主题广场，开展"十大寿星""十大孝星"评选活动，坚持每两年评选一次，在全村树立了正确的思想道德导向，强化了丰年村的精神文明建设。丰年村还修建了3 000平方米、100张床位的一座现代化的农村敬老院，60位孤寡老人安享晚年的幸福。丰年村开办了爱心超市，让贫困群众得到社会爱心的关注，激发扶贫致富的内生动力。丰年村的忠孝文化对实现家庭乃至社会的和谐，以及对精准扶贫起到了积极的推进作用。在党和社会各界的支持下，丰年村有22户贫困户发展了采摘园经济，52户贫困户发展了特色庭院经济，273户贫困户加入了农业专业合作社，实现了脱贫致富。

星火朝鲜族民俗文化村是新中国第一个集体农庄——星火集体农庄的所在地。1952年6月24日，松江日报刊载了记者枚正的题为《星火——新中国第一个集体农庄》的通讯报道，使桦川县星火第一集体农庄传遍全中国，星火朝鲜族村成为人们瞩目的地方。

星火集体农庄位于"北大荒"的三江平原西部，距佳木斯市15公里的松花江南岸。地势平坦低洼，土壤肥沃，是理想的水田耕作区。土地改革后，当时的松江省委、松江省人民政府决定由省农业厅在这里办"示范农场"（即"桦川水利农场"）。

　　1947年夏秋之间，省委派金泉秀、杨静、金宗瑞、赵尚南同志到这里组建农场时，房无一间，地无一垄，没有一处水田庄。他们为发展水田灌区，在艰苦的条件下，亲自动手，齐心协力，仅凭一台拖拉机和几付大犁，开垦出1 200亩荒地。当年11月间，从延吉、密山、林口、勃利等地招来了360余户朝鲜族农民。他们一边割草，一边建房（草棚），在此安家落户。1948年开春后，农场又开垦了8 500亩荒地，建了4个村屯（称作庄），农民每4户编成一个共耕组，开始了第一年的春播。由农场提供水利和主要农业机械，实行地4劳6分红，亩产只有315斤。1949年，农场允许农民自愿组织耕作组，全农场出现了三种劳动形式：一是少数农民领一块地"单干"；二是农民自找对象，换工插犋组成临时互助组；三是农民组织集体耕作组。中共党员金白山、慎自成等5户农民自愿组织了第5集体耕作组（星火集体农庄的前身），他们劳动有分工，经营讲民主，大家干得很起劲。这年虽然遇到了虫灾，全组有187.5亩地，收获了7万斤水稻，亩产373斤。没受灾的地块亩产460斤，超过其他各组。年末，金白山小组被评为"模范耕作组"，他所在的第三庄被评为"模范庄"。1950年，金白山耕作组由原来的5户扩大到14户，实行了"按劳取酬"的分配原则。当年创造了各组产量最高水平，525亩地亩产稻谷453斤，比其他耕作组每亩多收获了100余斤，比单干户多收获了200斤。群众看到金白山小组生产得这样好，纷纷要求参加。1951年初，金白山耕作组扩大到36户，新添了许多牲畜和农具，为集体农庄的创立从组织思想和物质方面打下了基础。

　　1951年2月19日，金白山小组创建了新中国第一个集体农庄。这一天，他们组的36户朝鲜族农民穿着节日盛装，载歌载舞，庆祝集体农庄成立。省委农工部、省政府农业厅、水利厅、县委和农场领导，以及附近各村代表80余人到会祝贺。民主选举产生了农庄管理委员会。金白山被选为农庄主席，李在根被选为农庄党支部书记兼副主席。

集体农庄成立后，1952年《人民日报》曾发表《一个集体农庄的成长》，并以《我国第一个集体农庄》为标题刊登了农庄照片。省政府秘书长于杰同志来农庄检查工作，和大家研究给集体农庄命名，当时在农庄采访的《东北日报》记者枚正同志建议用"星火"二字（意为星星之火，可以燎原），于杰听后高兴地说："这个名字好！"当即《东北日报》发表了《星火——新中国第一集体农庄》的报道，中央新闻纪录制片厂拍摄了题为《星火——集体农庄》的纪录片，星火集体农庄还被编入了当时的小学课本。星火集体农庄的名字传遍了中国大地。

建庄后，制定了星火集体农庄章程，主要内容：第一，组织起来，发展生产，走共同富裕的道路。入庄自愿，退庄自由，土地公有，实行"各尽所能，按劳分配"的办法；第二，庄员的私有财产，如耕畜、农具、种子、饲草、饲料，折价顶入庄会基金；第三，划分耕作区、耕作队，实行"四定"，实行定额管理（耕作队定额，按劳记分，按分分红）；第五，实行公共积累，在年终分配时，从总产中扣除1.5%的公益金、10%的公益金，因公负伤的庄员视其情况补助40%到100%的劳动日值。妇女产假两个月，补助大米200斤。每月的1日和15日两天为庄员的休假日。这一年全庄耕种的1 432.5亩水稻，由传统的稀植散播法改为条播密植，获得了大面积高产，总产达到840 455斤，平均亩产593斤，比1950年平均亩产提高了33%。卖给国家商品粮543 000斤，平均户售粮1 583斤，创全省最高纪录，受到国务院的奖励——一面锦旗，"第一个突破大面积高产"十个金字锈在上面，还奖励了两匹大红马、一台胶轮大车，并授予金白山为"全国劳动模范"光荣称号和一枚金质奖章。金白山又被选为第一届、第二届全国人民代表，多次受到党和国家领导人的亲切接见。

农庄于1952年办起了园艺组、种子队、制米厂、铁工厂、木工厂等，一年的副业收入1 800多元。公共财产不断增加，有120头牛、39匹马、23台大车，新添了2台机床、2套联合电力脱谷机、1台电焊机、1台铡草机、52台锄草机、20台播种机、20副大犁，还有日产8万斤的制米机，基本实现了播种、脱谷、铡草、制米机械化。

农庄丰富了文化生活，办起了夜校，一年内扫除了文盲。庄员们有61户订了《松江日报》《东北日报》《东北朝鲜人民报》等20多种报刊。农庄还成立了文工团，购买了小号、黑管、小提琴、大提琴等20多种管弦乐器。每月两次公休日，男女老幼欢聚一堂，载歌载舞，琴声、鼓声、歌声、笑声此起彼伏。

《人民日报》发表了介绍星火集体农庄的文章后，全国各地要求入庄的信件有20多封。有的要来当理发员，有的要求落户，有的要来庄上当大夫，还有辽宁、吉林、黑龙江等地的60多户农民要求入庄的。到1957年底，农庄成员发展到209户，有7 920亩水田、4个耕作队。

之后，在星火的影响下，在其周围又成立了"燎原""星光""红光"等4个集体农庄。

党和政府给农庄极大的帮助。1951年发放贷款18 000元，购买了46头牛和许多农具；1952年春，党中央派以彭泽民为团长的少数民族慰问团到星火慰问；松江省政府副主席李延禄、省政府秘书长于杰、省农业厅厅长田澍等领导多次来农庄视察。洛阳第一拖拉机制造厂赠给农庄中国产的第一台拖拉机。1957年，苏联伯力边区代表团到农庄参观、考察，赠给农庄7匹苏联大红马，农庄回馈了自己培育的"星火""白毛"稻种5 000斤和朝鲜大黄牛1头。前来参观的还有罗马尼亚、保加利亚等国代表团。国内的北京、天津、上海、吉林、辽宁、内蒙古、云南、西藏、新疆等地也先后派团来访。

党的十一届三中全会后，星火实行了联产责任制，极大地解放了生产力，出现了集体、个人、联合体多种经济形式，商品生产日益活跃，从事工副业生产的有205人，占劳动力总数的47%，从事运输、搞大米深加工、熟食加工、草编的人如雨后春笋，星火的旅游、餐饮一条街兴旺发达。现在的庄员"吃得讲营养，穿得讲漂亮，住得是楼房，开的轿车讲高档"。

星火集体农庄成立后，在党的领导下，以发展生产、改善人民生活、建设社会主义新农村为目标，经过几届领导几代人的艰苦奋斗，逐步改善了农村生产、生活环境，将星火村建设成"宜居宜业宜游"的美丽乡村示范村。2015年被评为全国文明村。

2015年以来，星火村在美丽乡村建设中，突出本村宜居宜业宜游的特色，从改善生活环境、建设村办企业到发展观光旅游，创新发展，进一步改善了村屯面貌，壮大了集体经济，提升了农民的生活质量，星火村农民住房砖瓦化率和自来水、电话、有线电视入户率均达到100%。新修水泥路5 439米，硬化扩宽村内道路1 567.3米，在平坦整洁的村道两侧铺设彩砖，新装路灯48盏，营造了绿树成荫、花草飘香、水田连畦、绿野环抱、幽静宜人的现代田园景致。900平方米的集办公室、老年协会、村民办公室、卫生所于一体的办公、活动场所和两个门球场，给村民一个文明、有序、舒心、健康的办公、休闲的环境。星火村的星火米业、为业米业、星火水稻繁育基地和朝鲜风味餐馆实现了规模化经营，为村民及周边农户提供了入企就业的条件，增加了农民收入。2018年，星火村人均收入11 800元，成为桦川县最富裕的村屯。星火村在美丽乡村建设中把乡村旅游作为可持续发展项目，亮出新中国第一个集体农庄的金品牌，建设了集餐饮、娱乐、观光于一体的星火朝鲜族民俗园，展示出朝鲜族的民俗特色和农业风光，吸引了众多省内外游客，带动了村办餐饮行业发展。

四马架镇会龙村是全国文明村，原称会龙山屯，是革命老区村。1946年11月，中共合江省委书记张闻天来到合江省土地改革试点县桦川县会龙山屯蹲点调研，总结经验，正确指导全省土地改革运动。张闻天在土地改革运动的关键节点曾三次到会龙山屯工作，史称"张闻天三下会龙山"。

全国解放后，会龙村人民在党的领导下，发扬光荣的革命传统，艰苦奋斗，勤恳建设，不断改变会龙村的面貌。特别是进入全面建设小康社会期间，会龙村在精准扶贫攻坚战中，坚持革命老区红色文化理念，以扶志和扶智相结合，增强了脱贫致富的内生动力，实现了产业、金融和劳动就业综合扶贫双层覆盖，以及义务教育、基本医疗、住房安全三保障。截至2018年，有67户145人脱贫，贫困户发生率为0.87%。村里新建90平方米卫生室，贫困慢性病人口达到签约率100%，改造泥草房54所，硬化村内路1.6公里，修建田间路2.5公里。新建井房、铺设管线2 000米，自来水入户率100%。

会龙村有571户1 490人，耕地13 100亩，主要农作物有玉米、姑娘、香瓜、蓝莓、草莓等。2015年以来，会龙村扶持扩大隆庆农副产品合作社、会龙果蔬种植专业合作社等农业特色产业，整合资源，扩大规模，增加了产业效益，带动了贫困户增收。2018年，隆庆农副产品合作社、会龙果蔬种植专业合作社两个千亩规模化果蔬种植基地带动贫困户93户，户均增收1 000元，会龙村摆脱了贫困，走上了小康社会的发展道路。

第三章　"十三五"期间的国民经济和社会发展

第一节　桦川县"十三五"规划

2016年2月2日，桦川县召开第十六届人民代表大会（简称"人大"）第六次会议，审议并批准《国民经济和社会发展第十三个五年规划纲要》，确定了桦川县在"十三五"期间国民经济和社会发展的总体思路和发展理念。"十三五"规划的指导思想是高举中国特色社会主义伟大旗帜，全面贯彻党的十八大和十八届三中、四中、五中全会精神，以马克思列宁主义、毛泽东思想、邓小平理论、"三个代表"重要思想、科学发展观为指导，深入贯彻习近平总书记系列重要讲话精神，紧紧围绕桦川县"四个全面"战略布局，牢固树立创新、协调、绿色、开放、共享的发展理念，抢抓龙江陆海丝绸之路经济带、两大平原现代农业综合配套改革试验、东北老工业基地振兴、贫困县脱贫等重大历史机遇，突出发展第一要务，形成适应经济社会发展新常态的体制机制和发展方式，围绕"一区三中心"发展定位，加快实施"创新驱动、产业提升、城乡协同、绿色生态、民生共享、扶贫攻坚"六大战略，实现整体脱贫，全面建成小康社会，努力建设充满活力、彰显魅力、富有实力的新桦川。

"十三五"规划的基本原则是创新发展。推动大众创业、万众创新，加快形成有利于创新发展的市场环境，激发市场活力和社会创造力。深入实施创新驱动发展战略，加快形成以创新为主要引领和支撑的经济体系和发展模式，推动发展从主要依靠要素投入和投资拉动向创新驱动和效率提升转变，为经济发展提供持续动力，实现协调发展、绿色发展、开放发展和共享发展，提升群众生活质量，让全县人民更广泛地参与发展过程，全面增强人民群众的幸福感和获得感。

第二节　桦川县"十三五"规划的实施

桦川县在"十三五"期间对国民经济和社会发展的战略定位为"一区二中心"，使桦川县国民经济和社会发展纳入健康快速发展的轨道，保障"十三五"规划的总体目标的实现。建设国家现代农业改革发展先导区。实施"亿亩生态高产标准农田""百里绿色稻米长廊""绿色有机水稻认证示范县""全国寒地水稻育种第一县"等重大工程，将桦川县打造成为全省一流的高产标准农田样板区、农业经营主体创新区、农业科技示范区和绿色有机食品生产区，在全国率先建成农业现代化核心示范区。同时打造哈佳双同产业聚集带现代物流中心、黑龙江省东部朝鲜族民俗文化中心和佳桦同城化产业承接中心。

第三节　桦川县未来建设的总体目标

桦川县"十三五"国民经济和社会发展的五年，在确保与全国同步全面建成小康社会的基础上，努力实现既定的发展总体目标，建设成一个充满生机与活力、平安与富裕的新桦川。

经济保持平稳较快增长。保持经济中高速增长，努力提高桦川县经济发展质量和效益，促进产业结构转型升级，主要经济指标平衡协调。到2020年，桦川县地区生产总值实现80亿元，年均增长7%；固定资产投资年均增长10%；公共财政预算收入年均增长6%。

人民生活质量不断提高。促进基本公共服务均等化发展，促进就业、教育、文化、社会、医疗、住房等公共服务体系更加健全，使就业更加充分、教育均衡发展。城镇居民人均可支配收入29 500元，年均增长10%。农民人均收入8 050元，年均增长9%。与全国同步进入小康社会。平稳推进新型城镇化和美丽乡村建设，城镇化水平逐步提升，城乡一体化机制基本建成，到2020年，城镇化率实现55%。形成绿色生态新格局，生产方式和生活方式绿色、低碳水平上升，资源节约型、环境友好型社会基本形成，主要污染物排放总量持续下降，城区大气可吸入颗粒物浓度下降5%，饮用水和松花江水质达标率均达到100%。主体功能区整体布局基本形成。到2020年，单位国内生产总值能源消耗降低15%，森林覆盖率达到10.4%。

第四章 桦川县革命老区建设与发展的整体规划

第一节 发展优质高效的农业，建设国家现代农业示范区

一、推进农业产业结构调整

桦川县是农业县，农业是桦川县建设和发展的基础。"十三五"期间，桦川县全面推进农业产业结构调整，发展绿色有机种植业，加大绿色有机农产品认证力度，以"创建国家级绿色有机水稻认证示范县"为目标，落实配套政策，加大产业项目支持，打响绿色有机农业品牌。到2020年，绿色水稻认证面积达到60万亩，有机水稻认证面积达到20万亩。

发展高效畜牧业，扩大规模化养殖，提高畜牧业综合生产能力，坚持畜禽并举，以生猪、肉牛、肉鸭等为主导，推进特种养殖业发展。到2020年，桦川县实现无公害畜产品认证1万吨，创建国家级畜禽养殖标准化示范基地5处，实现全县标准化规模养殖比重达到85%以上。

转变林业经济发展方式，推进林下"特色精品种养产业项目"建设，实施林业产业带和产业集群发展战略。到2020年，桦川县实现以黑木耳、香菇为代表的食用菌种植1.2亿袋，以黑豆

果、大榛子等为代表的浆、坚果种植2.5万亩，以林下参、五味子为代表的中草药种植0.5万亩。

发展设施农业。到2020年，全县实现设施农业面积5万亩，规划建成棚室姑娘、香瓜、蔬菜和黑木耳、红小豆、烟叶、水稻立体式栽培、稻田养鸭（养蟹、养鱼）、采摘园8个生产基地。

发展良种农业。扶持种业企业发展，推动良种繁育基地和园区建设，实现种子产业"育繁推一体化"。到2020年，全县建设水稻种业园区30万平方米，水稻良种繁育基地15万亩，建成全国寒地水稻育种第一县。

二、全面推进农业生产能力提升

加强万亩生态高产标准农田建设，实施生态、水利、田间配套、科技、信息五大工程建设，到2020年，桦川县耕地质量提升1.5个等级。打造支撑现代化标准的八大万亩生产示范区，全面完成115万亩生态高产标准农田建设任务。实现新增江水灌溉面积65万亩，江水灌溉面积达到100万亩。新组建20个现代农机合作社，建成8个省级以上规范社。优化农业科技创新条件，推进智慧农业、信息农业、农机装备、栽培技术、加工设备、生态环保、农业气象等新技术应用。到2020年，全县实现农业科技贡献率70%以上，"三减"量较2015年下降10%。培育一批适应现代化大农业发展的生产经营型、专业技能型、社会服务型高素质农民队伍。到2020年，全县规范30家现代农机合作社、家庭农场、种粮大户等新型经营主体，实现土地规模化流转100万亩。

发展壮大农业产业化

龙头企业，建设一批规模化、标准化的农产品原料生产基地；健全市场营销网络，建立食品加工业和其他产业协调发展的绿色食品产业体系。保护地理标志产品，建立和完善以"桦川大米"地理标志为代表的绿色食品申报认证、质量监测、培训推广、信息交流的管理工作体系。强化农副产品物流园区建设，创建三江平原稻米流通基地，完成稻米物流园建设。建立健全农产品质量安全监管体系，通过桦川县农产品质量监管中心，对农产品实行从种到销的全过程监管，创建农产品质量安全县。

开展"互联网+农业"建设，打造"桦川农业云"科技创新平台。加快完善新型农业生产经营体系，培育一批网络化、智能化、精细化的现代生态农业新模式。完善电子网络基础设施和以"互联网+农业"管理服务中心为依托的电子服务系统建设，实现农业物联网种植、加工、仓储、运输、销售全过程覆盖。

第二节　调整工业结构，建设新型工业园区

桦川县以推进新型工业化为方向，提升传统产业，培育新兴产业，实施工业腾飞战略，把桦川打造成全国知名的绿色食品加工基地，以及全省领先的农机装备及机械配套加工基地、对俄出口加工基地。到2020年，县规模以上工业企业总产值年均增长15%、增加值年均增长15%、企业数量达到70家。

一、改造提升传统优势产业

做优绿色食品加工产业，促进产业优化升级。到2020年，中高端米产量占到大米加工量的60%，稻米深加工能力达到80万吨，玉米达到50万吨、肉鸭达到1 000万只、生猪达到100万头、

食用菌达到5 000吨生产加工能力。

抢抓"中国制造2025"机遇，做大农机装备及机械配套加工产业。到2020年，农机整机装备实现1万台套，各类农机具10万台套生产加工能力，产值达到20亿元。

重点推动鹤兰春酒业和大地酒业投产达标，开发果蔬汁、大米饮料饮品，到2020年，饮品产业形成规模，产值达到20亿元。

二、大力发展战略性新兴产业

实施环保产业开发，到2020年，风能、太阳能等新能源和环保产业实现产值7亿元。

以生物农业、生物医药和生物制造三大领域为重点，形成以生物肥料、现代中药、生物燃料为主的生物产业格局。到2020年，桦川县生物产业年产值达到5亿元。

依托桦川县在"中蒙俄经济走廊"黑龙江陆海丝绸之路经济带上的区位优势，引导对俄加工贸易向研发、销售和售后服务等环节延伸。到2020年，对俄产业园区建设初具规模，进出口总额达到920万美元。

发挥桦西经济技术开发区集聚优势，发展新型建材产业，开发生产混凝土砖等新型建筑材料和新型防水密封、保温隔热的生态板材。到2020年，新型建材产业年产值达到10亿元。

三、强力推进工业园区建设

打造桦西经济技术开发区和工业示范基地，不断优化产业结构，实现工业集中、集约、集群发展。在"十三五"期间，工业示范基地晋升为省级开发区。大力实施"双百工程"，到2020年，入园企业达到100户以上，工业总产值达到100亿元。

第三节 打造高端服务中心，建设现代服务业

　　桦川县以市场化、品牌化、国际化为方向，突出星火朝鲜族文化创意产业园、国家级电子商务示范县、佳木斯东部现代综合性物流园等平台建设，提升发展重点生活性服务业，促进产业向精细化和高品质转变；加快发展重点生产性服务业，推动服务业与工、农业有机融合，引领产业向专业化和价值链高端延伸。

一、建设精细化和高品质的生活性服务业

　　深入挖掘旅游特色资源，建设省内一流的休闲旅游度假目的地、佳木斯城市"后花园"和三江特色旅游带上的重要节点。构建民俗风情游、森林湿地游、红色文化游、古城名胜游和农业观光体验游五大旅游体系。依托新中国第一个集体农庄，建立星火朝鲜民俗景区，建设星火朝鲜族文化创意产业园，开发民俗体验、冰雪四季旅游精品项目，打造黑龙江省东部朝韩民俗文化中心。依托桦川国家级森林公园、创建国家级湿地保护区，建立横头山森林公园景区，建设木栈道、汉魏遗址公园和抗联密营，打造车轱辘泡湿地景区和森林湿地旅游胜地。依托革命老区红色文

化资源，建立城市沿江景观带，建设桦川历史博物馆、冷云广场和冷云故居，开放三江地区第一党支部遗址和张闻天工作室，打造爱国主义教育基地。依托瓦里霍吞古城和希尔哈古城，建立桦川古城景区，建设遗址博物馆和女真族图腾地标，修复黑鱼泡，打造历史文化游。依托美丽乡村典范、百里绿色稻米长廊、渠首渡槽景观，开发农业观光、农家采摘项目，打造现代农业观光体验游。规划旅游精品线路，打造桦川国家级森林公园—星火朝鲜族文化产业创意园—县城沿江景观带—瓦里霍吞古城2日游。探索"互联网+旅游"方式，为游客提供智慧化服务。到2020年，年接待游客达到27万人，旅游收入达到5 400万元。

二、商贸、服务业网络建设

按照县级、片区级、社区级商业的模式调整商业空间布局，完善城乡商贸网络体系，引导连锁经营企业在乡镇、社区、农村开设便民连锁经营网络。依托绿色食品、农业和旅游产业优势，发展商务会展业。

实施医养结合新型养老模式，推进供养型、养护型、医护型养老服务综合体建设，到2020年基本建立居家养老服务网络。建设10个农村五保家园，新建20个日间照料及居家养老服务中心，达到每千名老人拥有养老床位35张，实现老年人养老服务全覆盖。

第四节　统筹城乡一体化发展，打造现代宜居环境

一、提升中心城市功能品位

实现佳桦同城协调发展，全力打造佳桦同城化产业承接中心。到2020年，县城人口达到13万人，城市用地达到12平方公

里，万人以上人口居住的小城镇达到3个，全县城镇化率达到55%。

深入挖掘桦川县文化、资源等优势元素，重点建设沿江生态文化景观带、杏花岛、渠首景观、亲水乐园和桦川博物馆，打造城市特色文化、绿色、美化、亮化景观带。

二、加强城市基础设施建设

优化城市空间布局与形态，增强城市服务功能和聚集能力。实施城市道路畅通工程，建成"三横六纵"的城市路网。实施"三供两治"工程，改造建设城区供水供热管网，城市垃圾无害化处理率达到100%；城市污水集中处理率达到100%。

发展城市公共交通体系，完善公交线网和站点布局，推进绿色能源公交上线运行，实现城区公交全覆盖。增设商业中心区、居民集中居住区、交通枢纽点的停车场。推进城乡公交网络建设，建设集客运、物流、住宿、餐饮于一体的乡镇客运站综合体。加快信息网络基础设施建设，推进城乡光纤、4G移动通信网络建设，实现县域光纤全覆盖。依托"大数据"信息技术提高城市管理能力，整合利用政务服务网上审批平台、政府门户网站等服务平台，实现政府公共管理信息与数据共享，建设智慧桦川。

三、加快新型城镇化建设

按照"1个主城区为核心、3个中心乡镇为骨干、44个中心村为基础"的发展思路,依托中心城市,优化镇村空间布局,努力构建功能明确、设施共享的新型城镇化格局。面向桦川县五镇四乡,建设各具特色的小城镇:以星火朝鲜族乡、四马架镇、新城镇3个中心乡镇建设为重心,依托建设星火朝鲜族民俗文化创意产业园,建设高端住宿、餐饮、商贸等服务设施,完成星火朝鲜族乡撤乡建镇,打造成朝韩民俗文化名镇。

四、推进美丽乡村建设

以桦川县44个中心村建设为先导,按照"中心村先行、保留村跟进、撤并村缓建"原则,重点推进农村道路升级、泥草房改造、饮水安全、信息化等基础设施建设,实现农村村容整洁、街道净化、庭院美化。

五、构建现代综合交通运输体系

实施重大交通基础设施工程,完善以新建、改造国道、省道公路为依托,县、乡公路为骨架,村道为补充的公路网,建设公路总里程1 100公里。加快完善县、乡、村路网建设,不断提高国省干线通达深度,构建一个布局完善、四通八达的公路网络体系和铁路、水运通道,形成现代交通运输网络。

第五节　共享发展，推进基本公共服务均等化

　　未来的桦川县按照"坚守底线、突出重点、完善制度、引导预期"的原则，聚焦脱贫攻坚，坚持共享发展，保障基本民生，不断增强人民福祉，厚植决胜小康新优势，实现与全国同步迈入全面小康社会。

　　到2020年，大幅度改善贫困村基础设施、社会事业、特色产业、生态环境质量，农业综合生产能力提高25%以上，自来水普及率100%；村路全面改造，全部硬化；改造、消除泥草房和危房，全面提升社会保障和服务水平。

一、推进教育现代化

　　全面提升教育质量，推动基础教育均衡发展。实现学前教育优质普惠发展，完成乡镇中心幼儿园建设，创办3所以上省级示范幼儿园。普及高中阶段教育。推进学校信息化建设，到2020年小学信息技术教育覆盖率达90%以上。到2020年，逐步分类推进中等职业教育免除学杂费，义务教育巩固率稳定在99%以上，学前三年教育入园率和高中阶段教育入学率均达到95%以上，新增劳动力人均受教育年限达到15年。

二、推进健康桦川建设

　　深化医药卫生体制改革，建立覆盖城乡的基本医疗卫生制度，建设标准化医疗卫生服务机构和医疗服务体系，达标率达到95%以上，每万人配备2—3名全科医生。与全国著名医院进行联合，通过"互联网+医疗"等方式让县域群众在县医院享受到全

国高端医疗服务。

三、全力促进就业创业

实施就业优先战略，统筹推进重点群体就业，重点帮扶城镇零就业家庭成员、登记失业人员、低保家庭失业人员、残疾人、退役军人和高校毕业生，提供就业援助服务。加强创业就业培训，提高劳动者职业素质和创业就业能力。到2020年，全县实现城镇新就业1.5万人次，失业率控制在4.2%以内。实施全民参保计划，基本实现法定人口全覆盖，城乡居民基本养老保险参保率达到95%以上。持续增加城乡居民收入。重点拓宽农民增收渠道，努力增加农民收入。

四、构建现代公共文化服务体系

加强公共文化设施建设，形成结构优化、布局合理、覆盖全县的文化服务网络，实现流动服务和公共数字文化服务进村入户。到2020年，全县105个行政村全部建成1 000平方米文体活动广场。开展全民健身运动，整合体育资源，推动体育器材进社区、进农村，建成桦川县公共体育场。

五、巩固提升生态优势，建设宜居美丽桦川

坚持绿色富县、绿色惠民，推动形成绿色发展方式和生活方式，切实把桦川的生态资源保护好，促进人与自然和谐共生，建设"美丽桦川"。

实施主体功能区战略，科学划分城镇、农业、生态三类空间，全面改善城乡环境质量。实施循环发展引领计划，推行工业企业循环型生产方式和循环农业，推动实施秸秆肥料化、原料化、饲料化、燃料化和基料化等"五化"综合利用。

筑牢生态安全屏障，保护修复森林生态系统。创建国家级湿地自然保护区，实施黑土地保护治理工程和湿地保护工程，构建功能完善的自然保护区体系和生物多样性保护体系。到2020年，湿地保护区核心区和缓冲区全部实现退耕还湿。

六、切实强化环境保护

以保障公众健康和改善环境质量为目标，推进大气污染防治行动。到2020年，可吸入颗粒物浓度大幅削减，空气质量逐年改善。以控制治理松花江桦川流域水污染、农业源污染为重点，提高城镇污水、污泥无害化处理率，加强城区环境治理，最大程度降低污染物对桦川县生态环境安全的影响。

第六节　桦川县未来五年发展规划的补充和完善

一、"五新"桦川奋斗目标

2016年12月23日，桦川县召开中共桦川县第十七次代表大会，对已审定实施的桦川县国民经济和社会发展第十三个五年规划，做了进一步的阐述和补充。

中共桦川县第十七次代表大会认为，桦川县在实施"十三五"规划期间，面临如期脱贫和同步建成小康的双重任务，面临加快发展与维护稳定的双重挑战，处于加快发展的重要战略机遇期。桦川县要发扬桦川精神，在新的起点上奋力实现新的跨越，完成桦川县"十三五"规划，与全国同步进入小康社会。桦川县实现未来五年奋斗目标的指导思想，是高举中国特色社会主义伟大旗帜，以马列主义、毛泽东思想、邓小平理论、"三个代表"重要思想、科学发展观为指导，深入贯彻习近平总书记系列重要讲话精神和治国理政新理念、新思想、新战略，统筹推进"五位一体"总体布局，协调推进"四个全面"战略布局，全面践行"五大发展理念"，紧紧围绕"一区三中心"的战略定位，强力推进八项重点任务，大力弘扬创新、进取、实干、担当、奉献的桦川精神，确保实现全省晋位、全市争先，确保完成"十三五"规划任务，确保与全国同步全面建成小康社会，努力实现"五新"桦川建设的奋斗目标。

"五新"桦川奋斗目标是坚持解放思想，建设一个理念新的桦川；坚持创新路径，建设一个动能新的桦川；坚持育民惠民，建设一个文化新的桦川；坚持正本清源，建设一个风气新的桦川；坚持美丽宜居，建设一个环境新的桦川。

二、经济社会发展的预期目标和任务

全县地区生产总值年均增长7%；公共财政预算收入年均增长6%；固定资产投资年均增长10%；社会消费品零售总额年均增长8%；城镇居民人均可支配收入年均增长9%；农村居民人均可支配收入年均增长15%；城镇化率达到55%。实现桦川县经济社会发展的预期目标，必须抓好8个方面重点任务的落实。

第一，打赢精准扶贫攻坚战，加快脱贫摘帽。

第二，建设农业强县。推进国家现代农业示范区建设，实现农业增效、农民增收和产业增税，在现代农业建设上全省争排头、全国争一流。

第三，打造增长极，产业富县。改造升级"老字号"，巩固壮大传统优势产业。深度开发"原字号"，延伸传统优势产业发展链条。培育壮大"新字号"，增添产业发展新动力。

第四，建设宜居地，彰显城乡魅力，实施"花园"城市建设工程。实施"特色"乡镇建设工程。实施"美丽"乡村建设工程，实现"城乡一体化，城镇田园化，全域景区化"。

第五，激发新活力，深化改革开放，稳步推进重点领域改革。积极推动区域协调发展，加强项目建设培育新动能，全力优化投资发展环境，拓展发展空间，为桦川加快发展注入生机和活力。

第六，营造新风尚，文化兴县。践行社会主义核心价值观，健全公共文化服务体系，丰富群众精神文化生活，着力推进文化产业发展，不断增强文化软实力，助推全县经济社会全面发展进步。

第七，实现民生共享，增强幸福感。坚持以人民为中心的发展思想，深入实施民生工程，大力兴办民生实事，持续拓宽增收渠道，全力增加城乡居民收入。做好民生实事，全力推动公共服务均衡。抓好政策落实，全力提升社会保障水平。践行绿色理念，全力确保生态环境安全。增进民生福祉，更多改革发展成果惠及桦川县人民。

第八，维护社会和谐，提升满意度。全面增强防控风险、服务发展的意识和能力，加强社会治安综合治理，推进社会治理法治化、智能化、专业化。保障安全稳定的平安桦川形象，推进桦川县法治建设。全面推进从严治党，筑牢理想信念的思想根基，增强党组织的凝聚力、战斗力，激发干部干事创业的热情，营造风清气正的政治生态，永葆党的先进性和纯洁性，为建设"五新"桦川提供坚强保障。

2020年10月17日，国务院扶贫开发领导小组召开2020年全国脱贫攻坚奖表彰大会，国家一类革命老区桦川县荣获2020年全国脱贫攻坚组织创新奖。这是桦川县在脱贫攻坚领域2019年5月正式退出国家级贫困县序列，10月荣获黑龙江省脱贫攻坚组织创新奖之后获得的又一殊荣。五年来，桦川县各级党组织大力发扬团结奋斗，务实创新，攻坚克难的革命老区精神，始终把脱贫攻坚工作作为"一号工程"突出来抓。充分发挥县乡村党组织在脱贫攻坚中总揽全局，协调各方的核心作用，不断创新组织推进方式和工作载体，让猎猎党旗在脱贫攻坚主战场高高飘扬。实践证明，革命老区桦川县无愧于新时代脱贫攻坚的典范。

桦川县于1909年设治建县，经历清末、民国、伪满、新中国等几个历史时期，在长达100多年的历史长河中，桦川县人民怀着对美好生活的向往，在旧中国苦难的深渊挣扎奋斗，面对封建地主势力的压榨、日本侵略的血腥统治，他们自强不息，前仆后继，英勇抗争，在这块热土上建设了革命老区，为中国人民的解放事业做出了贡献。1945年8月，在中国共产党的领导下，人们打败了日本侵略者，搬倒了压在头上的"三座大山"，当家做了主人，开始了建设社会主义社会的新生活。特别是从1978年党的十一届三中全会到党的十九大，中国共产党不忘初心，牢记使命，高举中国特色社会主义伟大旗帜，为实现中华民族伟大复兴而艰苦奋斗，开启了全面建设社会主义现代化国家的新征程。

未来的桦川县是现代化的新桦川。这个现代化是人与自然和谐共生的现代化；是创造更多物质财富和精神财富，以满足人民日益增长的美好生活的需要的现代化；是提供更多优质生态产品满足人民日益增长的环境需要的现代化。

新时期的桦川县革命老区在新的历史起点上，在新的高质量发展的奋斗征程上，将大力弘扬"敢想敢干、勇争一流"的创新精神；大力弘扬"自信自强、勇争一流"的进取精神；大力弘扬"求真务实、勇争一流"的实干精神；大力弘扬"主动作为、勇争一流"的担当精神。戮力同心建设全面振兴、全方位振兴的"五新"桦川。

后 记

　　《桦川县革命老区发展史》是按国家老促会的统一要求编纂的，是一部反映桦川县革命斗争的历史文献。

　　桦川县是国家一类革命老区县。1930年，中国共产党在三江地区的活动始于桦川县。三江地区第一名中共党员在桦川，第一个党支部诞生在桦川。抗日英雄冷云、敬夫、陈雷，出生、生活、战斗在桦川。多名抗日将领战斗生活在桦川，桦川是三江地区主要的抗日游击区。桦川县人民在抗日战争和解放战争中，为中华民族解放事业付出了重大牺牲，做出了辉煌的贡献。

　　在社会主义革命和建设时期，桦川革命老区人民不忘初心，一心向党。面对艰难困苦，他们本色不变，精神不丢，自力更生，艰苦奋斗，为改变桦川贫穷落后的面貌，用自己的双手创造了一个又一个不平凡的业绩，将一穷二白的桦川建设成为富裕、民主、文明、和谐、美丽的新桦川，彰显了桦川老区人民前仆后继，勇往直前的浩然正气和崇高精神。

　　在改革开放的伟大进程中，在县委的正确领导下，桦川老区人民，在革命老区经济社会建设事业等方面都取得了辉煌成就。特别是2018年底桦川建档立卡的贫困人口全部脱贫并摘掉了贫困县的帽子。为革命老区建设、脱贫攻坚、全面建成小康社会提供了新鲜经验，新时代红色基因再次在革命老区闪光。

　　编纂《桦川县革命老区发展史》，大力弘扬中国共产党和中国革命的光荣历史，不断践行社会主义核心价值观，是我们神圣而光荣的职责和任务。《桦川县革命老区发展史》在省、市老促会，东北抗联历史研究会及各级党史部门，中共桦川县委、县政府及相关部门指导支持下，特别是曾得到抗日老前辈李敏生前的关怀和指导下，同时得到了佳木斯市老促会时任会长李淑香和现任会长王君请的精心指导，得到了佳木斯市地方志主编付宏布博同志细致审读和严谨校正，编竣出版了。这是一件留存青史、以史资政、教育后人、功德无量的大事，作为参与编纂工作的一名工作人员，感慨万分，赋诗一首以记之：

　　　　　百年古邑历沧桑，民族英烈千古芳。
　　　　　前仆后继抗倭寇，辉煌伟绩人敬仰。
　　　　　革命老区发展史，彪炳千秋世传扬。
　　　　　不忘初心继遗志，五新桦川续华章。

　　　　　　　　　　　　　　　桦川县老促会会长　高　珏
　　　　　　　　　　　　　　　2019年7月

参考文献

[1]桦川县志.（"民国"期间出版）.

[2]付民主编.桦川县志[M].哈尔滨：黑龙江人民出版社，1981.

[3]桦川县志1986—2005[M].哈尔滨：黑龙江人民出版社，2016.

[4]宋惠民主编.佳木斯市志[M].北京：中华书局，1996.

[5]佳木斯军事史编委会，石宝军主编.佳木斯军事史[M].

[6]桦川县老促会.桦川抗日英雄史篇[M].2015.

[7]大唐桦川苏家店风电场可行性研究报告[J].2—1.

[8]星火乡党委.星火朝鲜族乡历史沿革[M].2018.

[9]中共合江地委〔1982〕第72号文件转发调查报告.拔病根、挖穷根、扎富根[R].

[10]桦川县老促会.桦川县革命老区发展史[M].2015.

[11]集贤村.集贤村改革开放四十年[M].2018.

[12]桦川县人民政府工作报告[R].2018年12月.

[13]桦川县委17届5次全委扩大会议.中共桦川县委工作报告[R].2019年1月24日.

[14]桦川县党史办.桦川县革命烈士传[M].1982.

[15]黑龙江省农业合作化史料选编1946—1986[M].

[16] 桦川一中.桦川一中发展史[M].2019.

[17] 桦川县人民政府.桦川县国民经济和社会发展第十三个五年规划纲要.2016.

[18]中国共产党黑龙江省桦川县组织史资料1933—1987.

[19]中国共产党黑龙江省桦川县组织史资料1987—1993.

[20]中国共产党黑龙江省桦川县组织史资料1993—1998.

[21]中国共产党黑龙江省桦川县组织史资料1999—2003.

[22]中国共产党黑龙江省桦川县组织史资料2004—2008.

[23] 王家能主编.中国革命史新编[M].北京：中国档案出版社，1986.

[24] 贾立军主编.桦川剿匪纪实[M].黑新出图〔1991〕535号.

[25]依兰县文物志[M].黑新出图〔1988〕字第135号.

[26]当代中国黑龙江上、下[M].北京：中国社会科学出版社，1990.

[27] 杨先材主编.中国革命史[M].

[28] 金春一主编.中国共产党佳木斯历史简明学习读本第一卷、第二卷[M].黑新出图内字〔2013〕D007号.

[29] 刘昌顺主编.佳木斯经济统计年鉴[M].北京：中国统计出版社，1991.

[30]桦川社会经济统计年鉴[M].

[31]中共桦川县委历次全会工作报告[R].